高校思想政治理论课实践教程

徐德斌　付晓男　主编

吉林大学出版社

·长春·

图书在版编目（CIP）数据

高校思想政治理论课实践教程/徐德斌，付晓男主编. -- 长春：吉林大学出版社，2024.10. -- ISBN 978-7-5768-4024-7

Ⅰ.G641

中国国家版本馆CIP数据核字第2024UQ6147号

书　　名	高校思想政治理论课实践教程
	GAOXIAO SIXIANG ZHENGZHI LILUNKE SHIJIAN JIAOCHENG
作　　者	徐德斌　付晓男
策划编辑	王　蕾
责任编辑	王　蕾
责任校对	王宁宁
装帧设计	孟　博
出版发行	吉林大学出版社
社　　址	长春市人民大街4059号
邮政编码	130021
发行电话	0431-89580036/58
网　　址	http://www.jlup.com.cn
电子邮箱	jldxcbs@sina.com
开　　本	787mm×1092mm　　1/16
印　　张	20
字　　数	290千字
版　　次	2024年10月 第1版
印　　次	2025年 2月 第1次
书　　号	ISBN 978-7-5768-4024-7
定　　价	68.00元

版权所有　翻印必究

编委会

主　编　徐德斌　付晓男

副主编（以姓氏笔画为序）

　　　　方　华　王弟丽　王金凤　张　冰

　　　　陈　磊　郭　强

编　委（以姓氏笔画为序）

　　　　王衍哉　付　晶　许哲宁　刘展旭

　　　　孙嘉笠　陈　剑　李思特　李　菲

　　　　宋浠睿　郑　伟　赵　丽　秦冰馥

　　　　高　楠　魏　恒

前　言

　　思想政治理论课是落实立德树人根本任务的关键课程，是对学生进行系统马克思主义理论教育的主渠道。当前，中国特色社会主义进入新时代，面对中华民族伟大复兴的战略全局和世界百年未有之大变局，全新的历史方位和历史任务要求我们要加强思想政治理论课建设。办好思想政治理论课，关乎我们党长期执政，关乎国家长治久安和中华民族千秋伟业。

　　如何上好思想政治理论课一直是党中央关注的问题，因为思想政治理论课具有理论性强、逻辑性强、内容抽象的特点，如何把课程"讲深、讲透、讲活"是思想政治理论课教师追求的目标。2024年9月，习近平总书记在全国教育大会上的重要讲话中指出："注重运用新时代伟大变革成功案例，充分发挥红色资源育人功能，不断拓展实践育人和网络育人的空间和阵地。"2022年教育部等十部门关于印发《全面推进"大思政课"建设的工作方案》的通知中提出："强化问题意识、突出实践导向""落实思政课实践教学学时学分""组织开展多样化的实践教学"。《普通高等学校马克思主义学院建设标准（2023年版）》中要求："加强校内外多方联动，结合志愿服务、理论宣讲、社会调研等开展多样化的思政课实践教学。"加强实践教学是党中央的要求，也是思想政治理论课教学的需要，是将理论问题具体化、抽象问题具象化，提升思想政治理论课教学实效性的必然路径。基于此，我们组织思想政治理论课一线教师共同编写了本教程。本教程具有以下几个特点。

　　第一，以教材为核心，以实践为载体，达到增强教学的亲和力、吸引力和实效性的目的。本教程严格按照教育部统编教材内容进行编写，以六门思政必修课为单元设计实践。将教材内容和多年教学经验相结合，使知识点以学生喜闻乐见的活动形式表现出来，让学生在活动中潜移默化地达到理解教材的目的。

第二，以理论为基础，以现实为依托，达到理论联系实际的目的。在每门课程下，分别设有实践教学目标要求和实践教学项目示例。在体系的设置上可以看出，本教程在理论内容上是教学内容的延伸，通过实践，增强学生运用理论分析、解决实际问题的能力。

第三，以新颖为目标，以应用为根本，达到学以致用的目的。本教程在编写上力求内容新颖，同时增强可操作性，使教学体系活起来。尤其是在实践环节的设置上，在达到理解知识点目的的同时，还要帮助学生提高自身的组织能力、协调能力、交往能力、表达能力，树立自信心、进取心、责任感，为学生将来进入社会，成为优秀的建设者和接班人做好铺垫。

本教程的编写者都是思想政治理论课教学一线的教师和专家学者，由徐德斌、付晓男担任主编，负责全书的统稿审查工作；陈磊负责"思想道德与法治"课部分的编写、郭强负责"中国近现代史纲要"课部分的编写、王弟丽负责"马克思主义基本原理"课部分的编写、方华负责"毛泽东思想和中国特色社会主义理论体系概论"课部分的编写、王金凤负责"习近平新时代中国特色社会主义思想概论"课部分的编写、张冰负责"形势与政策"课部分的编写。同时，王衍哉、付晶、许哲宁、刘展旭、孙嘉笠、陈剑、李思特、李菲、宋浠睿、郑伟、赵丽、秦冰馥、高楠、魏恒（按姓氏笔画为序）等老师也参与了编写工作。

本教程编写的过程中借鉴和吸收了许多国内外研究成果，引用了大量最新资料，对这些成果的作者，我们在此一并表示感谢。由于我们的研究水平有限，书中难免存在不足之处，敬请广大读者批评指正，并容当我们以后修订改正。

编者

2024 年 8 月

目 录

模块一 "思想道德与法治"课实践教学篇 …………………… 001
  一、"思想道德与法治"课实践教学目标要求 ………………… 003
  二、"思想道德与法治"课实践教学项目示例 ………………… 005

模块二 "马克思主义基本原理"课实践教学篇 …………… 075
  一、"马克思主义基本原理"课实践教学目标要求 …………… 077
  二、"马克思主义基本原理"课实践教学项目示例 …………… 080

模块三 "中国近现代史纲要"课实践教学篇 ……………… 121
  一、"中国近现代史纲要"课实践教学实施方案 ……………… 123
  二、"中国近现代史纲要"课实践教学专题设计 ……………… 125

模块四 "毛泽东思想和中国特色社会主义理论体系概论"课实践教学篇
………………………………………………………………… 165
  一、"毛泽东思想和中国特色社会主义理论体系概论"课实践教学目标要求 ……………………………………………………… 167
  二、"毛泽东思想和中国特色社会主义理论体系概论"课实践教学项目示例 ……………………………………………………… 169

三、"毛泽东思想和中国特色社会主义理论体系概论"课实践考核与评价 ·············· 213

模块五 "习近平新时代中国特色社会主义思想概论"课实践教学篇 ·············· 215

一、"习近平新时代中国特色社会主义思想概论"课实践教学目标要求 ·············· 217

二、"习近平新时代中国特色社会主义思想概论"课实践教学项目示例 ·············· 218

模块六 "形势与政策"课实践教学篇 ·············· 273
一、"形势与政策"课实践教学目标要求 ·············· 275
二、"形势与政策"课实践教学项目示例 ·············· 276

模块一

"思想道德与法治"课实践教学篇

一、"思想道德与法治"课实践教学目标要求

"思想道德与法治"是一门融思想性、政治性、知识性、综合性和实践性于一体的课程，课程的内容具有鲜明的实践性。大学生学习"思想道德与法治"课，不仅要掌握思想道德与法治的基础知识，而且重在学以致用，把"知"与"行"结合起来，把学习与践履结合起来，提高大学生的思想道德与法治素养，这就决定了"思想道德与法治"课实践教学的重要地位。"思想道德与法治"课程的实践教学以《中共中央 国务院关于进一步加强和改进大学生思想政治教育的意见》（中发〔2004〕16号）、《中共中央宣传部 教育部关于进一步加强和改进高等学校思想政治理论课的意见》（教社政〔2005〕5号）、《教育部等部门关于进一步加强高校实践育人工作的若干意见》（教思政[2012]1号）、《高等学校思想政治理论课建设标准》、2019年习近平总书记在学校思想政治理论课教师座谈会上的重要讲话精神、中国共产党百年奋斗的历史经验、党的二十大报告等文件精神为指导，以有利于树立社会主义核心价值观为主线，引导学生在实践中自觉加强思想道德与法治素养，养成良好的行为习惯，学会做人做事。

（一）知识目标

通过实践教学，帮助学生进一步深刻领会中国特色社会主义进入新时代的丰富内涵和重要意义；系统掌握人生及人生观的基本理论；掌握理想、信念的内涵、特征及重要性，认识大学生确立马克思主义科学信仰的必要性，科学认识理想与现实、个人理想与社会理想的辩证关系；把握中国精神的丰富内涵和时代价值，深刻理解伟大建党精神是中国共产党的精神之源，了解中国共产党人的精神谱系，科学把握新时代弘扬爱国主义的

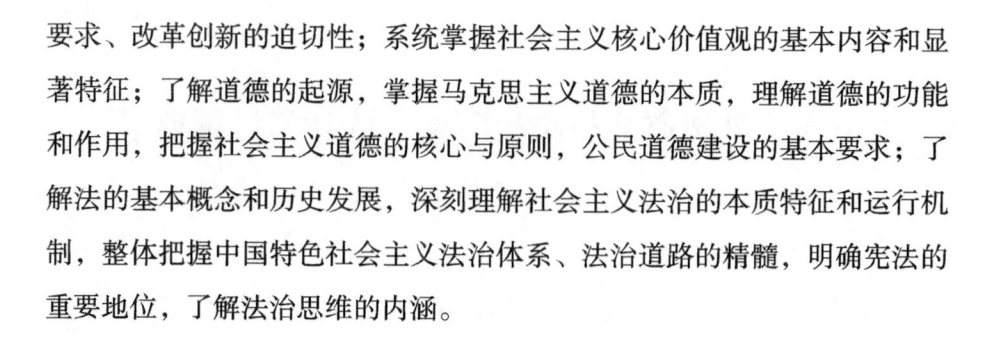

要求、改革创新的迫切性；系统掌握社会主义核心价值观的基本内容和显著特征；了解道德的起源，掌握马克思主义道德的本质，理解道德的功能和作用，把握社会主义道德的核心与原则，公民道德建设的基本要求；了解法的基本概念和历史发展，深刻理解社会主义法治的本质特征和运行机制，整体把握中国特色社会主义法治体系、法治道路的精髓，明确宪法的重要地位，了解法治思维的内涵。

（二）能力目标

通过实践教学，提升学生担当民族复兴大任的本领和能力；培养学生运用马克思主义人生观正确处理人生问题的立场、观点和方法；引导学生树立科学的个人理想，并积极投身社会实践，化理想为现实；帮助学生提升运用正确的国家观、民族观、文化观、历史观分析问题的能力；培养学生以社会主义核心价值观作为自己的行动指南，并自觉践行社会主义核心价值观；能够运用马克思主义道德观分析、判断道德现象，主动选择和构建向上向善的道德认知模式；培养运用马克思主义法学的基本理论，妥善处理学习、生活中遇到的法律问题和各种矛盾的能力，养成心中有法、自觉守法、解决问题靠法的良好习惯。

（三）价值目标

通过实践教学，培养学生以民族复兴为己任，勇担时代重任的责任意识和价值自觉；确立服务人民、奉献社会的高尚人生追求，以积极进取的人生态度处理人生矛盾，在实践中创造有意义的人生；树立马克思主义信仰，增强中国特色社会主义信念和实现中华民族伟大复兴的信心，自觉将个人追求与社会发展紧密结合；引导学生做新时代忠诚的爱国者和改革创新的生力军；帮助学生充分认识青年价值取向的重要性，坚定价值观自信，自觉把社会主义核心价值观作为自己的价值追求；自觉传承中华传统美德和中国革命道德，在崇德向善的道德实践中自觉加强道德修养，提升道德品质；培养法治思维，提升法治素养，维护法律权威，树立正确的权利义务观，成为自觉尊法学法守法用法的积极践行者。

二、"思想道德与法治"课实践教学项目示例

（一）担当复兴大任　成就时代新人

项目一：【实践主题】我处在什么样的时代

时代在风云变化，但我们依然处在马克思所指明的历史时代，虽然面临挑战，但我们仍要大踏步地迈向光明前景。新时代是当前我们理解历史方位的关键词，站在新时代的起点上，我们比历史上任何时期都更接近中华民族伟大复兴的目标，比历史上任何时期都更有信心、有能力实现这个目标。

【实践教学目标】

1. 知识目标：准确把握新时代的历史方位，深刻领会新时代的丰富内涵，明确中国特色社会主义进入新时代的重大意义。

2. 能力目标：领悟时代新人要以民族复兴为己任，立志为新时代贡献青春力量。

3. 价值目标：认清时代背景下大学生的历史使命，做有理想、有本领、有担当的时代新人。

【实践教学要求】

2学时，以课堂讨论形式开展，课后提交实践教学日志。

【实践教学考核与评价】

学习小组组长根据组员课堂讨论、汇报发言的具体表现情况，给出实践成绩；教师结合各小组综合表现给出小组考核附加分。

评分标准：

优秀（9~10分）：讨论内容全面，理论内涵挖掘深刻，支撑事例生动，汇报主题突出，表述流畅。

良好（7~8分）：讨论内容符合实践主题，整理归纳出实践主题涉及的基本理论观点，汇报准备比较充分，表达基本准确。

及格（5~6分）：讨论内容不偏题，得出正确结论观点，汇报符合基本要求。

不及格（5分以下）：讨论内容偏离主题，学习态度敷衍了事，汇报流于形式。

【实践教学流程】

1. 前期准备

（1）理论论据准备

①贯通教材，梳理关于新时代的相关理论知识。

②搜集整理相关参考文献，比如理论文章、领导人著作、党和政府发布的文件及决议等。

③初步提炼讨论论点。

（2）事实论据准备

搜集整理能够支撑讨论论点的事实材料，比如具体历史事件的图片、音视频材料等。

2. 课堂讨论

（1）教师介绍讨论主题的背景，简要呈现讨论主题的基本内容。

（2）学习小组围绕新方位、新时代等展开多视角讨论。

（3）讨论结束后，小组成员结合讨论主题总结出结论观点，拟定总结汇报提纲，梳理总结汇报内容。

（4）各小组结合讨论内容与结论，进行汇报展示。

（5）教师和其他小组学生代表对汇报进行点评。

（6）学习小组组长、教师结合个人表现予以考核赋分。

3. 成绩评定

学习小组结合实践教学实际开展情况整理、填写、上交实践教学日志。

【讨论主题参考】

1. 畅谈新时代十年家乡的变革和成就。

2. 苏联最后一位领导人戈尔巴乔夫去世，苏联解体对普通百姓有何影响？

3. 华为麒麟5G芯片回归，与我们大学生有何关系？

【实践教学主题解析】

1. 理想、信念、主义、道路、时代并非虚无缥缈，实际上同国家、民族命运乃至每个人、每个家庭的命运都息息相关。

2. 个人命运、企业命运和国家的命运紧密相连，祖国是我们坚强的后盾，只有祖国繁荣昌盛，企业才能稳健发展，人民才能幸福安康。

项目二：【实践主题】21世纪中叶的中国是什么样子

每代人有每代人的长征路，每代人都要走好自己的长征路，畅想21世纪中叶时中国是什么样子，能够帮助学生更加深刻地理解理想信念、担当民族复兴大任的重要意义，以及中华民族的历史如何进入崭新的篇章。

【实践教学目标】

1. 知识目标：深刻把握共产主义远大理想同中国特色社会主义共同理想相统一。

2. 能力目标：培养学生坚定理想信念，鼓励学生在大我的奋斗中实现和提升小我，让伟大梦想成为现实。

3. 价值目标：引导大学生立足新时代，承担新使命，不断增强"四个自信"，把个人梦与中国梦相结合。

【实践教学要求】

2学时，以憧憬未来情景的形式开展，课后提交实践教学日志。

【实践教学考核与评价】

学习小组组长根据组员具体分工及表现情况，给出实践成绩；教师结合各小组综合表现给出小组考核附加分。

评分标准：

优秀（9～10分）：憧憬未来情景定位准确，理论内涵挖掘深刻，情景演绎生动感人，情景立意深刻。

良好（7～8分）：憧憬未来情景主题突出，基本呈现情景概况，情景立意鲜明。

及格（5～6分）：按要求基本完成憧憬未来情景的汇报展示。

不及格（5分以下）：实践学习态度敷衍，未参加憧憬未来情景的展示。

【实践教学流程】

1. 前期准备

（1）理论准备

①贯通教材，梳理中华人民共和国成立前后的历史线索与相关理论知识。

②搜集整理相关参考文献，比如理论文章、领导人著作、党和政府发布的文件及决议、音视频资料等。

③初步拟定情景。

（2）组织准备

搜集整理与憧憬未来情景相关的事实材料，比如音视频材料等；明确小组成员的职责分工；准备剧本、道具，练习、彩排未来情景。

2. 课堂讨论

①教师介绍"本世纪中叶的中国是什么样子"实践教学背景。

②学习小组围绕"本世纪中叶的中国是什么样子"主题，进行未来情景展示。

③展示结束后，教师和其他小组学生代表对展示进行点评。

④学习小组组长、教师结合个人表现予以考核赋分。

3. 成绩评定

学习小组结合实践教学实际开展情况整理、填写、上交实践教学日志。

【情景主题参考】

1. 嘉兴红船中国共产党成立。

2. 开国大典。

【实践教学主题解析】

1.1921 年中国共产党成立，一群平均年龄 28 岁的青年人，改写了中华民族的命运。土地革命战争时期，苏区"红军中百分之五六十都是年轻人，其中百分之三十三是共青团员"。中华人民共和国成立后，在抗美援朝战争中，中国人民志愿军中青年指挥员占 66%，青年战士占 80% 以上，青年战斗英雄占 50% 以上。

2. 时间的列车行进到 1949 年，决定中国两种前途命运的战略决战进入历史转折关头，这是中国革命夺取全国性胜利的前夜。经过 28 个年头的浴血奋战，国民党政权面临行将覆灭的命运，党领导人民夺取新民主主义革命伟大胜利的曙光在前，一个新的人民当家作主的政权即将诞生。全国人民革命热情高涨，神州大地呈现出万象更新的局面。

项目三：**【实践主题】我的大学**

大学是一个平台，是人生发展的重要时期，是世界观、人生观、价值观形成的关键时期，刚刚进入大学的新生，对校园生活还有着无所适从的迷茫和彷徨。大学生要思考做什么样的人、怎样做人、成为什么样的人，让自己的大学生活有意义，让自己的人生追求有价值。让学生以小组调研的方式了解学校，方便大学生了解校园的学习和生活，有助于大学生领悟人生真谛，把握人生方向，追求远大理想。

【实践教学目标】

1. 知识目标：引导新生认识现代大学理念，理解"大学"的内涵，正确认识大学,"所谓大学者,非谓有大楼之谓也,有大师之谓也"。

2.能力目标:了解大学生活的特点,熟悉并适应大学环境,珍惜大学生涯,树立正确的学习理念,自觉培养优良学风,为大学生活树立正确的目标和科学的规划。

3.价值目标:使大学生真正认识到,在大学学习的机会来之不易,大学优良的环境条件,有利于立德树人、立志成才,在大学阶段,需要尽快走出迷茫和困惑,做出严肃、周密的人生规划。

【实践教学要求】

2学时,以课外调研形式开展,课后提交课外调研实践日志。

【实践教学考核与评价】

教师将学生分成若干小组,选定组长,负责组内各项工作。

优秀(9~10分):调研方向全面,包括学校的发展历史、师资力量、学校内部的功能分区及具体情况。

良好(7~8分):调研内容符合实践主题,整理归纳出实践主题涉及的基本理论观点,汇报准备比较充分,表达基本准确。

及格(5~6分):调研内容不偏题,得出正确的结论观点,汇报符合基本要求。

不及格(5分以下):调研内容偏离主题,学习态度敷衍了事,汇报流于形式。

【实践教学流程】

1.前期准备

(1)教师宣布实践活动主题,明确实践活动要求。

(2)任课教师将学生分成若干小组(每组4~6人),并选定小组组长,负责组内各项工作。

2.课外调研

(1)组长组织组内成员进行调研方向的明确分工。

(2)调研方向包括学校的发展历史、师资力量,学校内部的功能分区及具体情况，学校的学生社团，学校的文体活动举办情况等。

3.课堂讨论

（1）小组内部汇总分析各组员调研情况，撰写调研报告，进行活动总结。

（2）课堂展示，以小组为单位对各自的调研情况进行课堂展示，展示形式包括口述、图片、视频等。

4.成绩评定

学习小组结合实践教学实际开展情况整理、填写、上交实践教学日志。

【讨论主题参考】

1.学校的发展历史。

2.结合自身实际，谈谈自己如何选择学校社团。

3.制订大学生活规划，或在大学规划的基础上做出人生规划。

【实践教学主题解析】

1.学生对所在大学进行全方面调研，增加其对长期生活学习环境的深入了解和适应感，养成自主学习的习惯，自己制订学习目标、学习计划。

2.参加学生社团，能锻炼学生自身的能力，且同时能进一步增加其对所在大学的认同感、归属感和荣誉感。

（二）领悟人生真谛 把握人生方向

项目一：【实践主题】分享心中的好榜样

新时代的青年正处于成长的关键时期，榜样的力量可以激励和促使大学生不断奋进、不断成长。在学习世界观、人生观、价值观的相关内容时，通过让学生分享自己心目中的榜样，感受榜样人物身上体现的正确的世界观、人生观、价值观，激发学生树立和践行正确的世界观、人生观、价值观和向榜样学习的热情，使学生将自己的人生追求同国家发展进步、人民伟大实践紧密结合起来，通过不懈努力实现人生价值。

【实践教学目标】

1. 知识目标：系统地了解和学习世界观、人生观、价值观理论；引导学生准确把握人生价值的科学内涵，掌握评价人生价值的根本尺度、标准及方法；明确将"小我"融入"大我"的奋斗方向路径。

2. 能力目标：培养学生的大历史观和问题意识，提升学生运用马克思主义立场、观点、方法，以及习近平新时代中国特色社会主义思想世界观、方法论分析问题、理解问题的能力，在实践中创造有意义的人生。

3. 价值目标：培养大学生树立正确的"三观"，明确服务人民、奉献社会是科学高尚的人生追求；正确把握评价人生价值的标准和实现人生价值的条件，立志在实践中创造有价值的人生，激发学生的社会责任感与历史使命感。

【实践教学要求】

2学时，以课堂讨论形式开展，课后提交课堂讨论记录表与课堂讨论日志。

【实践教学考核与评价】

学习小组组长根据组员课堂讨论、汇报发言的具体表现情况，给出实践成绩；教师结合各小组综合表现给出小组考核附加分。

评分标准：

优秀（9~10分）：分享内容全面，理论内涵挖掘深刻，支撑事例生动，汇报主题突出，表述流畅。

良好（7~8分）：分享内容符合实践主题，整理归纳出实践主题涉及的基本理论观点，汇报准备比较充分，表达基本准确。

及格（5~6分）：分享内容不偏题，得出正确的结论观点，汇报符合基本要求。

不及格（5分以下）：分享内容偏离主题，学习态度敷衍了事，汇报流于形式。

【实践教学流程】

1. 前期准备

（1）理论论据准备

①贯通教材，梳理关于新时代青年世界观、人生观、价值观的相关理论知识。

②搜集整理相关参考资料，比如理论文章、领导人著作、党和政府发布的文件及决议等，搜集关于榜样力量的相关视频，比如"年度感动中国十大人物""榜样的力量"等。

③初步提炼分享要点。

（2）事实论据准备

搜集整理能够与主题相关的人物事实材料，比如具体事件的图片、音视频材料等。

2. 课堂展示

（1）学生以小组为单位结合搜集整理的相关材料，讲述榜样故事并制作演示文稿。

（2）学习小组围绕"榜样"主题进行人物故事分享，就学生们分享的内容进行讨论，谈谈为什么确立他们为自己人生的榜样，思考人生的价值。

（3）教师和其他小组学生代表对汇报进行点评，小组成员结合讨论主题总结结论观点，拟定总结汇报提纲，梳理总结汇报内容。

（4）教师对学生表现进行点评和总结，并结合教材上的理论知识和学生分享的优秀榜样事例，进一步引导学生树立正确的世界观、人生观和价值观。

（5）学习小组组长、教师结合个人表现予以考核赋分。

3. 成绩评定

学习小组结合实践教学实际开展情况整理、填写、上交实践教学日志。

【分享主题参考】

1."共和国勋章"获得者。

2.年度感动中国人物。

3."七一勋章"获得者。

4."中国青年五四奖章"获得者。

5.身边的学生、教师。

【实践教学主题解析】

1.党的十八大以来，我国逐步建立起以"五章一簿"为主干的统一、规范、权威的功勋荣誉表彰制度体系。"五章"是指"共和国勋章""七一勋章""八一勋章""友谊勋章"以及国家荣誉称号；"一簿"是指国家功勋簿。

2.一年一度的"感动中国人物"评选，被称为"中国人的年度精神史诗"。感动是一种养分，更是一种力量，每个大学生都需要用榜样的力量，来激励和促使自己不断奋进、不断成长。2023年3月4日晚，感动中国2022年度获奖人物揭晓。他们是钱七虎、邓小岚、杨宁、沈忠芳、徐淙祥、"银发知播"群体、徐梦桃、陈清泉、陆鸿、林占熺。极不平凡的2022年，他们或在危难中逆行，或在逆境中坚守，以凡人之力，书写中国人的年度精神史诗，感动了国人，震撼了世界。

3."中国青年五四奖章"是共青团中央、全国青联授予青年的最高荣誉，原则上于每年"五四"青年节授予，有特殊贡献者，可以随时授予。为充分发挥青年典型的模范带头作用，激励广大青少年踔厉奋发、挺膺担当，以朝气蓬勃、锐意进取的精神状态积极投身全面建设社会主义现代化国家的火热实践，2023年5月，共青团中央、全国青联决定，授予马晓云等30名同志第27届"中国青年五四奖章"；授予航空工业沈飞某型舰载机研制"罗阳青年突击队"等19个青年集体第27届"中国青年五四奖章集体"。

【参考资料】

[1]刘华东.他们的卓越贡献高扬在共和国的旗帜上[N].光明日报，2022-01-29（005）.

[2] 杨昊. 第二十六届"中国青年五四奖章"评选揭晓[N]. 人民日报，2022-05-04（004）.

项目二：【实践主题】辩论赛："躺平"是当代人的"解药"还是"毒药"

随着网络的迅速发展，网络流行词逐渐成为大学生表达情感与价值观的一种方式，一时间因"内卷"引发的"躺平"热潮引发讨论。很多大学生选择"躺平"，逃避生活压力、竞争等，还有人觉得"躺平"是一种消极心理，遇到困难选择逃避和退缩。"丧""佛系""躺平"并不意味着年轻人放弃自我，更多的是他们纾解焦虑的一种途径。放开视野，"躺平"其实也是一种调侃，是一种正常的情绪宣泄，但消极的"躺平"态度不利于自身积极奋斗。通过辩论，引导学生思考如何看待"躺平"这一现象，从而树立正确的奋斗观，实现人生价值。

【实践教学目标】

1. 知识目标：系统地了解和学习世界观、人生观、价值观理论，引导学生准确把握人生态度的内涵、积极进取人生态度的内容，掌握如何辩证地对待得失、苦乐、顺逆、生死、荣辱等人生矛盾，掌握评价人生价值的根本尺度、标准和方法。

2. 能力目标：培养学生运用马克思主义的人生观评价人生价值的能力；培养学生结合个人实际和社会现实，正确处理个人利益和社会利益的关系的能力；提高心理抗挫能力和错误辨识能力，能够在复杂的社会生活中勇敢面对和处理人生矛盾。

3. 价值目标：培养大学生树立正确的"三观"，明确奋斗的人生是高尚的；正确把握评价人生价值的标准和实现人生价值的条件，立志在实践中创造有价值的人生，激发学生的社会责任感与历史使命感。

【实践教学要求】

2学时，以课堂讨论形式开展，课后提交课堂讨论记录表与课堂讨论日志。

【实践教学考核与评价】

学习小组组长根据辩手发言的具体表现情况，给出实践成绩；教师结合各小组综合表现给出小组考核附加分。

评分标准：

优秀（9~10分）：表述内容全面，理论内涵挖掘深刻，支撑事例生动，辩论主题突出，表述流畅。

良好（7~8分）：表述内容符合实践主题，整理归纳出实践主题涉及的基本理论观点，辩论准备比较充分，表达基本准确。

及格（5~6分）：辩论内容不偏题，得出正确的结论观点，表述内容符合基本要求。

不及格（5分以下）：辩论内容偏离主题，学习态度敷衍了事，表述不流畅。

【实践教学流程】

1. 前期准备

（1）理论论据准备

①贯通教材，梳理关于正确的世界观、人生观、价值观的相关理论知识。

②搜集整理相关论据。

③初步提炼讨论论点。

（2）事实论据准备

搜集整理能够支撑讨论论点的事实材料，比如书籍或报刊摘要、音视频材料等。

2. 课堂辩论

（1）教师介绍讨论主题"躺平"产生的背景，简要呈现其基本内容。

（2）以班级为单位举行辩论会，教师可作为主持人提出本次辩论会的主题"'躺平'是当代人的'毒药'还是'解药'"，介绍正、反方辩手。

（3）由双方一辩开始立论陈词，亮明本方观点，时间为3分钟。要求立论的框架明确、语言通畅、逻辑清晰，能够正确地阐述己方的立场。

（4）驳立论阶段：由反方二辩和正方二辩分别驳对方立论，时间为2分钟。这个阶段发言由双方二辩进行，旨在针对对方立论环节的发言进行回驳，补充己方立论观点，也可以扩展本方的立论方向和巩固己方的立场。

（5）质辩环节：由正方三辩提问反方一、二、四辩各一个问题，反方辩手分别应答；由反方三辩提问正方一、二、四辩各一个问题，正方辩手分别应答。每次提问不得超过三个问题，累计回答时间为1分30秒。要求双方语言规范、仪态庄重、表述清晰。

（6）自由辩论阶段：由正方开始，时间为15～20分钟。辩手和学生都可以参加，目的在于鼓励大多数学生自由发言、积极参与。

（7）由双方四辩做最后总结陈词，总结本方观点，阐述最后立场，时间为3分钟。

（8）学习小组组长、教师结合个人表现予以考核赋分。

（9）教师点评本次辩论会，并要求学生将辩论赛情况形成实践教学日志上交，字数不限。

3. 成绩评定

学习小组结合实践教学实际开展情况整理、填写、上交实践教学日志。

【辩论主题参考】

1.《人民日报》：对"躺平"说不，要多关注年轻人成长过程中的心理需求，人生有千万种可能，别让"躺平"消解了。

2.《光明日报》：幸福是奋斗出来的，躺得了初一，躺不了十五。

3.《大众日报》："丧""佛系""躺平"并不意味着年轻人放弃自我，更多的是他们纾解焦虑的一种途径。

【实践教学主题解析】

1."躺平"是当代人的"解药"

放开视野,"躺平"其实也是种调侃,是一种正常的情绪宣泄。正如国外有一批年轻人曾被贴上"垮掉的一代"的标签,但事实证明,那个年代、那些人并未垮掉,恰恰是对生命、对梦想进行了一次轰轰烈烈叛逆的尝试,推动着社会继续前进。一代代人在经历过一个阶段的迷惘探索后,最后还是回到积极向上的生活轨道上。从这个角度讲,"躺平"亦不过是这一段经历的注脚吧!

"躺平"也有积极的一面,面对消极"内卷",选择合理"躺平",躺掉不合理的部分,这样的"躺平"就是积极的。用这样的方式,你可以保证你的身体健康、精神健康,在一定程度上就是在保护你的生命。积极"躺平"的意义就在于,你躺掉不合理的竞争,但是自己的收益却并不会减少,不会为了竞争而白费力气,在自己力所能及的范围内保持自己的胜利果实。就像在战场上,你一枪能够狙击掉对手,就不要浪费自己的子弹对着尸体连打七八枪。把自己的精力和实力用在需要的地方,说不定通过局部的"躺平"可以获得整体更大的利益。

2."躺平"是当代人的"毒药"

工作生活,尽管困难重重,但还得困中求变、难中求进。幸福是奋斗出来的,只有靠灵巧的大脑和勤劳的双手,才能改变困境,过上好日子。看看身边,努力上进的比比皆是,青年人的奋发有为更让人肃然起敬。

奋斗本身就是一种幸福,只有奋斗的人生才称得上是幸福的人生。虽然来自外部的压力不容忽视,但与其嗟叹抱怨,不如奋起直追,有志青年大都会正视压力,用奋斗闯出自己的路。一代人有一代人的困难和挑战,没有谁的人生是一帆风顺的,动不动就被小困难打败,时不时受"丧文化"所左右,显然不是一个当代青年应有的气质。如果一遇到压力就喊"内卷",遇到挫折就想"躺平",我们又怎能改变人生呢?

【参考资料】

[1] 毛群."躺平"与时代精神[J].高中生学习（阅读与写作），2022（03）：34-36.

项目三：【实践主题】情景剧模拟——剧情演绎、身临其境

每个人来到这个世界上都有他的使命，都有他要完成的任务和人生，而他所完成的使命和人生都应当是在最需要他的地方。其实在我们身边众多的人群以及众多的职业中，都有着那些将自己的一生都献给最需要他的地方的人。比如甘愿放弃高薪工作而扎根农村为更多人看病的医生、甘愿放弃大城市里的生活深深地扎根到乡下做研究的科研人员、为了能够得到最为真实的报道而以身试险的记者人员等。他们和我们一样都是普通人，但是从他们身上所散发出来的光辉却足以照亮万丈深渊。

【实践教学目标】

1. 知识目标：系统地了解和学习世界观、人生观、价值观理论，正确认识个人与社会的辩证关系；引导学生系统认识人生观的主要内容以及人生观与世界观、价值观之间的关系。

2. 能力目标：培养学生运用马克思主义的人生观分析和解决人生问题的能力；增强正确处理个人与国家、社会、民族之间关系的能力。

3. 价值目标：培养大学生树立正确的"三观"，明确奋斗的人生是高尚的；正确把握评价人生价值的标准和实现人生价值的条件，立志在实践中创造有价值的人生，激发学生的社会责任感与历史使命感。

【实践教学要求】

2学时，以情景剧或小品展示的形式开展，课后提交课堂实践教学日志。

【实践教学考核与评价】

学习小组组长根据组员具体分工及表现情况，给出实践成绩；教师结合各小组综合表现给出小组考核附加分。

评分标准：

优秀（9~10分）：再现情景定位准确，理论内涵挖掘深刻，情景演绎生动感人，再现情景立意深刻。

良好（7~8分）：再现情景主题突出，基本呈现情景概况，再现情景立意鲜明。

及格（5~6分）：按要求基本完成情景再现的汇报展示。

不及格（5分以下）：实践学习态度敷衍，未参加情景再现的展示。

【实践教学流程】

1. 前期准备

（1）理论准备

①贯通教材，梳理剧本线索并拟定大纲。

②搜集整理人生价值的相关资料等。

③初步拟定情景再现的场景。

（2）组织准备

搜集整理与再现情景相关的事实材料，比如图片、音视频材料等；明确小组成员的职责分工；准备剧本、道具；练习、彩排再现情景。

2. 课堂展示

（1）教师介绍情景剧实践教学背景。

（2）学习小组围绕主题，进行情景再现展示。

（3）展示结束后，教师和其他小组学生代表对展示进行点评。

（4）教师进行总结升华，每个人的自身价值和意义应该发挥在最需要它的地方。

（5）学习小组组长、教师结合个人表现予以考核赋分。

3. 成绩评定

学习小组结合实践教学实际开展情况整理、填写、上交实践教学日志。

【情景剧演绎主题参考】

1. 辽视春晚小品《你的模样》。

2. 央视春晚小品《坑》。

3. 情景剧《宿舍风云》。

【实践教学主题解析】

1. 小品《你的模样》讲述的是一个在乡村奋斗几十年的老校长，迎接几位刚刚毕业的大学生到乡村支教，并因此产生很多误会和矛盾而产生一系列笑点的故事。老校长一生的事业都献给了农村的小学，而那些刚刚毕业的大学生来到这里为的就是顶替校长好让他光荣退休，然而为学校忙碌了一辈子的老校长依然不肯将学校交给这一群年轻人，他把学校当成自己的事业，把那些学生当成自己的命，他能允许别人将自己的命拿走吗？当然是不允许的。老校长之所以面临着退休是因为全体村民的请愿，因为老校长患有癌症晚期，并且马上就要离开这个世界了，因此村民想让其退休，过个完美的晚年生活，然而心系学校的老校长就是不肯退休。

由此可见，这位老校长对学校的感情多么深厚，让他付出一辈子心血的学校凝结了他多么大的期望。小品最后，三十年过去了，老校长早已经离开人世，而那几位年轻的教师也渐渐白头，这时饰演老校长的贾冰剃光了胡子，扮演一位年轻的教师再次来支教，像极了年轻时老校长的模样，这也预示着，众多刚毕业的大学生踏上了清贫的农村支教之路，更多的人来到了那些最为需要他们的地方。

2. 小品《坑》讲述的是一个"躺平式干部"在工作中不思进取，"当面一套、背后一套"，面对领导和百姓的时候采取全然不同的两种态度。小品以讽刺和幽默的方式揭示了一些社会现象，主要传递的价值观是反对"躺平"、反对不作为、反对形式主义。通过这个小品，可以使人更深刻地认识到形式主义、官僚主义工作作风的危害；同时反思自身，以达到鼓励人们积极进取、务实工作的目的；对于提高干部作风建设，推动社会和谐发展都有积极意义。

3. 情景剧《宿舍风云》讲述了林细细是一名初入大学的新生，来自农村，家庭条件不是很好，性格腼腆内向，是一个自尊心很强的女生。林细细住

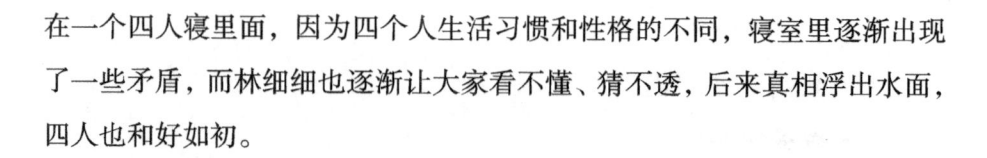

在一个四人寝里面，因为四个人生活习惯和性格的不同，寝室里逐渐出现了一些矛盾，而林细细也逐渐让大家看不懂、猜不透，后来真相浮出水面，四人也和好如初。

（三）追求远大理想 坚定崇高信念

项目一：【实践主题】辩论赛：个人理想重要还是社会理想重要

漫漫人生，唯有激流勇进、奋力拼搏，方能中流击水，抵达理想的彼岸。科学的理想信念，既是指引人们穿越迷雾、辨识航向的灯塔，也是激励人们乘风破浪、搏击沧海的风帆。大学是立德树人、培养人才的地方，是青年人学习知识、增长才干、放飞梦想的地方。追求远大理想，坚定崇高信念，在为实现中国特色社会主义共同理想而奋斗的过程中实现个人理想，是学生自身成长成才的现实需要，也是国家和人民的殷切期盼。

【实践教学目标】

1. 知识目标：提高对理想信念问题的理论认知，坚定马克思主义科学信仰，正确认识中国特色社会主义共同理想和共产主义远大理想及其关系。

2. 能力目标：引导学生正确看待理想和现实的矛盾，走出思想认识上的误区，树立科学的奋斗目标，将个人理想与国家的前途、民族的命运相结合。

3. 价值目标：帮助学生树立远大理想，厚植学生的家国情怀，激发学生的社会责任感与历史使命感。

【实践教学要求】

2学时，以辩论赛形式开展，课后提交辩论稿及辩论陈词。

【实践教学考核与评价】

学习小组组长根据组员参与的积极性、发言的具体表现情况，给出实践成绩；教师结合各小组综合表现给出小组考核附加分。

评分标准：

优秀（9～10分）：团队配合默契，衔接流畅，立场明确，理论联系实际，支撑事例生动。

良好（7～8分）：辩论内容符合对应立场，能够结合涉及的基本理论观点，准备比较充分，表达基本准确。

及格（5～6分）：辩论内容不偏题，得出明确的结论观点，辩论过程符合基本要求。

不及格（5分以下）：辩论内容偏离主题，学习态度敷衍了事，不能顺利完成辩论流程。

【实践教学流程】

1. 前期准备

（1）理论论据准备

①贯通教材，梳理关于理想信念的相关理论知识。

②搜集整理相关参考文献或理论文章等。

③初步提炼辩论题目。

（2）事实论据准备

搜集整理能够支撑辩论论点的事实材料，比如图片、音视频材料等。

2. 辩论方案

（1）任课教师布置辩论赛辩题，并明确实践活动要求。

（2）将学生按照辩论赛赛制要求分成多个小组，根据辩题确定参辩正反方学生、主持人、评委会名单，正方观点为"社会理想比个人理想重要"，反方观点为"个人理想比社会理想重要"。

（3）学生针对辩题做充分准备工作。

（4）正反方辩论团各自确定辩手顺序。

（5）辩论赛开始，主持人作开场白并介绍双方辩手及其立场，介绍比赛流程和比赛规则。

（6）双方辩论团进行陈词、开篇立论、攻辩、自由辩、结辩等环节。

（7）辩论赛结束，评判团提交评分表并评析赛事，宣布比赛结果。

（8）教师作最后总结点评，并对学生进行正确、积极的引导，要求学生将辩论赛过程形成实践教学日志。

（9）学生可根据辩论过程自行决定写一辩陈词、二辩陈词、结辩陈词或其他阶段的辩论陈词。

3. 成绩评定

辩论小组结合实践教学实际开展情况整理、填写、上交辩论稿、辩论陈词和实践教学日志。

【辩论主题】

个人理想重要还是社会理想重要？

【实践教学主题解析】

1. 个人理想与社会理想、共同理想与远大理想是辩证统一的关系，是对人的本质的社会性、人类社会生活的多样性、人们对现实的认知和对未来想象的多层次性的客观反映。正确认识它们之间的关系，有助于大学生在社会生活的各个方面树立明确的奋斗目标，坚持正确的奋斗方向，选择真正的奋斗道路。

2. 党的二十大报告指出："加强理想信念教育，传承中华文明，促进物的全面丰富和人的全面发展。"当代青年的理想呈现出重个人理想轻社会理想、重近期理想轻长远理想，对理想的价值性认识与真理性认识有矛盾，部分青年理想迷惘，表层理想的多元、多变倾向并对核心层理想产生冲击的现状。分析当代青年的理想现状，找出引起问题的原因，对青年进行理想教育，帮助他们确立正确的理想，引导他们健康地成长成才，关系着国家的前途和命运，对于促进社会与人的全面发展具有重要的理论、现实和历史意义。

【参考资料】

[1] 李广霄. 新时代好青年"有理想"的科学内涵、鲜明特质与培育路径 [J]. 学校党建与思想教育，2023（14）：46-49.

[2] 李辉."思想道德修养与法律基础"课教学中的"理想信念"问题[J].思想理论教育导刊，2008（03）：40-43.

[3] 习近平.高举中国特色社会主义伟大旗帜 为全面建设社会主义现代化国家而团结奋斗——在中国共产党第二十次全国代表大会上的报告[M].北京：人民出版社，2022.

项目二：【实践主题】确立远大理想 增强复兴信心

加强思想修养、提高精神境界，必须牢牢把握理想信念这个核心。实现国家的繁荣富强、民族的伟大复兴、人民的美好生活，离不开崇高理想信念的有力支撑。"志不求易者成，事不避难者进。"实现中华民族伟大复兴的中国梦需要一代一代青年矢志奋斗。学生生逢其时、肩负重任，应当志存高远、脚踏实地，切实增强对马克思主义、共产主义的信仰，增强对中国特色社会主义的信念，增强对实现中华民族伟大复兴的信心，把个人理想追求融入党和国家事业之中。

【实践教学目标】

1.知识目标：认识到马克思主义的重要意义，确立共产主义奋斗目标，理解中国特色社会主义的制度优越性。

2.能力目标：提高对理想信念问题的理论认知，坚定马克思主义科学信仰,正确认识中国特色社会主义共同理想和共产主义远大理想及其关系。

3.价值目标：使学生积极主动地思考自己的人生目标，树立远大的理想，激发学生的社会责任感与历史使命感。

【实践教学要求】

2学时，以演讲比赛形式开展，课后提交演讲稿。

【实践教学考核与评价】

任课教师、评委根据学生演讲的具体表现情况，给出实践成绩。

评分标准：

优秀（9~10分）：主题鲜明、观点新颖、文字简洁，有一定的理论高度，能反映当代大学生的理想；语言流畅、演讲技巧娴熟，具有较强的感染力。

良好（7~8分）：演讲内容符合实践主题，演讲过程符合赛制要求，准备比较充分，表达基本准确。

及格（5~6分）：演讲内容不偏题，演讲过程较为流畅。

不及格（5分以下）：演讲内容偏离主题，学习态度敷衍了事，不脱稿，演讲没有激情，全程"阅读式"演讲。

【实践教学流程】

1. 前期准备

（1）下发比赛要求及评分细则。

（2）以班级为单位，比赛有预赛和决赛两个阶段。预赛阶段鼓励学生全部参加，然后从中选出20名学生参加决赛。

（3）邀请相应教师担任评委，决赛阶段可采取当场给出成绩的方式。

2. 演讲流程

（1）主持人上场，宣布比赛开始，并介绍出席的评委老师，宣布比赛要求及评分细则。

（2）比赛开始，选手按顺序开始演讲。

（3）主持人宣布选手得分。

（4）评委老师对学生演讲的整体表现进行点评。

（5）主持人宣布晋级选手名单或获奖名单，并由嘉宾颁奖。

（6）教师结合个人表现予以考核赋分。

3. 成绩评定

学生上交演讲稿及PPT等辅助材料，评委老师提供评分表。

【演讲主题】

确立远大理想，增强复兴信心

【实践教学主题解析】

1."远大理想"：马克思主义科学预测了未来社会的理想状态，指明了人类社会的发展方向。中国共产党从成立之日起，就确立了共产主义的远大理想，始终团结带领中国人民朝着这个伟大理想前行。

2."实现中华民族伟大复兴"是中华民族近代以来最伟大的梦想。这个梦想，就是要实现国家富强、民族振兴、人民幸福，它凝聚了几代中国人的夙愿，体现了中华民族和中国人民的整体利益，是每个中华儿女的共同期盼。我们的民族是伟大的民族。在5 000多年的文明发展历程中，中华民族为人类文明的进步作出了不可磨灭的贡献。近代以后，我们的民族历经磨难，中华民族到了最危险的时候，无数仁人志士在探索救国救民的道路上作出了可歌可泣的奉献和牺牲，值得永远敬仰和铭记。在中国共产党的领导下，我们终于找到实现民族复兴的正确道路。

3.中国特色社会主义，承载着几代中国共产党人的理想，寄托着无数仁人志士的夙愿和期盼，凝聚着亿万人民的奋斗和牺牲，是近代以来中国社会发展的必然选择。在中国共产党领导下，坚持和发展中国特色社会主义，实现中华民族伟大复兴，要求我们必须增强对中国特色社会主义的坚定信念。

【参考资料】或【相关链接与视频】

[1] 习近平. 在纪念马克思诞辰200周年大会上的讲话[M]. 北京：人民出版社，2018.

项目三：【实践主题】重温百年来中国共产党为实现共产主义远大理想做出的不懈努力

回望百年光辉历程，中国共产党成立以来的一百年极不平凡，是中国人民根本改变历史命运的一百年，是中华民族迎来伟大复兴的一百年，是中国为全人类发展作出卓越贡献的一百年。中国共产党秉持为中国人民谋幸福、为中华民族谋复兴、为人类社会谋大同的初心使命，团结带领全国各族人民浴血奋斗、英勇牺牲、奋发图强、顽强拼搏，逐步实现救国、兴国、富国、强国的奋斗目标，中华民族迎来了从站起来、富起来到强起来的伟大飞跃，中国共产党在中国这片古老的土地上，书写了人类发展史上惊天地、泣鬼神的壮丽史诗。

重温百年来中国共产党为实现共产主义远大理想做出的不懈努力，从历史场景中汲取理论的滋养、自信的源泉、奋进的力量，有益于学生更加深刻地理解"追求远大理想，坚定崇高信念"的重要意义。

【实践教学目标】

1. 知识目标：深刻把握中国共产党为实现远大理想带领中国人民进行伟大斗争的历史意义，深入理解中国共产党的初心与使命。

2. 能力目标：提升学生运用马克思主义立场、观点、方法以及习近平新时代中国特色社会主义思想世界观、方法论分析问题、理解问题的能力，引导学生将个人理想与国家的前途、民族的命运相结合。

3. 价值目标：引导学生坚定历史自信、增强历史主动，激发学生的社会责任感与历史使命感，坚持个人理想与社会理想的有机结合，鼓励学生坚定"四个自信"，用自己的爱国之情、强国之志、报国之行投入中国式现代化新征程，为实现中国梦注入青春能量。

【实践教学要求】

2学时，以情景再现形式开展，课后提交实践教学日志。

【实践教学考核与评价】

学习小组成员根据组内具体分工及学生的表现情况，互评实践成绩；教师结合各小组综合表现给出小组考核附加分。

评分标准：

优秀（9~10分）：再现情景定位准确，理论内涵挖掘深刻，情景演绎生动感人，再现情景立意深刻。

良好（7~8分）：再现情景主题突出，基本呈现情景概况，再现情景立意鲜明。

及格（5~6分）：按要求基本完成情景再现的汇报展示。

不及格（5分以下）：实践学习态度敷衍，未参加情景再现的展示。

【实践教学流程】

1. 前期准备

（1）理论准备

①贯通教材，梳理百年来中国共产党为实现共产主义远大理想的努力足迹与相关理论知识。

②搜集整理相关参考文献，比如理论文章、领导人著作、党和政府发布的文件及决议、音视频资料等。

③初步拟定情景再现的场景。

（2）组织准备

搜集整理与再现情景相关的事实材料，比如具体历史事件的图片、音视频材料等；明确小组成员的职责分工；准备剧本、道具；练习、彩排再现情景。

2. 课堂讨论

（1）教师介绍"重温百年来中国共产党为实现共产主义远大理想做出的不懈努力"实践教学背景，简要呈现中华人民共和国成立的历史意义。

（2）学习小组围绕"重温百年来中国共产党为实现共产主义远大理想做出的不懈努力"主题，进行情景再现展示。

（3）展示结束后，教师和其他小组学生代表对展示进行点评。

（4）小组内学生互评，教师结合个人表现予以考核赋分。

3. 成绩评定

以学习小组为单位上交互评成绩、情景再现剧本。

【情景再现主题参考】

1. 开天辟地：完成救国大业。

2. 改天换地：完成兴国大业。

3. 翻天覆地：推进富国大业。

4. 惊天动地：实现强国大业。

【实践教学主题解析】

1. 新民主主义革命时期，中国共产党领导中国人民夺取了新民主主义革命的胜利，完成了中华民族救亡图存的历史伟业，中国人民从此站起来了。1921年，中国共产党成立后，我党在幼年时期经历了一系列的困难、挫折和失败后，以毛泽东同志为主要代表的中国共产党人，把马克思主义基本原理与中国革命具体实践相结合，创立了毛泽东思想，让灾难深重的中国人民看到了新的希望、有了新的依靠。我党团结带领全党全国各族人民进行了28年浴血奋战，通过农村包围城市、武装夺取政权的正确革命道路，"打土豪、分田地"，实行"耕者有其田"，"唤起工农千百万""夺过鞭子揍敌人"，经过土地革命战争、抗日战争、解放战争，打败了日本帝国主义，推翻了国民党反动统治，建立了人民当家作主的中华人民共和国，完成新民主主义革命，彻底结束了旧中国半殖民地半封建社会的历史，中国人民真正成为国家和社会的主人，实现了中国从几千年封建专制政治向人民民主的伟大飞跃。

2. 社会主义革命和建设时期，以毛泽东同志为主要代表的中国共产党人团结带领全国人民完成了社会主义革命，确立社会主义基本制度，消灭一切剥削制度，推进社会主义建设，完成了中华民族有史以来最为广泛而深刻的社会变革。这一时期，全党全国人民建设社会主义新中国的热情空前高涨，涌现出一大批感天动地的英雄事迹，有大庆工人王进喜"石油工人一声吼，地球也要抖三抖"的铁人精神，有县委书记的好榜样焦裕禄亲民爱民、艰苦奋斗、科学求实、迎难而上、无私奉献的精神等，这些英雄事迹极大地鼓舞了全党全国人民战天斗地、重整山河、不畏艰难、勇往直前、奋发图强的精气神，转化为推进社会主义革命和建设的强大精神力量。在中国共产党的坚强领导下，全国人民自力更生、艰苦奋斗、团结拼搏，不仅初步解决了几亿人的吃饭穿衣问题，还创造了当时被公认为世界奇迹的中国历史上的无数个第一。

3. 改革开放和社会主义现代化建设新时期，我党带领全国人民进行了改革开放这一新的伟大革命，开辟了中国特色社会主义道路，形成了中国特色社会主义理论体系，确立了中国特色社会主义制度，使中国大踏步赶上了时代，实现了中国人民从站起来到富起来的伟大飞跃。从1978—2012年，我国经济高速增长，国内生产总值先后超过意大利、法国、英国、德国，并于2010年超过日本，成为世界第二大经济体。党的十一届三中全会以来，我党团结带领中国人民进行了改革开放这一新的伟大革命，创造性地建立社会主义市场经济体制，极大地激发了广大人民群众的创造性，极大地解放和发展了社会生产力，极大地增强了社会发展活力，经济得到快速发展，社会保持长期稳定。

4. 进入新时代，以习近平同志为核心的党中央团结带领全党全国各族人民以"强国"为目标，以巨大的政治勇气和强烈的责任担当，提出一系列新理念、新思想、新战略，出台一系列重大方针政策，推出一系列重大举措，推进一系列重大工作，推动党和国家事业取得历史性成就、发生历史性变革。党的十八大以来，在习近平新时代中国特色社会主义思想的引领下，我们党战胜了前进道路上的种种艰难险阻，解决了许多长期想解决而没有解决的难题，办成了许多过去想办而没有办成的大事，推动党和国家事业取得历史性成就、发生历史性变革。

【参考资料】或【相关链接与视频】

[1] 习近平. 论党的青年工作 [M]. 北京：中央文献出版社，2022.

[2] 中共中央文献研究室. 习近平关于实现中华民族伟大复兴的中国梦论述摘编 [M]. 北京：中央文献出版社，2013.

[3] 杨正权. 中国共产党百年光辉历程 [J]. 社会主义论坛，2021（07）：4-6.

（四）继承优良传统　弘扬中国精神

项目一：【实践主题】传承红色文化　弘扬革命精神：开展"学习四史活动周"

历史是最好的教科书，也是最好的清醒剂。加强"四史"教育既是促进青年学生精神成长的需要，也是面对世界百年未有之大变局，为党育人、为国育才的迫切要求。通过组织学生在校园内开展学习党史、新中国史、改革开放史、社会主义发展史的活动，使学生从"四史"中体悟中国精神的丰富内涵及其重大价值，激发学生的爱国热情，激励学生努力成为忠诚的爱国者和时代的奋进者，勇担民族复兴的时代使命，用实际行动展现中国精神的青春风采。

【实践教学目标】

1. 知识目标：把握中国精神的基本内涵、民族精神与时代精神的关系；把握民族精神的内涵及其践行方式；把握时代精神的内涵及其践行方式。

2. 能力目标：帮助学生厘清历史脉络、认清历史事实、听清时代脉动；厚植爱党爱国情怀，进一步坚定中国特色社会主义道路自信、理论自信、制度自信、文化自信。

3. 价值目标：激发学生的爱国热情，增强学生继承和弘扬中国精神的兴趣和动力。

【实践教学要求】

2学时，以课堂讨论形式开展，课后提交课堂实践教学日志。

【实践教学考核与评价】

学习小组组长根据组员课堂讨论、汇报发言的具体表现情况，给出实践成绩；教师结合各小组综合表现给出小组考核附加分。

评分标准：

优秀（9~10分）：讨论内容全面，理论内涵挖掘深刻，支撑事例生动，心得体会语言凝练、感悟深刻。

良好（7~8分）：讨论内容符合实践主题，整理归纳出实践主题涉及的基本理论观点，心得体会语言表达基本准确。

及格（5~6分）：讨论内容不偏题，得出正确的结论观点，心得体会符合基本要求。

不及格（5分以下）：讨论内容偏离主题，学习态度敷衍了事，心得体会流于形式。

【实践教学流程】

1. 前期准备

（1）任课教师宣布实践活动主题，并明确实践活动要求。

（2）将学生分为若干小组（每组8~10人），并选定小组组长，负责组内各项工作。

（3）各小组围绕"四史"，从校园展、影视校园放映、校广播站专题广播、主题演讲、知识竞赛、主题宣讲、问卷调查等多个类型中选择一种，着手撰写活动方案并提交任课教师审定。

（4）各小组活动方案经任课教师审定通过后，选择一周时间集中开展实践活动，并通过图片、视频或采访的方式记录实践活动的开展效果。

2. 课堂讨论

（1）教师介绍讨论主题的背景，简要呈现讨论主题的基本内容。

（2）学习小组围绕"家国情感对中华民族精神意味着什么？"主题展开多视角讨论。讨论可围绕实现民族复兴、铸牢家国共同体意识、强化爱国情怀的历史底蕴等内容展开。

（3）讨论结束后，小组成员结合讨论主题总结出结论观点，拟定总结汇报提纲，梳理总结汇报内容。

（4）各小组结合讨论内容与结论，进行汇报展示。

（5）教师和其他小组学生代表对汇报进行点评。

（6）各小组在实践活动之后撰写心得体会并提交任课老师。

（7）学习小组组长、教师结合个人表现予以考核赋分。

3. 成绩评定

学习小组结合实践教学实际开展情况整理、填写、上交实践教学日志。

【讨论主题参考】

1. 家国情感对中华民族意味着什么？

2. 如何弘扬中国精神？

【实践教学主题解析】

1. 家国情怀是中国传统文化中的核心价值理念，是中华民族凝聚力、向心力的根源。中国文化中家国情怀的突出特点是家国一体。当将"家国"分而论之时，"家"与"国"具有互本性，即家以国为本，国以家为本；而当"家国"被视为一个整体时，则通常偏重于以国为家。在后一种理解中，"国"的价值具有绝对性，国重于家，爱国是国民无条件的义务，是最高价值。在实现中华民族伟大复兴的事业中，家国情怀是中华儿女无穷无尽的力量之源。弘扬中华民族的爱国主义精神，彰显中华民族的爱国情怀具有重要意义。

2. 中国精神是兴国强国之魂。实现中国梦，必须弘扬中国精神，以高扬的精神旗帜为指引，以强大的精神支柱为支撑，团结凝聚全体人民的智慧和力量，为实现中国梦而努力奋斗。（1）凝聚中国力量的精神纽带；（2）激发创新创造的精神动力；（3）推进复兴伟业的精神支柱。

项目二：【实践主题】厚植爱国情怀　激发使命担当：参观爱国主义教育基地

中国特色社会主义进入新时代，实现中华民族伟大复兴的中国梦是新时代爱国主义的鲜明主题。大力弘扬新时代爱国主义，必须坚持爱国爱党爱社会主义相统一、维护祖国统一和民族团结、尊重和传承中华民族历史文化、坚持立足中国又面向世界。通过对爱国主义教育基地的参观，引导学生感受先辈的爱国情怀，学习他们的爱国精神，进而增强学生的民族自尊心和自豪感，激发学生的爱国热情，努力做到立报国之志、践爱国之行。

【实践教学目标】

1. 知识目标：了解当前爱国主义所处的国内外背景；掌握新时代爱国主义对应国内外环境变化的四大基本要求。

2. 能力目标：学生能够分析新时代爱国主义要求之间的逻辑关系，将爱国主义要求运用到现实生活中。

3. 价值目标：通过学习新时代爱国主义的基本要求，树立爱国、爱党、爱社会主义的坚定立场，始终将爱国主义要求贯穿于学习生活的各个方面。

【实践教学要求】

2 学时，以课堂讨论形式开展，课后提交课堂实践教学日志。

【实践教学考核与评价】

学习小组组长根据组员课堂讨论、汇报发言的具体表现情况，给出实践成绩；教师结合各小组综合表现给出小组考核附加分。

评分标准：

优秀（9～10分）：课堂积极发言，踊跃提出问题并进行思考；观后感的写作有特色，思想感情丰富，确实深切体现出爱国主义的思想感情。

良好（7～8分）：课堂发言比较踊跃，能够提出问题并进行思考；观后感的写作比较认真，有一定的思想感情，能够认真去体会爱国主义思想感情。

及格（5～6分）：课堂发言较少，对大家的讨论不够关注；观后感的写作符合基本要求，体现出一定的爱国主义思想感情。

不及格（5分以下）：课堂不发言，不参与问题的讨论；对观后感的写作敷衍了事，没有认识到爱国主义的思想感情。

【实践教学流程】

1.前期准备

（1）利用课堂时间或利用休息日到爱国主义教育基地进行参观。

（2）爱国主义教育基地可包括革命纪念地、博物馆、纪念馆、展览馆、烈士陵园等，也可以是学校就近的能够体现爱国主义精神的景点。

（3）准备好参观所需物品，参观前做好学生的安全和思想教育工作，并注意对参观地区环境的保护。

（4）明确参观的目的，让学生有目的地进行参观。

（5）参观结束后教师组织学生在课堂上进行讨论交流，写出观后感并上交。

2.课堂讨论

（1）教师介绍讨论主题的背景，简要呈现讨论主题的基本内容。

（2）学习小组围绕"做新时代的忠诚爱国者"展开多视角讨论。讨论可围绕坚持爱国爱党爱社会主义相统一、维护祖国统一和民族团结、尊重和传承中华民族历史文化、坚持立足中国又面向世界等内容展开。

（3）讨论结束后，小组成员结合讨论主题总结出结论观点，拟定总结汇报提纲，梳理总结汇报内容。

（4）各小组结合讨论内容与结论，进行汇报展示。

（5）教师和其他小组学生代表对汇报进行点评。

（6）学习小组组长、教师结合个人表现予以考核赋分。

3.成绩评定

学习小组结合实践教学实际开展情况整理、填写、上交实践教学日志。

【讨论主题参考】

1.如何看待大学生中的出国现象？

2.爱国一定要爱社会主义吗？

【实践教学主题解析】

1.决定一个年轻人选择教育路径的因素有方方面面，一些国内顶尖大学的毕业生留学率高，并不能说明那些学生"不爱国"；一些学校的毕业生选择留学人数较少，也不能说明这些学校的学生"更爱国"。"爱国"不是一个被用于比较的数据指标，更不能被留学率量化。从历史维度看，一代代中国留学生为争取民族独立、人民解放、国家富强作出了贡献。一个人是否爱国，和在哪里生活、学习并不构成必然关系。"支持留学、鼓励回国、来去自由、发挥作用"是我国多年来奉行的留学政策，是教育高水平对外开放的体现和途径之一。实现世界文明的交流互鉴，也需要以开放包容的姿态培养国际化人才。

2.爱国主义是调节个人与祖国之间关系的道德要求、政治原则和法律规范，它与社会制度、国家性质紧密相连，也因政党和利益集团的性质不同而具有不同的属性和要求。中国共产党是以马克思主义为指导的无产阶级政党，也是高扬爱国主义旗帜、践行爱国主义使命的爱国主义政党。中国共产党百年爱国主义的主题主线是坚持社会主义性质和方向，本质特征是爱国和爱党、爱社会主义高度统一，历史经验是没有共产党就没有新中国，只有社会主义才能救中国，只有社会主义才能发展中国，只有中国特色社会主义才能使中国建成社会主义现代化强国。

【参考资料】

全国爱国主义教育示范基地名单

北京	天安门广场、国家博物馆、中国人民革命军事博物馆、中国人民抗日战争纪念馆、故宫博物院、圆明园遗址公园、周口店遗址博物馆、焦庄户地道战遗址纪念馆、北京自然博物馆、中国科学技术馆、首都博物馆、中国法院博物馆、中国海关博物馆、中国妇女儿童博物馆、宋庆龄同志故居、北京鲁迅博物馆（北京新文化运动纪念馆）、中国华侨历史博物馆、北京正负电子对撞机实验室……
天津	天津博物馆、天津自然博物馆、天津科学技术馆、周恩来邓颖超纪念馆……

续表

河北	河北博物院、华北军区烈士陵园、冀南烈士陵园、晋冀鲁豫烈士陵园、清苑冉庄地道战遗址、热河革命烈士纪念馆……
山西	太行太岳烈士陵园、晋绥边区革命纪念馆、徐向前元帅故居纪念馆、刘胡兰纪念馆……
内蒙古	内蒙古博物院、乌兰夫纪念馆、包头市王若飞纪念馆、呼伦贝尔市世界反法西斯战争海拉尔纪念园……
吉林	杨靖宇烈士陵园、"四保临江"烈士陵园、吉林市革命烈士陵园、伪满皇宫博物院暨东北沦陷史陈列馆、白城市烈士陵园……
黑龙江	侵华日军第七三一细菌部队罪证陈列馆、侵华日军虎头要塞遗址、大庆油田历史陈列馆……
上海	中国共产党第一次全国代表大会纪念馆、上海博物馆、陈云故居暨青浦革命历史纪念馆、钱学森图书馆、中共四大纪念馆、上海龙华烈士陵园……
辽宁	抗美援朝纪念馆、东北抗联史实陈列馆、赵尚志纪念馆、抚顺雷锋纪念馆、旅顺万忠墓纪念馆、葫芦岛市塔山烈士陵园……
江苏	南京博物院、侵华日军南京大屠杀遇难同胞纪念馆、周恩来纪念馆（故居）、雨花台烈士陵园、沙家浜革命历史纪念馆、顾炎武纪念馆、新四军江南指挥部纪念馆、苏中七战七捷纪念馆、淮海战役烈士纪念塔（馆）、新四军纪念馆、中国人民解放军海军诞生地纪念馆……
浙江	南湖革命纪念馆、浙江省博物馆、解放一江山岛烈士陵园、镇海口海防遗址……
安徽	安徽博物院、渡江战役纪念馆、皖西烈士陵园、金寨革命烈士陵园、王稼祥故居纪念馆、王稼祥纪念园……
福建	华侨博物院、中央苏区（闽西）历史博物馆……
江西	南昌八一起义纪念馆、方志敏纪念馆、湘鄂赣革命纪念馆、安源路矿工人运动纪念馆、南昌新四军军部旧址陈列馆、寻乌县革命历史纪念馆、东固革命根据地旧址群（含东固革命根据地博物馆）、中国工农红军北上抗日先遣队纪念馆（碑）、闽浙皖赣革命根据地旧址群……
湖南	湖南省博物馆、韶山毛泽东纪念馆（故居）、刘少奇纪念馆、李达故居、湖南第一师范旧址、平江起义纪念馆、红军标语博物馆、胡耀邦故居和陈列馆、屈子祠、湖南雷锋纪念馆、南岳忠烈祠、湘乡东山学校旧址……

续表

重庆	重庆中国三峡博物馆、重庆红岩革命纪念馆……
湖北	湖北省博物馆、闻一多纪念馆、武昌中央农民运动讲习所旧址纪念馆、红安黄麻起义和鄂豫皖苏区革命烈士陵园、陆羽纪念馆、龙港革命历史纪念馆和龙港革命旧址、北伐汀泗桥战役遗址纪念馆……
西藏	山南烈士陵园……
陕西	陕甘边革命根据地照金纪念馆、洛川会议纪念馆、西安事变纪念馆、陕西历史博物馆、秦始皇兵马俑博物院、延安革命纪念地、川陕革命根据地纪念馆、八路军西安办事处纪念馆……
甘肃	会宁红军会师楼、南梁革命纪念馆、敦煌莫高窟……
山东	孔繁森同志纪念馆、中国甲午战争博物院、孔子故居、胶东革命烈士陵园……
河南	河南博物院、安阳殷墟博物苑、鄂豫皖革命纪念馆、彭雪枫纪念馆、商丘淮海战役陈官庄烈士陵园、驻马店确山竹沟革命纪念馆（竹沟烈士陵园）……
广东	鸦片战争博物馆（虎门炮台）、孙中山故居纪念馆、中共三大会址纪念馆、叶挺独立团团部旧址纪念馆……
广西	广西民族博物馆、广西烈士陵园、中国工农红军第七军军部旧址……
四川	邓小平故居、朱德同志故居纪念馆暨朱德铜像纪念园、川陕革命根据地博物馆暨川陕苏区将帅碑林、安顺场红军强渡大渡河纪念地、赵一曼纪念馆、5.12汶川特大地震纪念馆……
贵州	遵义会议纪念馆、猴场会议会址、四渡赤水纪念馆、周逸群故居……
云南	滇西抗战纪念馆、云南陆军讲武堂旧址、红军长征过丽江纪念馆……
青海	中国工农红军西路军纪念馆、青海乐都柳湾彩陶博物馆、青海藏医药文化博物馆……
海南	中国工农红军琼崖纵队改编旧址、万宁市六连岭烈士陵园……
新疆	乌鲁木齐烈士陵园、八路军驻新疆办事处纪念馆、伊犁林则徐纪念馆……

项目三：【实践主题】改革创新　奋发有为：举办歌颂改革创新发展成果的主题演讲

改革创新是当代中国最突出、最鲜明的特点。大学生富有想象力和创造力，是改革创新的生力军，要在改革创新的实践中奉献祖国、服务人民、实现价值，让改革创新成为青春远航的强大动力。以党的十一届三中全会为标志，我国开启了改革开放的历史征程。从农村到城市，从试点到推广，从经济体制改革到全面深化改革，40多年的众志成城，40多年的砥砺奋进，中国人民用双手书写了国家和民族发展的壮丽史诗。青年时期是创新创造的宝贵时期。新时代大学生置身于实现中华民族伟大复兴的时代洪流中，应当把握时代脉搏，迎接时代挑战，增强创新创造的能力和本领，勇做改革创新的实践者，将弘扬改革创新精神贯彻于实践中、体现在行动上。

【实践教学目标】

1. 知识目标：理解创新创造是中华民族的精神传统；领会改革创新的时代要求和重要意义；理解做改革创新生力军的具体行为要求。

2. 能力目标：提升改革创新的实践能力，做改革创新的生力军。

3. 价值目标：增强改革创新的自觉意识，培养改革创新的责任感。

【实践教学要求】

2学时，以主题演讲形式开展，课后提交实践教学日志。

【实践教学考核与评价】

学习小组组长根据组员主题演讲的具体表现情况，给出实践成绩；教师结合各小组综合表现给出小组考核附加分。

评分标准：

优秀（9~10分）：选定内容契合主题，主题演讲脱稿、流畅，语言技巧处理得当、感染力强，心得体会真情实感、层次清晰、文字流畅。

良好（7~8分）：选定内容契合主题，表达基本准确，主题演讲脱稿、流畅，心得体会具有真情实感。

及格（5～6分）：选定内容不偏题，符合基本要求，心得体会层次清晰、文字基本流畅。

不及格（5分以下）：选定内容偏离主题，学习态度敷衍了事，心得体会流于形式。

【实践教学流程】

1. 任课教师宣布实践活动主题，并明确实践活动要求。

2. 组织成立主题演讲筹备小组，负责场地、设备、配乐、演讲流程及开展活动过程中相关角色的选择和安排等前期准备工作。准备工作完成后，向任课教师汇报并征询意见，进行调整。主题演讲筹备小组人员为3～5人，可由任课教师指定，也可学生毛遂自荐。

3. 学生围绕本次主题演讲的主题，搜集整理相关资料，并对所选资料进行深入的了解和学习。

4. 学生选定演讲内容后，搜集相关的演讲视频和演讲技巧进行学习和演练。

5. 按照主题演讲筹备小组的最终方案，开展主题演讲。

6. 主题演讲结束后，每人写一篇心得体会，可从对演讲的准备和学习、演讲的感受、听其他学生演讲时的感受等角度展开。

7. 成绩评定：学习小组结合实践教学实际开展情况整理、填写、上交实践教学日志。

【演讲主题参考】

1. 改革铸就辉煌，奋斗实现梦想。

2. 改革开放绘蓝图，春风春雨吟诗篇。

【实践教学主题解析】

改革开放，激发活力创造辉煌。45年波澜壮阔，45年成就辉煌。

2023年9月27日，中共中央政治局就世界贸易组织规则与世界贸易组织改革进行第八次集体学习。

改革开放是决定当代中国命运的关键一招。1978年开启的改革开放伟大实践，激发出中国人民的磅礴力量，创造出一个又一个奇迹。特别是党的十八大以来，以习近平同志为核心的党中央引领新时代改革开放取得非凡成就，坚定不移深化改革开放，坚定不移推动高质量发展，以自身发展为世界创造更多的机遇。

【参考资料】

[1] 张翼. 改革开放，激发活力创造辉煌 [N]. 光明日报，2023-12-18（A005）.

（五）明确价值要求 践行价值准则

项目一：【实践主题】人物访谈——社会主义核心价值观的优秀践行者

社会主义核心价值观是一个国家和民族价值体系中最本质、最具决定性作用的部分，它支撑和影响着所有价值判断，是对整个人类发展历史和未来走向的总概括。当代大学生是中国特色社会主义各项事业的生力军和接班人，承担着推动我国走向世界强国之林的历史使命，大学生践行社会主义核心价值观，对于建设社会主义和谐社会，加快推进社会主义现代化的宏伟目标，具有重大而深远的意义。

【实践教学目标】

1.知识目标：掌握社会主义核心价值观相关基本概念和理论；理解社会主义核心价值观自信的理由；懂得培育和践行社会主义核心价值观与培养担当民族复兴大任时代新人的关系；理解践行社会主义核心价值观的作用和意义。

2.能力目标：深刻理解社会主义核心价值观的显著特征，能够运用社会主义核心价值观分析社会生活中的各种现象，提高分析问题和解决问题的能力，能在生活中面对复杂情境时践行社会主义核心价值观。

3.价值目标：通过对社会主义核心价值观优秀践行者资料的搜集、

整理和采访，使学生近距离感受其人格魅力，激发心中学习楷模、积极践行社会主义核心价值观的热情和决心，使其努力成为社会主义核心价值观的坚定信仰者、积极传播者、模范践行者。

【实践教学要求】

2学时，以课堂讨论形式开展，课后提交实践教学日志。

【实践教学考核与评价】

学习小组组长根据组员课堂讨论、汇报发言的具体表现情况，给出实践成绩；教师结合各小组综合表现给出小组考核附加分。

评分标准：

优秀（9~10分）：讨论内容全面，理论内涵挖掘深刻，支撑事例生动，汇报主题突出，表述流畅。

良好（7~8分）：讨论内容符合实践主题，整理归纳出实践主题涉及的基本理论观点，汇报准备比较充分，表达基本准确。

及格（5~6分）：讨论内容不偏题，得出正确的结论观点，汇报符合基本要求。

不及格（5分以下）：讨论内容偏离主题，学习态度敷衍了事，汇报流于形式。

【实践教学流程】

一、前期准备

（1）理论论据准备

①贯通教材，梳理关于社会主义核心价值观的相关理论知识。

②搜集整理相关参考文献，比如理论文章、领导人著作、党和政府发布的文件及决议等。

③初步提炼讨论论点。

（2）事实论据准备

搜集整理能够支撑讨论论点的实事材料，比如具体历史事件的图片、音视频材料等。

二、课堂讨论

1. 任课教师宣布实践活动主题，并明确实践活动要求。

2. 拟定访谈对象，确定访谈的可行性。如访谈者不具备单独开展访谈的能力，任课教师需对访谈者进行相关培训。

3. 访谈准备：

（1）准备详细的访谈提纲。

（2）了解被访者。

（3）确定访谈的方式与进程。

（4）准备访谈所需的材料与工具。

4. 实施访谈。取得被访者同意后，开始访谈。访谈过程中，要做好访谈记录。

5. 访谈结束。结束访谈是访谈的一个十分重要的阶段和步骤，绝不是无足轻重的。因此，在访谈前需做充分准备，要提前进行考虑和设计，并能视具体情况做出灵活调整。

6. 访谈结果处理。

7. 访谈结果分析。

8. 撰写访谈报告。

三、成绩评定

学习小组结合实践教学实际开展情况整理、填写、上交实践教学日志。

【讨论主题参考】

1. 践行者的榜样作用。

2. 价值观的传承与弘扬。

3. 社会主义核心价值观的实际应用。

【实践教学主题解析】

1. 践行者的榜样作用。这个主题可以探讨社会主义核心价值观的优秀践行者如何成为社会榜样。讨论他们的行为、价值观、道德准则如何影响了他们所在的社区或国家，以及如何启发了更多人践行社会主义核心价值观。

2. 价值观的传承与弘扬。这个主题可以关注践行者如何传承和弘扬社会主义核心价值观。讨论他们在教育、媒体、文化等领域的工作，如何推广社会主义核心价值观，促进社会价值观的建设和传承。

3. 社会主义核心价值观的实际应用。这个主题可以探讨践行者如何将社会主义核心价值观应用于实际生活和工作中。讨论他们在社会服务、慈善事业、环境保护等方面的实际行动，如何体现了社会主义核心价值观的实际意义和社会效益。

这些讨论主题可以帮助人们更深入地了解社会主义核心价值观在现实生活中的应用和践行的重要作用，激励更多人积极践行这些价值观，促进社会的和谐、稳定和发展。总之，"人物访谈——社会主义核心价值观的优秀践行者"是一种有益的实践教学主题，有助于培养学生的思想道德素质，提高他们对社会主义核心价值观的理解和践行意识，同时也促进了综合素质教育的实施。

【参考资料】

"思想道德与法治"实践课人物访谈表

学　　院：＿＿＿＿＿＿＿＿＿＿＿＿＿＿＿

专业班级：＿＿＿＿＿＿＿＿＿＿＿＿＿＿＿

姓　　名：＿＿＿＿＿＿＿＿＿＿＿＿＿＿＿

学　　号：＿＿＿＿＿＿＿＿＿＿＿＿＿＿＿

学　　期：＿＿＿＿＿＿＿＿＿＿＿＿＿＿＿

受访人基本信息						
姓名		性别		籍贯		
年龄		职业		联系电话		
任职单位			任职岗位			
过往人生经历简述						
访谈报告						

教师点评：

项目二：【实践主题】自省课堂——我的价值观探索之旅

党的十八大以来，党中央高度重视培育和践行社会主义核心价值观，党的十八大提出："倡导富强、民主、文明、和谐，倡导自由、平等、公正、法治，倡导爱国、敬业、诚信、友善，积极教育和践行社会主义核心价值观。"阐述了社会主义核心价值观涉及国家、社会、个人三个层面。相对于国家和社会层面，培养公民个人层面的社会主义核心价值观是最基础的。自省就是自我评价、自我反省、自我调控和自我教育。孔子曰："见贤思齐焉，见不贤而内自省也。"曾子曰："吾日三省吾身。"自省是自我意识能动性的表现，是从我国古代传承至今的一种重要的道德修养方法。在培育和践行社会主义核心价值观的过程中，通过开展"价值观自省课堂"引导大学生对自己的价值取向进行探索和评价，进而对自身价值观与社会主义核心价值观之间的差距及产生差距的内在原因进行反思，有助于大学生更好地认识自我，真正澄清自己内心所秉持的价值取向，并采取实际行动向社会主义核心价值观靠拢。

【实践教学目标】

1. 知识目标：深刻把握了解社会主义核心价值观，引导大学生对自己的价值取向进行探索和评价，进而对自身价值观与社会主义核心价值观之间的差距及产生差距的内在原因进行反思。

2. 能力目标：帮助学生把握社会主义核心价值观的内容及实质，坚定价值观自信，引导学生将社会主义核心价值观转化为人生的价值准则。

3. 价值目标：有助于大学生更好地认识自我，真正澄清自己内心所秉持的价值取向，并采取实际行动向社会主义核心价值观靠拢。坚定价值观自信，积极践行社会主义核心价值观，内化于心，外化于行。

【实践教学要求】

2学时，以情景再现形式开展，课后提交实践教学记录表与实践教学日志。

【实践教学考核与评价】

学习小组组长根据组员具体分工及表现情况，给出实践成绩；教师结合各小组综合表现给出小组考核附加分。

评分标准：

优秀（9~10分）：课堂分享态度积极、主动；课堂发言表达流畅、逻辑清晰，内容完整，思想深刻；行动计划科学合理、可行性强。

良好（7~8分）：自省主题突出，基本呈现概况，表达较为流畅。

及格（5~6分）：按要求基本完成汇报展示。

不及格（5分以下）：实践学习态度敷衍，未参加汇报。

【实践教学流程】

1. 任课教师宣布实践活动主题，并明确实践活动要求。

2. 对照反思环节。在充分理解社会主义核心价值观所倡导的富强、民主、文明、和谐，自由、平等、公正、法治，爱国、敬业、诚信、友善等价值要求基本内涵的基础上，由任课教师（或指定学生）针对每个价值要求收集并选取若干代表性案例进行课堂讨论（如针对"诚信"这一价值要求，选取"房公训：七十六年守护烈士墓"进行讨论），每位大学生在分析案例的过程中展开自我评价与反思，思考是否认同案例中所展现的价值观，能否践行这种价值观，能够在何种程度上践行这一价值观。

3. 公开表达环节。在结合案例对自身价值取向进行自我评价和反思的基础上，鼓励学生面对班级（或讨论小组）成员进行公开表达，将自己反思的结果与他人分享，并做出相应的行动承诺，在这一过程中，教师以及其他学生可以与其进行互动。比如对他（她）的错误价值观进行有理有据的说服、辩论、引导；对他（她）的正确价值观进行肯定；对他（她）的模糊价值观帮助其进一步澄清，通过公开表达环节，使大学生个人对自我价值观的认识进一步清晰化。特别是与他人互动的过程，能够检验自我价值观的正确性，发现自己对自身价值观的认识偏差，更加全面准确地把握自己的价值观。

4. 付诸行动环节。将在"公开表达环节"所作出的社会主义核心价值观践行承诺转化为实际行动。一方面，以社会主义核心价值观为标准制订渐进式行动计划；另一方面，实施行动计划，在"思想道德与法治"课程结束前完成行动计划中的一项任务。

【实践教学主题解析】

1. 自主学习和反思：这个主题强调学生的自主学习和反思能力。鼓励学生主动思考自己的价值观、信仰和道德准则，而不仅仅是接受教育。

2. 个体发展：通过这个主题，学生有机会深入了解自己的个体特点和信仰，包括他们的信仰、原则和价值观如何影响他们的行为和决策。

3. 社会主义核心价值观的引导：这个主题不仅涉及学生的个人价值观，还鼓励他们思考这些价值观与社会主义核心价值观之间的联系。他们可以考虑如何将个人价值观与社会主义核心价值观相协调。

4. 批判性思维的培养：这个主题有助于培养学生的批判性思维能力。他们需要审视自己的价值观并思考其背后的原因，了解它们的来源以及可能的影响。

5. 互动和讨论：学生之间可以分享他们的探索和反思，从中获得不同的观点和意见。这种互动可以促进深入的讨论和思考。

6. 社会责任感：这个主题也涉及社会责任感的培养。学生可以思考他们的价值观如何影响他们对社会问题和公益事业的看法和行动。

7. 反馈和总结：教师可以提供反馈和指导，帮助学生总结他们的探索和反思，以便更好地应用这些经验和认识。

【参考资料】

"思想道德与法治"实践课自省课堂

学　　　院：_____

专 业 班 级：_____

姓　　　名：_____

学　　　号：_____

学　　　期：_____

实践活动考核	
考核评价（符合标准的在对应的方框里打"√"） 课堂分享态度积极、主动　　　　　　　优□良□差□ 课堂发言表达流畅、逻辑清晰，内容完整，思想深刻 　　　　　　　　　　　　　　　　　　优□良□差□ 行动计划科学合理、可行性强　　　　　优□良□差□ 其他　　　　　　　　　　　　　　　　优□良□差□	考核成绩
  　　　　　　　　　　　　　　　　　　教师签名： 　　　　　　　　　　　　　　　　　　　　年　　月　　日 	
社会主义核心价值观渐进式行动计划	

项目三：【实践主题】故事会——战"疫"中重读社会主义核心价值观

在突如其来的世界疫情大战中，医务工作者让我们看到了伟大的抗击疫情精神，而这一精神的核心与社会主义核心价值观相融相通，集中诠释了广大医护工作者的医者仁心和大爱无疆，是珍贵的思想政治教育资源，其精神内涵蕴含着丰富的育人价值，为医学生理想信念、爱国情怀、职业素质、责任担当意识的培养提供了深厚的精神滋养。

【实践教学目标】

1.知识目标：在小组在线合作探究中，充分认识到社会主义核心价值观是凝魂聚气、强基固本的基础工程，增强政治认同。

2.能力目标：懂得践行社会主义核心价值观与培养担当民族复兴大任时代新人的关系，培育科学精神。

3.价值目标：结合生活实践，增强践行社会主义核心价值观的自觉性、主动性和积极性，内化于心、外化于行，实现公共参与。

【实践教学要求】

2学时，以课堂讨论形式开展，课后提交实践教学记录表与实践教学日志。

【实践教学考核与评价】

学习小组组长根据组员课堂讨论、汇报发言的具体表现情况，给出实践成绩；教师结合各小组综合表现给出小组考核附加分。

评分标准：

优秀（9~10分）：讨论内容全面，理论内涵挖掘深刻，支撑事例生动，汇报主题突出，表述流畅。

良好（7~8分）：讨论内容符合实践主题，整理归纳出实践主题涉及的基本理论观点，汇报准备比较充分，表达基本准确。

及格（5~6分）：讨论内容不偏题，得出正确的结论观点，汇报符合基本要求。

不及格（5分以下）：讨论内容偏离主题，学习态度敷衍了事，汇报流于形式。

【实践教学流程】

一、前期准备

（1）理论论据准备

①贯通教材，梳理相关理论知识。

②搜集整理相关参考资料。

③初步提炼讨论论点。

（2）事实论据准备

搜集整理能够支撑讨论论点的事实材料，比如图片、音视频材料等。

二、课堂讨论

1. 任课教师宣布实践活动主题，并明确实践活动要求。

2. 材料搜集准备。学生按照活动要求准备故事会材料。材料内容以体现社会主义核心价值观主题的人物故事为主。学生可以考虑从历届"感动中国人物"的故事中进行选择。

3. 选定角色。通过任课教师指定或学生自主报名的方式，确定主持人和评委会成员。主持人负责撰写串联词和活动方案，撰写完成后提交给任课教师并根据任课教师的建议进行调整。评委会负责制订评分标准。

4. 活动开展。主持人按照活动方案主持活动，其间可根据活动开展情况穿插一些视频、提问、采访等现场互动环节，调动学生参与活动的积极性。学生讲故事的顺序由主持人采取抽签或名单排序的方式决定，讲故事的时间控制在5分钟左右为宜。讲故事过程中可以辅以必要的音乐或者视频。

三、成绩评定

评委会评分。评委会对每个讲演者进行分数评定，分值为10分制，10位评委的评分中，去掉一个最高分和一个最低分，取剩下评委评分的平均分值。最后由主持人当场公布本次活动成绩。

【故事会主题参考】

1. 一心为民，坚持生命至上的价值追求。广大抗疫人员牺牲小我，成就大我，尊重生命，启示着我们应当要践行当初的誓言"健康所系，性命相托"，培养和提高个人医学能力，才能更好地实现誓言，践行社会主义核心价值观。

2 紧跟党走，发挥举国同心的团结力量。紧跟党的步伐，即使面对迅速蔓延的疫情，医务人员仍同呼吸、共命运抗击疫情。对于青年医学生来说，成长路上需要导准航向，爱国、爱党、爱社会主义，时刻不忘初心，砥砺前行，为构建良好健康的医疗环境而努力。

3. 和衷共济，肩负命运与共的道义担当。在这次疫情中，中国以命运与共的道义担当积极参与到解决全球性问题中来，促进很多国家团结合作、共克时艰。我们大学生可以看到在这当中的文明、和谐、平等、友善，在我们日常生活中应当文明礼貌、和谐友善、合作共赢；学习上互相帮助、共同进步，更好地发展能力，培养个人品德，以更饱满的热情投入学习。

【实践教学主题解析】

1. 现实教育的价值：这个主题强调通过真实事件来教育学生，让他们从实际生活中汲取教训和启示。疫情是一个现实的社会问题，通过战"疫"故事，学生可以更深入地理解社会主义核心价值观的重要性和实际应用。

2. 道德教育的机会：疫情期间，许多人展现了社会主义核心价值观中的善良、友爱、公平、公正等品质。通过这些故事，学生可以明白这些价值观是如何体现在实际行动中的，从而深刻理解道德与行为的关系。

3. 国家责任感的培养：疫情期间，国家、社会各界和个人都承担了特殊的责任。通过战疫故事，学生可以领悟到国家责任感和集体协作的重要性，激发他们的社会责任感。

4. 社会主义核心价值观的实际应用：这个主题通过实际事件展示了

社会主义核心价值观的实际应用，比如尊重生命、关爱他人、团结合作等，学生可以学习如何在自己的生活中践行这些价值观。

5.公共卫生意识的培养：疫情故事有助于培养学生的公共卫生意识，教育他们如何在面对突发状况时保护自己和他人的健康。

6.情感共鸣的引导：通过真实故事，学生可以与疫情期间的英雄人物建立情感共鸣，激发他们的情感，从而更深入地理解和践行社会主义核心价值观。

【参考资料】

"思想道德与法治"实践课
战"疫"中重读社会主义核心价值观故事会

讲演故事：_____

学　　院：_____

专业班级：_____

姓　　名：_____

学　　号：_____

学　　期：_____

实践活动考核	
考核评价（符合标准的在对应的方框里打"√"） 故事紧扣主题　　　　　　　　　　优□良□差□ 语言连贯，表达到位　　　　　　　　优□良□差□ 台风稳健，举止大方　　　　　　　　优□良□差□ 情感丰富，能引起共鸣　　　　　　　优□良□差□ 其他　　　　　　　　　　　　　　　优□良□差□	考核成绩
 　 　 　 　 　 　 　教师签名： 　　　　　　　　　　　　　　　　　　　　　年　　月　　日	
战"疫"中重读社会主义核心价值观故事会	

（六）遵守道德规范 锤炼道德品格

项目一：【实践主题】课堂讨论；"乘往日之风，破来日之浪"——社会主义道德的形成及其本质。

中华传统美德是中华传统道德和中华优秀文化的重要组成部分，是中华民族在五千年的文明发展过程中形成的对于国家统一、民族团结、社会稳定、文明进步、人际和谐等发挥积极促进作用的中华民族道德传统的总和，是不同时代人们的行为方式、风俗习惯、价值观念和文化心理的集中体现。中华传统美德以"活"的精神形式体现于中华民族传统道德的历史发展之中，把过去与现在相联系，为当下提供向上向善的、具有生机与活力的道德因素。弘扬社会主义道德，适应社会主要矛盾的变化，满足人民对美好生活向往的迫切需要，促进社会全面进步和人的全面发展。

【实践教学目标】

1. 知识目标：系统学习道德的起源、本质、功能，领会社会主义道德的形成及其本质。

2. 能力目标：使学生自觉弘扬中华传统美德和中国革命道德，努力按照社会主义道德的要求完善自我，树立社会主义道德观。

3. 价值目标：增强学生的社会主义道德自信和价值观自信；运用马克思主义道德观，辩证地认识、分析当前中国社会道德发展中存在的问题，并通过积极参与崇德向善的道德实践引领社会风尚。

【实践教学要求】

2学时，以课堂讨论形式开展，课后提交实践教学记录表与实践教学日志。

【实践教学考核与评价】

学习小组组长根据组员课堂讨论、汇报发言的具体表现情况，给出实践成绩；教师结合各小组综合表现给出小组考核附加分。

评分标准：

优秀（9~10分）：讨论内容全面，理论内涵挖掘深刻，支撑事例生动，汇报主题突出，表述流畅。

良好（7~8分）：讨论内容符合实践主题，整理归纳出实践主题涉及的基本理论观点，汇报准备比较充分，表达基本准确。

及格（5~6分）：讨论内容不偏题，得出正确的结论观点，汇报符合基本要求。

不及格（5分以下）：讨论内容偏离主题，学习态度敷衍了事，汇报流于形式。

【实践教学流程】

1. 前期准备

（1）理论论据准备

①贯通教材，梳理关于中华传统美德的相关理论知识。

②搜集整理相关参考文献，比如理论文章、领导人著作、党和政府发布的文件及决议等。

③初步提炼讨论论点。

（2）事实论据准备

搜集整理能够支撑讨论论点的事实材料，比如图片、音视频材料等。

2. 课堂讨论

（1）教师介绍讨论主题的背景，简要呈现讨论主题的基本内容。

（2）学习小组围绕怎样实现中华传统美德的创造性转化和创新性发展展开多视角讨论。讨论可围绕中华传统美德、中国革命道德的创造性转化和创新性发展等内容展开。

（3）讨论结束后，小组成员结合讨论主题总结出结论观点，拟定总结汇报提纲，梳理总结汇报内容。

（4）各小组结合讨论内容与结论，进行汇报展示。

（5）教师和其他小组学生代表对汇报进行点评。

（6）学习小组组长、教师结合个人表现予以考核赋分。

3. 成绩评定

学习小组结合实践教学实际开展情况整理、填写、上交实践教学日志。

【讨论主题参考】

1. 为什么说社会主义道德是人类历史发展高级阶段的道德？

2. 社会主义道德作为人类历史上崭新类型的道德，新在何处？有何优越性？

3. 如何理解社会主义道德的优越性和与现实社会中道德冷漠现象之间的反差？

4. 怎样实现中华传统美德的创造性转化和创新性发展？

5. 社会主义道德的形成、本质及发展趋势是什么？当代中国道德建设可供整合与吸纳的资源有哪些？怎样整合与吸纳？

6. 在现实生活中，如何运用马克思主义道德观分析社会道德现象？如何践行社会主义道德的基本要求？

【实践教学主题解析】

1. "传统"其实是人类的文化的深层结构，它根源于各民族由野蛮时代跨入文明时代所走的不同的路线，包含着五对永恒的矛盾解决方式的总和：现实与理想的矛盾；情感与理性的矛盾；个体与类的矛盾；理性与直觉的矛盾；历史与伦理的矛盾。

2. 一种道德是否被称为美德的评判标准是道德必须能够使践行人的品质趋于完善与完美，也能够使社会道德风气臻于完善与完美。美德具有调控、教育、激励等功能。人们践行或拥有德性，能够被社会所认可与赞美。中华传统美德的"活的传统"之义，就是把过去和现在视为互相关联的统一体。视传统为活的文化，就是要把传统区别于纯粹的过去，把文化中的一切腐朽的成分剔除掉，以保持其生机与活力。

3. 中华传统美德的基本内涵包括："仁爱忠信、见利思义"的个体美德；"孝悌有功、谦敬勤俭"的家庭美德；"勇毅力行、中正乐群"的社会美德；"刚直持节、廉洁奉公"的国家美德；"道法自然、天人合一"的生态美德。

4. 中国革命道德，是对中华传统美德的延续和发展。传承和发扬中国革命道德，是弘扬中华传统美德的应有之义，是加强社会主义道德建设的客观需要，也是激励大学生锤炼优良道德品质的必然要求。中国革命道德，是指中国共产党人、人民军队、一切先进分子和人民群众在中国革命、建设、改革中所形成的优秀道德，是马克思主义与中国革命、建设、改革的伟大实践相结合的产物，是中华民族极其宝贵的道德财富。中国共产党始终高度重视继承和发扬革命道德传统。中国革命道德作为一种精神力量，从它形成的时候起，就对中国的革命、建设、改革事业发挥着极其重要的作用。弘扬中国革命道德，要同弘扬中华传统美德相结合。

5. 对优秀道德成果进行转化的标准：第一，三个标准，包括是否有利于推动中国特色社会主义事业、是否有利于建设社会主义道德体系、是否有利于培育和践行社会主义核心价值观三个方面。加强对中华传统美德的研究、挖掘和阐发，通过科学的分析和鉴别，把其中带有阶级落后性、时代局限性和地域条件性的成分剔除出去，把其中具有当代价值和普遍适用性的道德精神发掘出来，有选择地吸收到社会主义道德体系当中，使其成为社会主义道德的有机组成部分，使其融入社会主义道德肌体的血液，参与其新陈代谢，滋养社会主义道德。

第二，"两个分清，三个剥离"，分别是分清中华传统文化的历史绵延性与现实创造性的关系；分清中华传统文化的承载主体与创造主体的关系；将植根于中华民族中优秀的、大众的传统文化与封建社会中王权的、专制的文化形态剥离开来；把中华民族中优秀的知识精英与封建专制中的统治者剥离开来；把中华优秀文化的承载者、创造者和文化的使用者、占有者剥离开来。促进优秀道德成果的创新性发展，要古为今用，洋为中用，以我为主，为我所用，推陈出新。这需要结合时代要求，对优秀道德成果的德目、观点进行新的诠释和激活，结合现代生产生活要求赋予其新的时代内涵。

【参考资料】或【相关链接与视频】

[1] 毛泽东. 毛泽东选集第三卷 [M]. 北京：人民出版社，1991.

[2] 毛泽东. 毛泽东选集第二卷 [M]. 北京：人民出版社，1991.

[3] 习近平. 在北京大学师生座谈会上的讲话 [M]. 北京：人民出版社，2018.

[4] 习近平. 在纪念马克思诞辰200周年大会上的讲话 [N]. 人民日报，2018-5-5.

[5] 李建国. 社会主义道德的形成及其本质 [J]. 教学与研究，2020（07）：102-112.

项目二：**【实践主题】**"朝夕相伴"——走进老年群体

尊老爱幼是中华民族的传统美德，然而，在今天这个物质愈加丰富的年代里，社会上有着许多无依无靠、行动不便、内心孤独的老人，新时代的大学生和青年志愿者有义务承担起这个社会责任，继续发扬这个传承了数千年的传统美德。通过组织老年服务社会公益活动，使学生以实际行动为老人送温暖、献爱心，增强学生继承和弘扬中华民族尊老、敬老的传统美德的意识，营造社会尊老、敬老、爱老的良好风尚。

【实践教学目标】

1. 知识目标：引导学生遵守公民道德准则，对社会生活领域中的道德规范，以及个人品德提升的路径有精准的把握。

2. 能力目标：培养学生传承中华传统美德，充分吸收借鉴各种优秀道德成果，弘扬社会主义道德，推进新时代公民道德建设。

3. 价值目标：引导大学生以高度的主人翁精神，积极参与各种精神文明创建活动，为家庭谋幸福、为他人送温暖、为社会作贡献，不断引领风尚，提升道德品质。

【实践教学要求】

2学时，以社会实践志愿服务形式开展，课后提交实践教学记录表与实践教学日志。

【实践教学考核与评价】

学习小组组长根据组员具体分工及表现情况，给出实践成绩；教师结合各小组综合表现给出小组考核附加分。

评分标准：

优秀（9~10分）：社会实践目的定位准确，理论内涵挖掘深刻，效果良好。

良好（7~8分）：社会实践主题突出，基本完成活动目的。

及格（5~6分）：按要求基本完成社会实践活动。

不及格（5分以下）：实践学习态度敷衍。

【实践教学流程】

1. 前期准备

（1）理论准备

①贯通教材，理解中华传统美德的内涵。

②搜集社会实践地点、内容相关资料，深入了解活动形式，如倾听交流、探访养老院、居家服务、护理服务、整理回忆录等临终关怀活动。

③初步拟定活动方案。

（2）组织准备

联系所在地社区养老服务机构，通过需求评估了解老年人的需求，并根据老年人的实际需求有针对性地开展服务活动。

2. 实践活动

①教师介绍"'朝夕相伴'——走进老年群体"实践活动的方式和目的。

②学习小组围绕社会实践主题，进行小组讨论。

③实践结束后，教师和其他小组学生代表对展示进行点评。

④学习小组组长、教师结合个人表现予以考核赋分。

3. 成绩评定

学习小组结合实践教学实际开展情况整理、填写、上交实践教学日志。

【实践教学主题解析】

中国人自古就认识到，天下之本在国，国之本在家。每个人的成长和生活都与国家紧密相连。中华民族绵延不绝的悠久历史、灿烂文明，孕育滋养了中华儿女绵长深厚、历久弥新的家国情怀。孝行天下，尊老爱老，既是家事，亦是国事，更是中华民族的传统文化，不仅是社会道德的要求，也是国家法律的规定。

项目三：【实践主题】情景再现："守工匠初心，传匠心精神"——我心中的最美工匠人

工匠精神的践行，往往与职业道德相伴。《新时代公民道德建设实施纲要》要求，推动践行以爱岗敬业、诚实守信、办事公道、热情服务、奉献社会为主要内容的职业道德。从职业道德角度对工匠精神培育进行多向度解构分析，有助于在全社会弘扬工匠精神。工匠精神职业道德认知主要由"职—德"关系和职业本质两方面构成。工匠精神所凸显、倡导的"职—德"关系是以德求职、以德导职、以德长技、以德驭技，道德由始至终贯穿从业者的职业生涯。工匠精神把职业从"谋生手段"的桎梏中解放出来，为其搭建起逻辑渐进的职业道德链条"职业认同—职业使命—职业义务—职业理想"，促进从业者在对职业理想的追逐过程中，把职业自觉地抬升到事业高度，并推动行业文化的凝炼、传播，实现事业与文化的"形神"同传和共承。

【实践教学目标】

1. 知识目标：深刻把握职业道德的基本要求和工匠精神的基本内涵，掌握职业道德与工匠精神的关系。

2. 能力目标：培养学生的职业道德，提升学生将职业道德、工匠精神的基本内涵应用于择业、就业的过程中的能力。

3. 价值目标：引导学生增强职业道德，厚植学生的家国情怀，激发学生的社会责任感与历史使命感，鼓励学生坚定"四个自信"，将自己的爱国之情、强国之志、报国之行投入中国式现代化新征程，为中华民族伟大复兴贡献自身力量。

【实践教学要求】

2学时，以情景再现形式开展，课后提交实践教学记录表与实践教学日志。

【实践教学考核与评价】

学习小组组长根据组员具体分工及表现情况，给出实践成绩；教师结合各小组综合表现给出小组考核附加分。

评分标准：

优秀（9～10分）：再现情景定位准确，理论内涵挖掘深刻，情景演绎生动感人，再现情景立意深刻。

良好（7～8分）：再现情景主题突出，基本呈现情景概况，再现情景立意鲜明。

及格（5～6分）：按要求基本完成情景再现的汇报展示。

不及格（5分以下）：实践学习态度敷衍，未参加情景再现的展示。

【实践教学流程】

1. 前期准备

（1）理论准备

①贯通职业道德、工匠精神，梳理工匠精神的相关理论知识。

②搜集整理相关人物事迹的素材。

③初步拟定情景再现的场景。

（2）组织准备

搜集整理与再现情景相关的事实材料，比如图片、音视频材料等；明确小组成员的职责分工；准备剧本、道具；练习、彩排再现情景。

2.课堂展示

①教师介绍"工匠精神"实践教学背景,简要呈现工匠精神事迹。

②学习小组围绕"各领域工匠精神代表"主题,进行情景再现展示。

③展示结束后,教师和其他小组学生代表对展示进行点评。

④学习小组组长、教师结合个人表现予以考核赋分。

3.成绩评定

学习小组结合实践教学实际开展情况整理、填写、上交实践教学日志。

【情景再现主题参考】

1.徐立平:雕刻火药的大国工匠。

2.唐英:中国陶瓷史上的伟大功臣。

3.易冉:"电焊花木兰"。

4.冯新岩:保障国家电网安全。

5.郭汉中:博物馆文物修复师。

【实践教学主题解析】

1.爱岗敬业的职业精神。"爱岗",就是干一行、爱一行,热爱本职工作,不见异思迁。"敬业",就是精一行、钻一行,对待工作要勤勤恳恳、兢兢业业、认真负责。爱岗敬业也是每个公民的基本道德规范,是职业道德的核心,是人们对待工作态度的普遍追求,只有爱岗敬业的人身上才有可能具有工匠精神。

2.工匠精神的基本内涵:①精益求精的品质精神。是指在追求卓越的过程中不断精进技术、追求极致完美的态度。在工作中不断超越自我、超越时代,他们永远走在追求完美的路上,在他们眼中,只有进行时,没有完成时。"工匠"在工作中不惜花费大量的时间和精力,反复改进产品,对于"工匠"来说,精益求精就是追求从99%~100%的过程。可以说,每个工匠都是完美主义者,这也是"工匠精神"的核心。②协作共进的团队精神。与传统工匠不同,新时代的工匠不再是从事手工作坊,而是以大机器生产为主,他们所承担的工作只是众多工序的一个环节或者一小部分,团队合作需要的是"协作共进"。③追求卓越的创新精神。不是实现从"无"到"有"才叫创新，从"有"到"优"，从"有"到"改进"，推动产品升级换代、开发新功能等都是创新。新时代追求卓越的创新精神是在强调继承基础上的创新，因为只有在继承基础上的创新，才能跟上时代前进的步伐，才能满足人们的生活需要。

3. 弘扬工匠精神，是保持初心努力干的要求。工匠精神是一种坚守初心、不负使命的"笨精神"，是一种追求极致、专业专注的"轴精神"，更是一种不浮不怠、不急不躁、久久为功的"苦精神"。保持一颗平常心，不急功近利，不追求虚名。心"沉"得下去，认真研究问题；学习"沉"得下去，深刻领会国家方针政策；身子"沉"得下去，冲锋在前。弘扬工匠精神，是建设高质量人才队伍的关键。工匠精神更像是一种对于职业的要求，是一种追求完美以及追求创新的职责感，它存活于每个人的心里。大国崛起，匠心筑梦，一批又一批坚定卓越、勇于奉献的能工巧匠，为社会主义建设事业作出了杰出奉献。其中，投身梦想的青年工匠们更是为新时代人才队伍注入了新的活力，以精雕细琢、精益求精的工匠精神，为青年人树立榜样！

（七）学习法治思想 提升法治素养

项目一：【实践主题】课堂讨论——从社会生活中解读社会主义法律的本质特征

我国社会主义法律是党的主张和人民意志的共同体现，是维护人民利益和公民权利的有力武器，是国家机关、社会组织和全体公民的活动规则和行为准绳。我们要在学习法律及其历史发展的基础上，准确把握社会主义法律的本质特征和运行机制，正确认识中国特色社会主义法律的时代价值，不断增强建设社会主义法治国家的责任感和使命感。

【实践教学目标】

1.知识目标：了解法律及其历史发展进程，把握社会主义法律的本质特征，理解我国社会主义法律的运行机制。

2.能力目标：培养学生在日常生活中从法律、法治角度思考问题，培育法治思维，锻炼学生的协调沟通能力、语言表达能力。

3.价值目标：尊重和维护法律权威，依法行使权利与履行义务。

【实践教学要求】

2学时，以课堂讨论形式开展，课后提交实践教学记录表与实践教学日志。

【实践教学考核与评价】

学习小组组长根据组员课堂讨论、汇报发言的具体表现情况，给出实践成绩；教师结合各小组综合表现给出小组考核附加分。

评分标准：

优秀（9~10分）：明确观点，理论内涵挖掘深刻，支撑事例生动，汇报主题突出，表述流畅。

良好（7~8分）：讨论内容符合实践主题，整理归纳出实践主题涉及的基本理论观点，汇报准备比较充分，表达基本准确。

及格（5~6分）：讨论内容不偏题，得出正确的结论观点，汇报符合基本要求。

不及格（5分以下）：讨论内容偏离主题，学习态度敷衍，汇报流于形式。

【实践教学流程】

1.前期准备

（1）理论论据准备

①贯通教材，梳理关于社会主义法律本质特征的相关理论知识。

②搜集整理相关参考文献，深入认识我国法律体系。

（2）事实论据准备

搜集整理身边的实际事例，以及能够支撑讨论论点的事实材料，比如图片、音视频材料等。

2. 课堂讨论

（1）教师介绍讨论主题及基本内容。

（2）学习小组围绕时事热点问题和身边的案例展开多视角讨论。讨论可就某一法律规定、法律制定过程、具体的案件来说明为什么我国社会主义法律是党的主张和人民意志的共同体现。

（3）讨论结束后，小组成员结合讨论主题总结出结论观点，梳理总结汇报内容。

（4）各小组结合讨论内容与结论，进行汇报展示。

（5）教师和其他小组学生代表对汇报进行点评。

（6）学习小组组长、教师结合个人表现予以考核赋分。

3. 成绩评定

学习小组结合实践教学实际开展情况整理、填写、上交实践教学日志。

【讨论主题参考】

1. 我国社会主义法律的本质特征是什么？

2. 结合实际谈一谈为什么说我国社会主义法律是党的主张和人民意志的共同体现？

3. 为什么说我国宪法是党的主张和人民意志的统一？

【实践教学主题解析】

1. 从本质上说，我国社会主义法律是中国特色社会主义制度的重要组成部分，是党领导人民当家作主的制度保障。（1）我国社会主义法律体现了党的主张和人民意志的统一。我国社会主义法律既有鲜明的阶级性，又具有广泛的人民性，体现了阶级性与人民性的统一。（2）我国社会主义法律具有科学性和先进性。从本质上说，我国社会主义法律更能尊重和反映社会发展规律，具有科学性和先进性。（3）我国社会主义法律是中国特色社会主义建设的重要保障。我国法律的社会作用体现了社会主义的本质要求，经济发展、政治清明、文化昌盛、社会公正、生态良好，都离不开社会主义法律的引领、规范和保障。

2. 作为保护民事主体合法权益、正确调整民事关系、维护社会和经济秩序的统领性规则，民法总则的通过和施行，标志着中国特色的民法典编纂迈出了坚实的第一步。民法总则以现代社会司法自治最重要的自由和平等作为价值主轴，以诚实信用和公序良俗作为民事活动的边界，以绿色发展作为人类社会的科学发展理念，引领整个经济社会健康有序发展。民法总则对民法基本原则的创新发展，是实现经济社会可持续发展和国家长治久安的重要基石。

3. 我国宪法是在党的领导下充分发扬民主制定的，反映了党的路线和方针政策，反映了全国各族人民的意志和利益，是党的主张和人民意志的统一。宪法体现了党的路线和方针政策。我国宪法是在中国共产党的领导下制定的，是党的正确主张的制度化、法律化。宪法反映了全国各族人民的愿望和要求，这是因为人民当家作主是社会主义民主政治的本质要求。宪法是治国安邦的总章程，在宪法中体现人民的共同意志是人民当家作主最根本的体现。从根本上说，党的主张来源于人民的意志，党的宗旨是为人民服务，除了人民的利益外，党没有自己的任何特殊利益。党领导宪法的制定和修改工作，就是领导和坚持人民当家作主，领导和坚持把人民的意志写入宪法。党的正确主张与人民的共同意志在本质上是统一的，而人民的意志写入宪法的过程又是在党的领导下完成的。离开了人民的意志，党的主张就会成为无本之木、无源之水；离开了党的领导，人民的意志就难以集中、上升为宪法规范。二者相互依存、不可分割。宪法是党的正确主张和人民共同意志相统一的法律体现。

项目二：【实践主题】知识竞赛——中国特色社会主义法治

弘扬法治精神，建设法治中国，离不开有效的法制宣传。实践证明，法制宣传教育是传播法治思想，培养法治思维、弘扬法治精神、铸就法治信仰的重要手段，是依法治国的一项重要的基础性工作。开展中国特色社会主义法治知识竞赛是加强大学生法制宣传教育的一项重要举措。通过组织开展中国特色社会主义法治知识竞赛，调动学生学习法律的积极性、主动性，在校园内形成遵法、学法、守法、用法的良好风气，树立法律权威，增强法治认同，提高法治素养。

【实践教学目标】

1.知识目标：学习马克思主义法治理论，特别是习近平法治思想，了解法律的概念、发展历史。

2.能力目标：使学生在实践活动中，提高自身的逻辑思维能力、活动组织能力、法律知识储备能力。

3.价值目标：调动学生学习法律的积极性、主动性，引导学生不断提升法治素养，努力做遵法、学法、守法、用法的模范，成为社会主义法治的忠实崇尚者、自觉遵守者和坚定捍卫者。

【实践教学要求】

2学时，以课堂竞赛形式开展，课后提交实践教学记录表与实践教学日志。

【实践教学考核与评价】

从班级各小组中推举出一人组成筹备小组，负责划定知识竞赛的准备范围，拟定评分表和竞赛流程，制订竞赛规则等相关事宜。成绩以百分制为准，答题分为必答题和抢答题两部分。

【实践教学流程】

1.前期准备

（1）教师提前通知实践活动主题，并明确实践活动要求。

（2）组织成立知识竞赛筹备小组，就划定的范围进行充分的赛前准备。

（3）组内进行选拔，获胜者参与班级竞赛。

2. 课堂竞赛

（1）教师简要介绍本次竞赛的意义，由筹备小组成员派代表介绍比赛的相关规则，比赛的评分标准、时间等信息。

（2）知识竞赛开始，教师和筹备小组组织和控制竞赛流程。

（3）活动结束后，由筹备小组宣布本次知识竞赛成绩排名，教师颁发相应奖品，以资鼓励。

3. 成绩评定

小组组长结合组内竞赛结果上交组内成绩排名，筹备小组上交班级竞赛排名，以及相关的筹备资料。

【参考资料】

中国特色社会主义法治知识竞赛评分表

序号	选手姓名	学号	总分
1			
2			
3			
4			
5			

项目三：【实践主题】模拟法庭——传播法律知识，弘扬法治精神

法治实践有助于加深个人对法律知识的认识，脱离了生动的实践，法治素养就成了空中楼阁。只有通过参与各种法律活动，在实践中运用法律知识和方法思考、分析、解决法律问题，才能养成自觉的法治思维习惯，提升法治素养。模拟法庭通过案情分析、角色划分、法律文书准备、预演、正式开庭等环节模拟刑事、民事、行政审判及仲裁的过程，引导学生将所学到的法律知识、司法基本技能等综合运用于实践，使理论和实践相统一。

【实践教学目标】

1.知识目标：了解法庭审理案件的整个流程和细节，在具备一定理论素养的基础上熟知诉讼程序，进一步掌握法律实务，感受法律的权威性与公平性。

2.能力目标：培养学生在实践活动中，拓展思维模式，提高辩论技巧，提升分析问题、解决问题的能力。

3.价值目标：了解法治体系的精髓，增强建设社会主义法治国家的责任感和使命感，尊重和维护宪法权威。

【实践教学要求】

2学时，以模拟法庭形式开展。

【实践教学流程】

1.前期准备

（1）教师选择庭审的案件，根据案件的需要进行角色分配，比如法官、书记员、法警、原告、被告、诉讼代理人、证人、后勤等。

（2）组织学生了解案件梗概、要点以及庭审过程。

（3）带领学生完成模拟法庭的场地申请、布置及宣传等。

（4）组织入选学生排练，并在条件允许的情况下可以邀请相关专业人士进行指导。

2.模拟法庭实施阶段

（1）由主持人宣布模拟庭审正式开始。教师维护现场秩序，观众就位。

（2）法官进行案件审理，按既定流程完成庭审。

（3）模拟法庭实践活动结束后，教师或受邀嘉宾对此次活动进行点评。

（4）学生相互讨论，发表感想和收获。

3. 成绩评定

观众对模拟法庭中的角色进行评分，同时教师结合整个实践活动的学生表现和实践后上交的活动记录和心得等材料进行评分。

【参考资料】

模拟法庭庭审现场流程：

（1）主持人介绍相关人员及嘉宾，宣布活动开始。

（2）书记员宣读法庭纪律和旁听规则，请审判长、审判员入席，宣布开庭。

（3）审判长检查当事人基本情况，宣告合议庭组成人员，告知当事人的权利和义务。

（4）法庭调查。

（5）法庭辩论。

（6）休庭，合议庭合议或当庭宣判。

（7）宣读法庭判决。

（8）当事人在庭审笔录及判决书笔录上签字。

（9）闭庭。

（10）书记员：请审判长、审判员退庭。

模块二

"马克思主义基本原理"课实践教学篇

一、"马克思主义基本原理"课实践教学目标要求

"马克思主义基本原理"课程是高校思想政治理论课的必修课之一，主要讲授马克思主义基本立场、基本观点和基本方法，旨在引导学生深入理解马克思主义理论是科学的理论、人民的理论、实践的理论、发展的理论、开放的理论，从而深刻理解马克思主义为何能解释历史、指导现实、预见未来，深刻理解中国共产党成功的基因密码、马克思主义的实践价值，以及中国特色社会主义的优越性，厚植当代大学生的"四个自信"，鼓励学生积极投身社会主义现代化建设事业。

理论联系实际是高校思想政治理论课教学的指导思想和基本原则。在"马克思主义基本原理"课的教学中，我们将通过开展和加强实践性活动，有效地实现理论联系实际的目标。实践教学不仅是深化思想政治理论课改革、提高教学实效的重要环节，也是适应时代需求、增强学生实践能力的关键手段。通过实践教学，帮助学生树立以人民为核心的价值追求和精神信仰，培养实事求是的意志品质和创新能力，以及掌握以理论联系实际为核心的方法论。我们将遵循针对性、实效性和时效性的原则，为学生提供一个学习平台，在各类实践过程中感知、认知并达到理性认识的目标。

根据党的二十大精神和相关文件要求，结合教育部和吉林省教育厅的指示意见，课程教学团队制定了《"马克思主义基本原理"课实践教学实施方案》。该方案的制定旨在为课程实践教学提供指导性建议，任课教师可根据该方案的主旨要求，根据教学的需要和学生的实际情况，灵活安排实践内容。

"马克思主义基本原理"课实践教学的目标是通过实践教学帮助学生理解和掌握课程的基本理论知识、践行方法，以及提高他们的综合素质和能力，促进其树立正确的世界观、人生观、价值观，培养健康人格。通

过实践教学，使学生能够将理论知识应用于解决实际问题，增强他们的实践能力和创新能力，培养他们的合作能力，增强集体感、社会责任感和使命感。通过实践教学的实施，使学生能够在实践过程中感知、认识，并最终达到深刻理解的目标。

（一）知识目标

实践教学的第一个目的是使学生掌握马克思主义基本原理的相关知识。认识和理解什么是马克思主义；理解为什么要学习马克思主义；掌握怎样学习马克思主义。学习和把握马克思主义唯物论与辩证法的基本原理，着重了解世界的物质统一性和实践的基本观点，掌握唯物辩证法的基本规律和根本方法。学习和把握马克思主义认识论的基本观点，了解认识的本质及其发展规律，掌握真理的客观性、绝对性和相对性，真理与价值的关系。学习和掌握马克思揭示的人类社会发展规律，深入了解资本主义生产方式产生的历史必然性，认识私有制商品经济在资本主义发展过程中的地位和作用，掌握资本主义生产方式的本质，正确认识资本主义政治制度和意识形态的实质。学习和掌握资本主义从自由竞争发展到垄断的程度和垄断资本主义的发展趋势,科学认识国家垄断资本主义和经济全球化的本质，正确理解当代资本主义新变化的特点及其实质，深刻理解资本主义必然为社会主义所代替的历史必然性。学习和了解社会主义从理论到实践的发展过程，掌握社会主义的基本特征，认识经济文化相对落后的国家建设社会主义的艰巨性和长期性。把握马克思主义经典作家预见未来共产主义新社会的方法论原则，领会共产主义社会的基本特征，深刻认识实现共产主义的历史必然性和长期性，掌握共产主义远大理想与中国特色社会主义共同理想的辩证关系。

（二）能力目标

实践教学的第二个目的是培养学生把马克思主义基本原理应用于实

践的能力。通过实践活动，培养学生的问题意识和批判思维能力，使其能够在学习和工作中及时发现问题，并能够运用科学的方法提出切实可行的解决方案。通过实践方式，培养学生的社会责任感和团队合作精神，在参与社会实践项目过程中，深入了解社会现实和问题，在团队合作实践过程中，了解分工的重要性，培养沟通协作能力和领导能力，学会坚持、学会妥协、学会精诚合作。此外，实践教学还重视培养学生的创新创业意识，激发他们的创新思维和创业潜能，为其今后的职业发展和社会创新提供支持。

（三）价值目标

实践教学的第三个目的是塑造学生的价值观，使其践行社会主义核心价值观。通过实践活动，使学生深入了解马克思主义的世界观、人生观、价值观，树立正确的历史观、大局观、角色观。通过实践方式，加深对马克思主义理论的理解和运用，真正认识到理论来源于实践，应用于实践，解决实际问题。指导未来的作用；真正理解马克思主义基本原理的理论魅力；真正理解马克思主义理论为什么未过时，是放之四海而皆准的真理，认识到马克思主义理论的时代功能。最终确立对马克思主义的信仰，坚定对中国特色社会主义共同理想的信念，自觉坚持党的基本理论、基本路线和基本方略，成为"又红又专"的人才。

"马克思主义基本原理"实践教学旨在使学生在系统的理论学习中，以多种实践形式为载体，将辩证唯物主义、历史唯物主义、资本、阶级斗争等核心理论融入社会、经济、政治和文化等领域，理论与实践相结合，体会时代脉搏，感受社会生活变迁，真正发挥思想政治理论课的"立德树人"作用。在实践观察中，能够正确认识资本主义和社会主义在其发展过程中出现的各种新情况、新问题，认识社会主义代替资本主义的历史必然性，以人民为中心，树立正确的世界观、人生观、价值观；提升学生认识问题、分析问题、解决问题的能力；增强战略思维能力、历史思维能力、辩证思维能力、创新思维能力和底线思维能力，最终实现坚定对社会主义和共产主义的理想信念的目的，投身于新时代中国特色社会主义事业中去。

二、"马克思主义基本原理"课实践教学项目示例

示例一：青春纵横：马克思主义之光

"青春纵横"意味着年轻的马克思主义者如马克思般在青春年华中追求理想、探索真理的过程，呈现出不同时代背景下年轻一代积极向上、勇于奋斗的精神风貌；"马克思主义之光"意味着马克思主义的思想光芒，照亮青年的内心，引导他们在社会实践中发光发热，为实现社会公平正义而努力。

"青春纵横：马克思主义之光"主题活动，旨在通过欣赏《青年马克思》这部电影，使青年学生在讨论中激发对马克思主义理论的探索兴趣，引发他们对社会的思考，能够真正践行马克思主义的世界观、人生观、价值观，成为具有高度社会责任感的新时代青年。

《青年马克思》是一部在2017年德国柏林电影节首映的历史传记电影，由拉乌尔·佩克执导。影片讲述了马克思主义理论创始人卡尔·马克思和弗里德里希·恩格斯从年轻时期开始的伟大友谊和思想探索的故事。影片聚焦于19世纪40年代早期的欧洲，在各种思想的冲突中，向我们展现了两个有血有肉的年轻人何如相遇、相知，实现思想转变，共同合作撰写《共产党宣言》，实现"全人类解放"的经历。影片展现了马克思和恩格斯对当时社会现实的观察和批判，揭示了他们对资本主义制度的批判和无产阶级解放的理论构想。

《青年马克思》不仅是一部关于两位伟大思想家的传记片，更是一部反映社会历史和思想发展的影片。它试图通过马克思和恩格斯的故事，

探讨马克思主义思想如何诞生、发展，以及对后来的社会变革的影响。影片以历史真实事件为基础，融入了剧情和情感元素，展示了马克思和恩格斯作为革命者和思想家的成长经历，通过人物之间的互动和内心矛盾，呈现人物特色，以真实的历史与人物来吸引学生对马克思主义思想进行关注和思考。

※ **实践目标**

知识目标：通过展现年轻时期的马克思和恩格斯的生活和思想，帮助学生获得关于马克思主义理论的相关知识。观看电影能够使学生形象地了解马克思和恩格斯生活的时代背景、他们的思想发展过程，以及他们如何创造马克思主义的核心理论。这部电影可以提供关于马克思主义思想的历史背景和基本原则的知识，并帮助学生更深入地理解和思考这些概念。

能力目标：培养学生的批判性思维能力和分析能力。电影中呈现的马克思和恩格斯的思想和行动，可以激发学生思考社会问题、社会变革的本质。学生可以通过观察和分析电影中的情节和对话，理解马克思主义理论中的核心观点，并将其应用于对当代社会和政治问题的思考和分析。观看电影还可以培养学生对历史和理论的深入分析能力，从而树立正确的历史观，深刻理解马克思所提出的历史分析法和阶级分析法。

价值目标：激发学生对社会正义和平等的关注，并促使他们思考社会变革和改善的可能性。这部电影通过展示马克思和恩格斯对资本主义制度的批评和对无产阶级解放的呼吁，强调了社会不平等和压迫的存在。学生可以从中反思社会中的不公正和不平等现象，思考如何推动社会变革以实现更公正和平等的社会。观看这部电影还可以激发学生对社会和政治问题的参与和行动的意识，鼓励他们成为社会变革的积极参与者。

※ **实践方案**

一、前期准备

（一）组织准备

学生自由组队，团队成员以 10 人为上限，采取自然班内的平均数进行分组，建议以寝室为单位，方便沟通与交流，最后确定组长人选。推荐自然班内完成组队，方便成员间的沟通交流。

（二）理论准备

1. 历史唯物主义（Historical Materialism）：历史唯物主义简称"唯物史观"，是马克思主义哲学的重要组成部分，是马克思人生两大发现之一。电影中展现了青年时代的马克思和恩格斯对社会历史发展的研究和思考。他们探索了社会发展的一般规律，认为人类社会的发展是由经济基础决定的，经济基础的变革推动着社会的变革。在欧洲，马克思和恩格斯关注社会阶级矛盾、生产力与生产关系的矛盾，以及这些矛盾如何在历史演进中推动社会变革。

2. 剩余价值理论（Theory of Surplus Value）：电影中展示了马克思和恩格斯对剩余价值的研究。剩余价值揭示了资本主义制度剥削的本质，也反映了资本主义制度发展的本质。矛盾是对立统一的，要求一分为二地看问题。马克思将工人的劳动分为必要劳动和剩余劳动两部分，资本家通过占有劳动者剩余劳动创造的剩余价值获取利润。电影中的场景真实描绘了工人被剥削的现实，以及马克思和恩格斯对此进行的深入思考和批判。

3. 阶级斗争（Class Struggle）：电影中呈现了马克思和恩格斯对阶级斗争的关注。认为阶级斗争是阶级社会发展的直接动力，资产阶级与无产阶级之间的矛盾是社会变革的重要动力。电影中展现了无产阶级的困境和斗争，马克思和恩格斯则致力于为工人阶级争取解放和权益。

4. 社会主义思想（Socialist Ideas）：电影中展示了马克思和恩格斯对人类社会的追求和理念。马克思和恩格斯通过对资本主义社会的批判，论述了社会主义蕴涵着的自由、平等和正义的价值观。主张建立一个无阶级社会，实现人们的平等、自由和解放。马克思和恩格斯在《共产党宣言》中提出无产阶级革命和建立社会主义的纲领，这些思想在电影中得到了一定的呈现。

注意：电影《青年马克思》是一部以马克思和恩格斯年轻时期为背

景的传记片，它主要描绘了马克思主义的萌芽和形成过程，以上是该电影涉及的一些马克思主义基本理论。但是，《青年马克思》是一部电影，它对马克思主义的呈现是在叙事和情感表达上，并非详尽全面的理论阐述。要深入了解和理解马克思主义的基本理论，最好是通过阅读马克思和恩格斯的原著以及相关研究文献进行学习。

二、实施步骤

1. 布置：教师围绕影片做背景介绍，提出核心观点，布置实践任务，提出学习要求。

2. 观影：学生独立在课下时间完成观影活动，并自选角度撰写观后感，观后感最终上交电子版。

3. 交流：学生以组为单位在课下时间交流讨论，每位成员分享自己撰写的观后感，要求有讨论过程的照片及记录，最终确定一名汇报人和一名评委。

4. 汇报：讨论完成后，汇报人为主导，带领组员对本组讨论的核心观点进行整理，制作PPT，在课堂上分享本组成员交流心得。

5. 点评：教师和其他小组学生代表对汇报展示进行点评。

6. 评分：每组评委对汇报人的汇报进行评分，去掉一个最高分和一个最低分，汇报人的得分是小组成员的基础分。同时，小组组长结合小组成员具体分工及完成情况为组员赋实践教学个人得分。

7. 完成：填写并上交"马克思主义基本原理"课实践教学日志。

三、评分标准

优秀（9～10分）：对电影中所涉及的马克思主义基本理论有深入的理解和准确的分析，能够全面把握电影的关键情节、角色及其发展；汇报语言表达准确、恰当，观后感结构合理、层次分明，具有引言、主体和结论等基本要素；能够进行深入思考和提出独立的见解，对电影中所涉及的思想和问题有深刻的理解和完整的思考，能够提出独立的见解并进行合理的支持和论证。

良好（6~8分）：对电影中所涉及的马克思主义基本理论有较好的理解和分析，能够较全面地理解电影的关键情节、角色及其发展；汇报语言表达基本准确、恰当，观后感结构基本合理，具有基本的引言、主体和结论；能够进行一定程度的深入思考和提出独立的见解，对电影中所涉及的思想和问题有较好的理解和思考，能够提出一些独立的见解并进行基本的支持和论证。

及格（0~5分）：对电影中所涉及的马克思主义基本理论有一定的理解和分析，能够基本理解电影的关键情节、角色及其发展；汇报表达基本准确，观后感结构尚可，具有基本的引言、主体和结论；能够进行一定程度的思考和提出独立的见解，对电影中所涉及的思想和问题有一些理解和思考，能够提出一些基本的独立见解。

※ **参考资料**

资料一：记录表格

"马克思主义基本原理"课实践活动之观后感

小组名称	（写明年级、专业、组别）			
时间		地点		记录人	
影片	《青年马克思》			
观后感题目				
观后感正文				
小组讨论观点记录				
小组讨论照片				
指导教师签字				

资料二：影评和观后感的区别

影评和观后感是两种不同的写作形式，它们在目的、结构和内容方面存在一些差异。

就目的而言：影评的目的是提供对电影的评价和分析，帮助他人了解电影的质量、价值和观影体验。影评必须具有客观性和批判性，旨在评估电影的各个方面，包括故事情节、演员表演、导演拍摄水平等，并给出建议和观感。影片观后感的目的主要是表达个人观影体验和感受，分享对电影的思考。观后感实际上更加主观，强调个人的情感和反应，旨在与他人分享观影的感受、启发和思考，而不一定需要进行全面的电影评价，仁者见仁，智者见智。

就结构而言：影评通常具有较为固定的结构，包括简介和背景、剧情介绍、角色表演、主题分析、技术呈现、评价和总结等部分。影评的结构较为严谨，以确保读者能够系统地了解电影的各个方面和评估标准。观后感的结构相对自由，可以根据个人喜好和观影体验进行组织。它可以是一篇连贯的散文，也可以是一系列表达个人感受和思考的段落。观后感的结构更加灵活，以适应个人观影体验的表达。

就内容而言：影评更注重对电影的客观评价和分析。它会对导演的技巧、演员的表演、故事的发展等方面进行批判性的评估和分析。影评还可能涉及对电影在文化、历史、社会等方面的意义和影响进行讨论。观后感更注重个人的情感和思考。它会描述观影时的情绪、感受和共鸣，以及电影对个人思考和启发的影响。观后感更侧重于表达主观体验和个人反思，不一定需要全面评价电影的各个方面。

总的来说，影评着重于客观评价和分析电影，而观后感则更注重个人观影体验和情感的表达。影评通常具有较为结构化的写作形式，而观后感则更具自由性。无论是影评还是观后感，都可以根据个人的写作风格和目的进行创作。

推荐阅读：

[1] 彼得·奥斯本. 如何阅读马克思 [M]. 李大山, 译. 重庆：重庆大学出版社，2022.

[2] 习近平. 在纪念马克思诞辰 200 周年大会上的讲话 [M]. 北京：人民出版社，2018.

[3] 习近平. 学习马克思主义基本理论是共产党人的必修课 [J]. 求是，2019（22）：4–11.

[4] 夏莹. 青年马克思是怎样炼成的？[M]. 北京：人民出版社，2018.

示例二：马克思的遗产：经典著作阅读与探索

马克思主义经典著作阅读与交流活动是一个旨在深入理解和探讨马克思主义思想的平台。通过集体阅读和讨论经典著作，参与者有机会深入研究《资本论》《共产党宣言》等重要文献，探索理论产生的历史背景、具体的理论框架、分析方法和社会批判等。经典悦读活动为学生提供了一个互动的学习平台和环境，便于学生分享观点、提出问题和解读文本。通过交流和辩论，可以拓宽思维，促进对当代社会、经济和政治问题的深入思考。这样的活动不仅有助于加深对马克思主义的理解，还能激发学生对当今时代社会变革和公平正义等的关注，为树立崇高理想，构建更美好的未来提供思想启迪和指引。

※ **实践目标**

知识目标：马克思主义经典著作是马克思主义理论的本源和基础，其中集中体现了马克思主义基本原理。通过经典阅读实践活动，学生可以深入了解马克思主义核心理论、基本观点和思想方法，有助于学生全面掌握和理解马克思主义理论体系，并为后续学习和研究奠定坚实的基础。

能力目标：马克思主义经典著作阅读实践教学活动可以培养学生的批判性思维能力、分析问题能力和解决问题的能力。学生通过深入阅读和讨论，培养理性思考和独立思辨的能力，培养其运用马克思主义基本理论解读社会现象和问题的能力。同时，通过在活动中的讨论和交流，促进学生的口头表达能力和团队合作能力的提升。

价值目标：马克思主义经典著作阅读实践教学活动旨在引导学生关注社会现实、反思社会问题，并通过马克思主义的视角和方法寻求社会变革和公平正义的实现。这有助于培养学生的社会责任感、公民意识和价值观，激发他们积极参与社会实践和建设的热情，成为具有社会责任感和创造力的新时代青年。

※ **实践方案**

一、前期准备

（一）组织准备

1. 学生自由组队，团队成员以 10 人为上限，采取自然班内的平均数进行分组，建议以寝室为单位，方便沟通与交流，最后确定组长人选。推荐自然班内完成组队，方便成员间的沟通交流。

2. 围绕书目相关素材搜集、脚本编写、背景 PPT 制作等核心工作进行科学分工。

（二）理论准备

1. 阅读教材，梳理所选书目的相关理论知识。

2. 搜集整理相关参考文献，比如理论文章、著作解读等。

3. 学习制作思维导图的知识。

二、实施步骤

1. 布置：教师介绍实践教学活动的教学立意，给出阅读的书目，学生通过抽签任选一本阅读。

2. 交流：学生针对所读书目绘制思维导图，并在小组内交流。

3. 汇报：小组选派代表进行课堂展演，要求能够结合当前社会热点问题进行分享，同时选出评委代表。

4. 点评：展示结束后，教师和其他小组学生代表对展示进行点评。

5. 评分：每组评委对汇报人的汇报进行评分，去掉一个最高分和一个最低分，汇报人的得分是小组成员的基础分。同时小组组长结合小组成员具体分工及完成情况为组员赋实践教学个人得分。

6. 完成：填写并上交"马克思主义基本原理"课实践教学日志。

三、评分标准

优秀（9～10分）：

深入理解马克思主义经典著作的核心理论和观点，能够准确运用马克思主义基本方法解读各种问题；具备较强的批判性思维能力，能够对马克思主义经典著作进行深入分析，并提出有力的论证和观点；具备良好的学术表达能力，能够清晰、准确地表达自己的观点，并能积极参与团队合作，与他人进行有效的讨论和交流；课件制作精美，构图合理，具有审美能力。

良好（7～8分）：

具备较好的马克思主义经典著作知识储备，能够较好地运用马克思主义基本原理分析问题；具备一定的批判性思维能力，能够对马克思主义经典著作进行基本分析，提出一些合理的观点和见解；能够基本清晰地表达自己的观点，与团队成员进行一定程度的合作和讨论；课件制作相对精良，构图基本合理，基本符合审美要求。

及格（5～6分）：

对马克思主义经典著作有一定了解，能够简单描述其基本思想和观点；能够对马克思主义经典著作进行简单分析，提出一些基本观点，但缺乏深度和逻辑性；表达较为简单，与他人合作和讨论的能力有待提高；课件制作简单。

※ **参考资料**

资料一：记录表格

"马克思主义基本原理"课实践教学活动之

马克思的遗产：经典著作解读与探索

小组名称	（写明年级、专业、组别）				
时间		地点		记录人	
成员组成					
阅读书目					
思维导图					
指导教师签字					

资料二：学生阅读建议

1. 预习

在开始阅读之前，进行一定的预习是很重要的。马克思主义经典著作卷帙浩繁，如何缩短因年代久远而产生的距离感？如何找到深入阅读的切入点？通过预习了解著作完成的时代背景、作者的思想背景以及书籍的结构和内容概要；通过预习了解学术界已经取得的成就和进展；通过预习对照现实，增强问题意识，帮助学生更好地理解和把握阅读材料。

2. 分段阅读

马克思主义经典著作通常较为深奥和严密，学生很难直接阅读，因此将其分成适当的段落或章节来进行阅读是很有帮助的。可以将每个段落的中心思想摘要记录下来，以便后续回顾和理解。

3. 主动思考和记录

阅读过程中要保持主动思考，思考作者想要传达的核心观点、论证的逻辑和关键概念。可以用自己的话将重要观点记录下来，以加深理解和记忆。

4. 反复阅读和解读

马克思主义经典著作需要反复阅读才能更好地理解其内容。如果遇到难以理解的部分，可以多次阅读，结合相关的注释和解读进行理解。

5. 注重上下文和历史背景

马克思主义经典著作的理解需要考虑其所处的时代背景和相关的历史条件。了解当时的社会、经济和政治环境，可以帮助学生更好地理解和解读著作的观点。

6. 讨论和交流

寻找机会与同学、教师或其他对该著作感兴趣的人进行讨论和交流。分享自己的理解和观点，倾听他人的解读和见解，可以拓展思维和丰富对马克思主义经典著作的理解。

7. 总结和思考

完成阅读后，进行总结和思考是很重要的。回顾整个阅读过程，对自己的理解和观点进行总结，思考著作对你的意义和启示，以及如何将其应用于实际生活和学习中。

总之，完成一本马克思主义经典著作的阅读需要认真思考和努力。保持积极主动的阅读态度，注重理解和思考，同时与他人进行交流和讨论，可以更好地掌握和应用马克思主义的思想。

资料三：经典阅读推荐书目

1.《1844 年经济学哲学手稿》

https://max.book118.com/html/2019/0609/6231103142002035.shtm

2.《关于费尔巴哈的提纲》

https://max.book118.com/html/2020/1112/6102135020003021.shtm

3. 毛泽东《矛盾论》

https://news.12371.cn/2017/08/29/ARTI1504001209326173.shtml

4. 毛泽东《实践论》

https://news.12371.cn/2017/08/29/ARTI1504001411770206.shtml

5. 恩格斯《路德维希费尔巴哈和德国古典哲学的终结》

https://max.book118.com/html/2016/1228/77807172.shtm

6.《黑格尔法哲学批判导言》

https://max.book118.com/html/2016/0311/37381348.shtm

7.《德意志意识形态》

https://max.book118.com/html/2018/0908/8051125045001123.shtm

8.《论犹太人问题》

https://max.book118.com/html/2017/0912/133494817.shtm

9.《政治经济学批判序言》

https://max.book118.com/html/2021/0308/8063010046003056.shtm

10.《共产党宣言》

https://www.doc88.com/p-476334868874.html

11.《社会主义从空想到科学的发展》

https://www.doc88.com/p-291945376260.html?s=rel&id=8

12.《英国工人阶级状况》

https://www.doc88.com/p-2704350400782.html?s=rel&id=1

13.《哥达纲领批判》

https://max.book118.com/html/2018/0929/8052043036001125.shtm

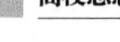

14.《反杜林论》

https://max.book118.com/html/2020/1003/5211043131003003.shtm

15.《家庭、私有制和国家的起源》

http://www.zsskl.gov.cn/Article/view/cateid/252/id/13012.html

16.《中国革命和欧洲革命》

https://www.360kuai.com/pc/9896a8571869ce6e2?cota=3&kuai_so=1&sign=360_57c3bbd1&refer_scene=so_1

示例三：桌上游戏：财富的代价

桌上游戏（Tabletop Games）是一类以桌面为主要游戏场景的游戏类型，通常需要参与者坐在桌子周围进行游戏。这些游戏通常使用卡片、棋盘、骰子、计分板、小型模型等组件，通过规则和策略来进行游戏。"财富的代价"这项实践活动是一款工人与资本家的博弈游戏，模拟了工人与资本家之间的关系和利益冲突。参与者中有一位扮演资本家角色，其他人则扮演工人角色。游戏以周期为单位进行，每个周期参与者都要独立做出合作或背叛的决策，决策结果决定参与者的收益。参与者在游戏中根据观察到的结果和反馈调整策略，追求最大化自身收益。游戏结束时，可以计算每个参与者的累计收益，评估他们的表现。这个游戏促使参与者思考合作与竞争、资源分配和策略调整等问题，直观地了解资本的积累过程，也深入理解人类行为和社会经济模式的复杂性。

※ 实践目标

知识目标：理解资本主义社会中工人与资本家之间的利益冲突和关系。熟悉资本主义经济体系中的资源分配和利润分配机制。掌握马克思主义关于剥削、阶级斗争和社会变革的基本理论知识。

能力目标：通过分析和评估工人与资本家之间的利益冲突及其对社会经济的影响，培养学生的分析能力；提升学生运用马克思主义基本立场观点和方法挖掘经济关系中的阶级矛盾的能力；培养学生发展批判性思维、分析问题和制订策略的能力。

价值目标：培养对社会不平等和阶级斗争问题的敏感性，强调社会公正和平等的价值观念。促进学生思考社会变革和经济制度改革的必要性。

※ 实践方案

一、前期准备

（一）组织准备

学生自由组队，团队成员以10人为上限，采取自然班内的平均数进行分组，建议以寝室为单位，方便沟通与交流，最后确定组长人选。推荐自然班内完成组队，方便成员间的沟通交流。

（二）理论准备

1. 阶级斗争相关理论：了解马克思主义对阶级斗争的理论观点，包括阶级的定义、阶级矛盾的产生和发展、阶级斗争的形式和目标等。

2. 生产力与生产关系相关理论：理解马克思主义哲学中关于生产力和生产关系的概念，包括生产力的定义、生产关系与所有制形式的关系、生产力与生产关系矛盾的作用等。

3. 剩余价值与剥削相关理论：熟悉马克思主义政治经济学对剩余价值和剥削的分析，包括剩余价值的产生过程、剥削的实质和形式、剩余价值对社会经济的影响等。

4. 资本主义经济体制相关理论：了解资本主义经济体制的基本特征，包括资本主义生产方式、商品经济、市场经济、资本主义积累和竞争等。

5. 社会主义与共产主义理想相关理论：理解马克思主义基本原理对社会主义和共产主义社会的描述和设想，包括社会主义革命、生产资料公有制、社会主义计划经济和共产主义社会的无阶级状态等。

二、实施步骤

（一）基本环节

1. 角色分配：学生自由组队，团队成员以10人为上限，采取自然班内的平均数进行分组。每组学生分为两部分，一人扮演资本家，其他人扮演工人。可以通过随机抽签或其他方式来分配角色。

2. 资源分配：每个资本家和工人都会得到一定数量的资源，可以是纸币、点数或其他形式的代表资源的物品。比如每个资本家可以得到100个单位的资源，每个工人可以得到50个单位的资源。

3. 决策阶段：每个周期，资本家和工人将同时作出决策，选择合作（C）或背叛（D）。他们的决策是独立的，不知道对方的选择。参与者可以考虑自己的利益和目标来制订决策策略。资本家可能希望追求最大化自身的利润，而工人可能希望争取更好的工作条件和收益。这些动机可能会影响他们的决策。

4. 收益分配：根据资本家和工人的选择，确定收益的分配方式。可以使用一个预先确定的收益矩阵，其中包含了不同选择组合的收益分配规则。比如如果双方都选择合作，资本家和工人各自获得5个单位的收益；如果资本家选择背叛而工人选择合作，资本家获得8个单位的收益，工人获得1个单位的收益；如果双方都选择背叛，资本家和工人都不获得收益。

5. 更新资源：在每个周期结束后，记录每个参与者的选择和收益，并进行数据分析。可以跟踪每个人的资源变化、累计收益以及合作与背叛的频率。

6. 重复进行：重复进行多个周期，每个周期都进行决策、收益分配和资源更新，模拟长期的博弈过程。

7. 讨论与总结：游戏结束后，小组内讨论后进行班级总结，参与者可以分享他们的策略、观察和体验。

（二）增加环节

1. 改变规则：在游戏的不同阶段，可以引入不同的规则变化来观察其对决策和结果的影响。比如可以增加或减少资源数量，修改收益矩阵，或者引入奖励和惩罚机制。这可以帮助探索不同环境下的合作和竞争行为。

2. 团队竞争：除了资本家与工人之间的博弈，可以引入多个班级或团队，让他们之间进行竞争。这样可以探讨团队合作、合作与竞争之间的平衡，以及团队之间的战略选择和结果。

3. 环境因素：考虑引入环境因素，比如资源的稀缺性、市场竞争、政府政策等。这些因素可以对参与者的决策和结果产生影响，并提供更加真实和综合的博弈情景。

4. 变化的策略：参与者可以尝试不同的策略，比如采取合作的初始策略，然后根据对方的决策作出反应；或者采取背叛的初始策略，然后根据结果进行调整。这样可以探索不同策略的优劣和变化。

三、评分标准

优秀（9～10分）：

学生能够深入理解和应用马克思主义基本原理，将其与游戏情境相结合进行分析和解释。在游戏中展现出批判性思维和分析能力，能够准确评估工人与资本家的利益冲突及其对社会经济的影响。在团队合作中表现出色，能够有效协商、合作和解决冲突，实现个人和团队的最佳利益。对社会公正、平等和社会变革具有深刻的理解和积极的价值观念，能够提出合理的解决方案和改革思考。

良好（6～8分）：

学生对马克思主义基本原理有一定的理解，并能将其部分应用于游戏情境的分析和解释。在游戏中展现一定的批判性思维和分析能力，能够评估工人与资本家的利益冲突，并提出一些合理的观点和策略。在团队合作中能够基本协调合作，但在协商和解决冲突方面可能存在一些不足。对社会公正、平等和社会变革有一定的认识，但还需进一步加深理解和提出更具体的解决方案。

及格（0～5分）：

学生对马克思主义基本原理理解有限，难以将其应用于游戏情境的分析和解释。在游戏中的批判性思维和分析能力较弱，对工人与资本家的利益冲突的评估不够准确。在团队合作中缺乏有效的协商和合作能力，难以解决冲突和实现团队利益。对社会公正、平等和社会变革的认识较为模糊，缺乏具体的解决方案和改革思考。

※ 参考资料

资料一：记录表格

"马克思主义基本原理"课实践活动之

财富的代价

小组名称	（写明年级、专业、组别）				
时间		地点		记录人	
成员组成					
讨论主题					
讨论流程及内容摘要					
指导教师签字					

资料二：游戏工具

财富的代价

我是：□资本家 □工人

轮数	第一轮	第二轮	第三轮	第四轮	第五轮
出价或应价					
结余或收入					
总 战 绩					

我是：□资本家 □工人

轮数	第一轮	第二轮	第三轮	第四轮	第五轮
出价或应价					
结余或收入					
总 战 绩					

推荐阅读：

[1] 卡尔·马克思. 工资、价格和利润 [M]. 北京：中央编译出版社，2022.

[2] 习近平. 在全国劳动模范和先进工作者表彰大会上的讲话（2020年11月24日）[M]. 北京：人民出版社，2020.

示例四：圆桌会议　共谋智慧

本次实践活动的实质是无领导小组讨论，一种基于合作与平等的学习方法，旨在培养学生的批判性思维、协作能力和自主学习能力。无领导小组讨论是一种自发性的学习形式，其中没有明确的领导者，每个成员都有平等的机会表达自己的观点和意见。这种学习方式鼓励学生相互倾听、尊重和学习，共同探讨和解决问题。在无领导小组讨论中，学生将能够发挥个人的潜能，分享自己的见解和经验，同时也能够从他人的观点中获得新的启发和思考。通过积极参与无领导小组讨论，提高学生的思维能力、沟通能力和团队合作能力，为今后的学习和工作打下坚实的基础。

※ **实践目标**

知识目标：通过无领导小组讨论活动，深入理解真理尺度与价值尺度之间的辩证关系，明确认识的直接目的是获得真理。把握真理又是为了获取某种价值。从理论上掌握价值的内涵和特点，是为了在实践上作出正确的价值评价。

能力目标：通过无领导小组讨论，培养学生对马克思主义基本原理的批判性思考能力，能够提出有理论依据和逻辑合理的观点和分析。培养团队合作与协作能力，提升学生的口头表达和辩论技巧。

价值目标：弘扬马克思主义核心价值观，引导学生树立正确的世界观、人生观和价值观，培养他们关注社会问题、积极参与社会实践的意识和责任感；培养学生的民主意识，让学生体验和实践民主决策的过程，培养其民主意识和参与意识，以激发他们在社会中发挥积极作用的能力。

※ **实践方案**

一、前期准备

（一）组织准备

学生自由组队，团队成员以10人为上限，采取自然班内的平均数进行分组，建议以寝室为单位，方便沟通与交流，最后确定组长人选。推荐自然班内完成组队，方便成员间的沟通交流。

（二）理论准备

1. 贯通教材，梳理关于"真理与价值"的相关理论知识。

2. 搜集整理相关参考文献，比如理论文章、领导人著作、党和政府发布的文件及决议等。

二、实施步骤

（一）讨论内容

现在发生海难，游艇上有 8 名游客正等待救援，但是直升机每次只能救一个人。游艇已经严重损害，正在不停地漏水，寒冷的天气、刺骨的海水，威胁着每个人的生命，你选择先救谁？请为救人的先后进行排序。游艇上 8 个人的身份如下：

1. 将军，男，73 岁，身经百战，战功荣耀。

2. 外科医生，女，42 岁，医术高明，医德高尚。

3. 大学生，男，19 岁，家境贫寒，母子相依为命，获国际奥数金奖。

4. 大学教授，男，51 岁，正在主持世界级科研领域一个重大研究项目。

5. 运动员，女，23 岁，奥运金牌获得者。

6. 经理人，女，36 岁，擅长管理，多次将大型企业扭亏为盈。

7. 小学校长，男，55 岁，劳动模范，国家"五一劳动奖章"获得者。

8. 中学教师，女，48 岁，桃李满天下，教学经验丰富。

（二）讨论流程

课堂主题讨论进行两轮。

第一轮：小组讨论

1. 以小组为单位进行讨论，形成一个决议，即对问题达成一致意见。

2. 每组推荐出一位发言人，表明观点，陈述理由，并代表本组参加无领导小组讨论环节。

3. 讨论时间 10 分钟，发言人陈述时间 2 分钟。

第二轮：无领导小组讨论

1. 自由讨论 8 分钟，在讨论结束时要达成一致意见，否则本次讨论无效。

2. 推举一位代表进行总结陈词，时间为 3 分钟。

（三）实践活动启示

活动结束后，每位学生填写"马克思主义基本原理"课实践教学日志，对整个讨论过程及其议题进行再次反思，以达到教育目标。

三、评分标准

优秀（8～10 分）：

学生能够积极主动参与无领导小组讨论，对问题提出深入而独到的见解和观点。能够运用批判性思维分析问题，提出清晰、逻辑严谨的论证，并能够充分回应他人的观点。表现出良好的团队合作能力，能够倾听和尊重他人的意见，积极参与协商和决策，以达成共识。表达能力出色，能够清晰、准确地表达自己的观点，并能够有效地与他人进行沟通和交流。展现出对马克思主义基本原理和相关概念的深入理解，并能够将其运用到无领导小组讨论中。

良好（6～7 分）：

学生能够积极参与无领导小组讨论，对问题提出合理的见解和观点。能够运用批判性思维分析问题，并提出基本的论证，能够回应他人的观点。表现出较好的团队合作能力，能够倾听和尊重他人的意见，并积极参与协商和决策。表达能力一般，能够基本清晰地表达自己的观点，并与他人进行基本的沟通和交流。展现出对马克思主义基本原理和相关概念的基本理解，并能够运用到无领导小组讨论中。

及格（4～5 分）：

学生在无领导小组讨论中参与度较低，对问题提出的见解和观点较为平凡和普通。对问题的分析能力较弱，论证不够充分，对他人观点的回应较为简单。在团队合作中表现一般，对他人意见的接受和沟通能力有待提高。表达能力有限，观点表达不够清晰，与他人的交流缺乏深度。对马克思主义基本原理和相关概念的理解较为肤浅，运用能力有限。

※ **参考资料**

资料一：记录表格

"马克思主义基本原理"课实践活动之

圆桌会议：共谋智慧

小组名称	（写明年级、专业、组别）			
时间		地点		记录人	
成员组成	
讨论主题	
讨论反思	
指导教师签字	

资料二：无领导小组讨论活动建议

1. 提前准备

确保学生了解无领导小组讨论的要求，包括评分标准、时间限制、讨论主题等。

2. 积极领导和组织

在无领导小组中，学生可以主动承担领导角色，组织和引导讨论的进行。提出明确的讨论议程和目标，确保讨论的有效性和高效性。分配任务和责任，并监督团队成员的参与和贡献。

3. 显露领导才能

在讨论中展现出领导才能，比如引导讨论的方向、提出关键问题和观点等。充分发挥自己的知识和见解，提供高质量的观点和分析。能够与团队成员进行积极的互动和协作，促进共识和合作。

4. 批判性思维和逻辑推进

运用批判性思维分析问题，提出清晰、逻辑严谨的观点和论证。对团队成员的观点进行评估和回应，提供有力的反驳或支持论据。在讨论中展现出扎实的逻辑推理能力，确保自己的观点能够得到充分支持。

5. 有效地沟通和表达

清晰、准确地表达自己的观点和想法，使用恰当的语言和表达方式。注意语速和语调，使自己的观点更具有说服力。倾听和尊重他人的意见，积极参与讨论并与他人进行有效的沟通。

6. 团队合作和协商

学生需要展现出良好的团队合作和协商能力，与团队成员建立积极的合作关系。尊重和接纳他人的观点和意见，展现出包容性和开放性。积极参与协商和决策过程，促进团队的共识和合作。

7. 展示自信和自我管理能力

在讨论中展示自信和自我管理能力，包括良好的时间管理、情绪控制和应对压力的能力。展示积极的态度和灵活性，适应不同的情境和任务要求。

推荐阅读：

[1] 习近平. 在哲学社会科学工作座谈会上的讲话 [M]. 北京：人民出版社，2016.

示例五：哲思辩论：历史唯物主义视角下，人类社会的进步更多是由经济因素还是思想观念的变革所推动？

此辩题在于探讨历史唯物主义视角下，经济因素与思想观念变革对于人类社会进步的推动力量的相对重要性。"各民族之间的相互关系取决于每一个民族的生产力、分工和内部交替的发展程度。这个原理是公认的。然而不仅一个民族与其他民族的关系，而且这个民族本身的整个内部结构也取决于自己的生产以及自己内部和外部的交往的发展程度。"[①]马克思认为，认识一个民族、国家，甚至整个人类社会，应该从生产和交往两方面来分析，从物质生产的角度和物质生产基础上的人的交往关系来看。由此，在研究人的社会生活的状况中，引出了马克思主义基本原理中两对极为重要的范畴，即生产力和生产关系、经济基础和上层建筑。

通过辩题，主要注意两方面内容。

1. 主张经济因素的主导性

历史唯物主义认为，人类社会的历史发展是由经济基础决定的。经济基础是政治上层建筑的根源。在社会历史发展过程中，经济交往的每一次变革，都相应的会引起政治交往的变化。以制度和规范形式出现的政治上层建筑受到经济基础的制约。"任何时候，我们总是要在生产条件的所有者同直接生产者的直接关系——这种关系的任何当时的形式必然总是自然地同劳动方式和劳动社会生产力的一定发展阶段相适应——当中，为整个社会结构，从而也为主权和依附关系的政治形式，总之，为任何当时的独特的国家形式，发现最深的秘密，发现隐藏着的基础。"[②]生产力与生产关系、经济基础与上层建筑之间的矛盾和冲突，推动着社会历史的前进。因此，从这个角度看，经济因素是人类社会进步的主要动力。

---

① 马克思恩格斯选集第一卷[M].北京：人民出版社，2012：147.
② 马克思恩格斯全集第四十六卷[M].北京：人民出版社，2003：894.

2. 强调思想观念的反作用

尽管经济基础决定上层建筑，但上层建筑也会对经济基础产生反作用。思想观念是上层建筑的重要组成部分，人类的思想生活比政治交往和经济交往更具有高度的自由度和主体性，它们反映了人们对社会经济基础的理解和评价，反映了不同主体的物质利益诉求，影响着人们的行动方式和生产行为。因此，思想观念的变革也能对社会经济基础产生影响，进而推动社会的进步。在历史唯物主义的视角下，经济因素和思想观念变革都是推动人类社会进步的重要因素。但在二者之间，经济因素更具决定性，因为它决定了社会的物质生活基础，而思想观念则是在经济基础的基础上形成和发展的。然而，这并不意味着轻视上层建筑，包括思想观念的作用，我们必须认识到，它们在社会历史的发展中也起着重要的作用。

※ 实践目标

知识目标：理解马克思主义哲学的世界观和方法论，包括经济基础决定上层建筑和物质决定意识的观点。学习历史唯物主义的相关概念，比如经济基础、上层建筑、生产力、生产关系等，并能运用这些概念进行分析和论证。

能力目标：培养学生的批判性思维和论辩能力，使他们能够理解和评估不同观点之间的逻辑关系。培养学生的独立思考和论证能力，使他们能够结合历史唯物主义的原理，提出有力的论证支持自己的观点。培养学生的团队合作和沟通能力，使他们能够在辩论中有效地表达自己的观点，并与对方进行交流和辩驳。

价值目标：培养学生对历史唯物主义的理解和尊重，促进他们对不同思想流派和观点的包容和开放态度。培养学生的批判思维和分析能力，使他们能够客观地评估不同观点的优缺点，并形成独立的判断。培养学生的辩论和论证能力，使他们能够在辩论中坚持自己的观点，同时尊重他人的观点，形成理性、互相尊重的讨论氛围。

※ 实践方案

一、前期准备

（一）组织准备

1. 布置辩论赛主题，介绍辩论赛规则及其相关注意事项，并要求学生根据主席词做好准备。

2. 自由报名，前8名报名的学生抽签决定正方和反方，每队可以招纳3~4人作为自己团队的智囊团。

3. 每个实践课活动小组派出一名学生作为辩论赛的评委。辩论赛的流程与布置，采用迷你版的正规辩论赛形式。

（二）理论准备

搜集整理能够支撑讲授内容的事实材料、马克思主义哲学原理等。

二、实施步骤

1. 课前布置教室，主席、辩手、评委、计时员就位。

2. 主席按照要求开场，介绍参赛队及其所持立场，介绍参赛队员，介绍评委。

3. 主席宣布辩论赛开始，计时启动。

4. 评判团交评分表。

5. 教师和评委对辩论效果进行点评。

6. 公布结果，派出5支队伍参加年级辩论赛。

三、评分标准

1. 论证与思维能力（30%）

逻辑性和连贯性：学生的论证是否具有清晰的逻辑结构，能够合理地连接论点和论据。

深度和广度：学生是否能够深入挖掘问题的本质，提供充分的背景知识和观点。

分析和综合能力：学生是否能够对问题进行全面的分析和综合，能够提出有力的论证和观点。

2. 论证的支持（30%）

证据和例证：学生是否能够提供恰当的事实、数据、案例或引用相关的哲学理论来支持论证。

引用和参考文献：学生是否能够引用和参考相关的哲学理论、马克思主义经典著作或其他学术文献。

3. 反驳与质疑能力（20%）

反驳对方观点：学生是否能够有力地反驳对方观点，揭示其逻辑漏洞或缺陷。

提出质疑问题：学生是否能够提出有针对性的质疑问题，引发对方深入思考和回应。

4. 表达和语言能力（10%）

清晰和准确：学生是否能够清晰地表达观点，使用准确的词汇和语法结构。

语速和音量：学生是否能够以适当的语速和音量进行演讲，使观众能够听清并理解。

5. 仪态和礼貌（10%）

专业和礼貌：学生是否能够保持专业和礼貌的辩论态度，尊重他人观点，遵守辩论规则和道德准则。

以上评分标准旨在综合评估学生的思维能力、论证水平和表达能力，并根据总分划分为优秀（9~10分）、良好（7~8分）和及格（5~6分）三个等级。评分标准的具体权重和分数划分可以根据实际情况和辩论赛的要求进行调整。

※ **参考资料**

资料一：主席词（课堂比赛版）

主 席 词

请各位尽快就座，我们的比赛即将正式开始。

为了确保比赛的顺利进行，请您将您的手机调至静音或振动模式，请勿在比赛期间发表言论和声音，以免打扰辩手。感谢您的配合。

尊敬的评委、辩手以及观众们大家早上／下午／晚上好！本场比赛正式开始。

首先请允许我介绍本场比赛的评委，他们是：＿＿＿＿＿＿＿＿，让我们用掌声欢迎他们的到来！

下面请允许我介绍参赛双方：

坐在我右手边的是正方，来自＿＿＿＿，他们的观点是＿＿＿＿＿＿；

坐在我左手边的是反方，来自＿＿＿＿，他们的观点是＿＿＿＿＿＿；

下面有请双方辩手做自我介绍，首先有请正方同学，欢迎他们的到来！

（正方辩手自我介绍）

下面有请反方同学作自我介绍，同样欢迎他们的到来！

（反方辩手自我介绍）

两队所持观点不一，他们将怎么论证己方观点呢？

首先有请正方一辩进行开篇立论，时间为 2 分 30 秒。

（正方一辩开篇立论）

感谢正方一辩，下面有请反方二辩质询正方一辩，回答方只能作答不能反问，质询方可以打断，但被质询方每次发言有五秒保护时间。双方共计时一分十五秒，有请。

（反方二辩质询正方一辩）

感谢双方辩手，下面有请反方一辩进行开篇立论，时间同样为两分三十秒，有请。

（反方一辩开篇立论）

感谢反方一辩，下面有请正方二辩质询反方一辩，规则如上，双方共计时一分十五秒，有请。

（正方二辩质询反方一辩）

感谢双方辩手，下面将进入质询小结，首先有请反方二辩就刚才的质询做小结，时间为一分三十秒。

（反方二辩质询小结）

下面再请正方二辩作小结，时间同样为 1 分 30 秒。

（正方二辩质询小结）

感谢双方二辩，下面将进行短兵相接的一对一对辩，对辩环节双方以交替形式轮流发言，辩手无权中止对方未完成之言论。双方计时将分开进行，一方发言时间完毕后另一方可继续发言，直到剩余时间为止。有请双方四辩进行对辩，时间各为 1 分 30 秒，由正方开始。

（正反双方四辩对辩）

感谢双方四辩，对辩环节之后，让我们进入盘问环节。由盘问方三辩盘问对方一、二、四辩，答辩方只能作答不能反问，答辩方不计入总时间。对盘问方计时 1 分 15 秒。首先，有请正方三辩盘问反方辩手。

（正方三辩盘问）

感谢双方辩手，下面有请反方三辩盘问正方辩手，规则如上，计时 1 分 15 秒。

（反方三遍盘问）

感谢双方辩手，下面有请正方三辩进行盘问小结，时间为 1 分 15 秒。

（正方三辩小结）

感谢正方三辩，下面有请反方三辩进行盘问小结，时间同样为 1 分 15 秒。

（反方三辩小结）

感谢反方三辩，下面进入自由辩论环节，本环节由双方交替轮流发言，每方每次只能由一位辩手发言，一方落座为另一方计时的开始，双方各计时 1 分 30 秒，由正方开始。

（自由辩论）

有请反方四辩总结陈词，时间为 2 分钟。

（反方四辩陈词）

感谢反方四辩，下面有请正方四辩做总结陈词，时间同样为 2 分钟。

（正方四辩陈词）

感谢双方四辩，下面有请评委对本场比赛做出点评。

资料二：主席词（20分钟表演版）

主 席 词

（主持人介绍完毕，主席入场）

各位观众大家晚上好！我们的比赛即将正式开始，为确保比赛的顺利进行，请将您的手机调至静音或振动模式，请勿在比赛期间发表言论和声音，感谢您的配合。

下面让我们欢迎双方辩手入场！

（辩手交叉入场，握手，就座）

坐在我右手边的是正方，来自中西医临床专业，他们的观点是：成功路上好对手更重要。

坐在我左手边的是反方，来自中医5+3专业，他们的观点是：成功路上好帮手更重要。

下面有请双方辩手做自我介绍，首先有请正方同学！

（正方自我介绍）

欢迎他们的到来，下面有请反方同学作自我介绍。

（反方自我介绍）

同样欢迎他们的到来，两队所持观点不一，他们将怎么论证己方观点呢？

首先，有请正方一辩进行开篇立论，时间为1分45秒。

（正方一辩开篇立论）

感谢正方一辩，下面有请反方二辩质询正方一辩，被质询方只能作答不能反问，每次回答有5秒保护时间，双方共计时1分15秒，有请。

（反方二辩质询）

感谢两位辩手，下面有请反方一辩进行开篇立论，时间同样为1分45秒。

（反方一辩开篇立论）

感谢反方一辩，下面再请正方二辩质询反方一辩，规则如上。

（正方二辩质询）

下面进入短兵相接的"一对一"对辩，请双方三辩交替轮流发言，双方各计时45秒，由正方开始。

（正反双方三辩对辩）

（对辩环节一方发言结束为另一方计时的开始，双方保持站立直至对辩结束，二、三辩对辩同上）

感谢两位辩手，下面有请正方三辩进行补充驳论，时间为1分15秒，有请。

（正方三辩发言）

感谢正方三辩，下面再请反方三辩进行补充驳论，时间同样为1分15秒，有请。

（反方三辩发言）

感谢反方三辩，下面进入奇袭环节，请反方四辩选择正方一、二、三辩任意一名辩手进行奇袭。

（反四起立说：谢谢主席，奇袭正方×辩）

（被奇袭辩手起立）

（只对奇袭方计时，可以在5秒保护时间后打断被奇袭方回答）

奇袭环节中，被奇袭方只能作答不能反问，每次作答有5秒保护时间，奇袭时间共为一分十五秒。

（正方奇袭）

感谢两位辩手，下面请正方四辩选择反方一、二、三辩任意一名辩手进行奇袭，有请。

（正四起立说：谢谢主席，奇袭反方×辩）

（被奇袭辩手起立）

奇袭规则如上，开始！

（正方奇袭）

感谢两位辩手，下面进入自由辩论环节，本环节由双方交替轮流发言，每方每次只能由一位辩手发言，一方落座为另一方计时的开始，双方各计时1分30秒，由反方开始。

（自由辩论）

感谢双方辩手，下面有请反方四辩做总结陈词，时间为1分15秒。

（反方四辩陈词）

感谢反方四辩，下面有请正方四辩做总结陈词，时间同样为1分15秒。

（正方四辩陈词）

感谢双方四辩，本场辩论赛到这里就要结束了，再次感谢各位辩手的精彩表现以及现场观众的配合，请辩手有序退场。

（主席、辩手全体起立，鞠躬，交叉退场）

资料三："马克思主义基本原理"课程中"哲思"辩论赛的特点

在"马克思主义基本原理"课堂实践教学活动中的辩论赛可以具有以下特点。

1. 理论基础：辩论赛是在马克思主义基本原理教学的理论框架下展开的，参与辩论的学生应具备一定的马克思主义理论基础，使得辩论赛能够更加深入地探讨和辩论马克思主义基本原理的相关观点。

2. 实践结合：辩论赛是马克思主义基本原理实践教学的一种形式，通过辩论的方式，学生能够将马克思主义的理论知识与实际问题相结合，运用理论分析问题，提出解决问题的方法。

3. 批判性思维：马克思主义强调批判性思维的重要性，辩论赛可以培养学生的批判性思维能力。学生需要对自己和对手的观点进行批判性分析和评价，并通过辩论来展示自己的批判能力。

4. 政治性和社会性：马克思主义基本原理涉及政治、经济、社会等方面的问题，辩论赛可以围绕这些问题展开，涉及社会现实、政策选择、社会变革等议题，使得辩论赛具有鲜明的政治性和社会性。

5. 团队合作：辩论赛通常以团队形式进行，学生需要在团队中协同合作，分工明确，互相支持和补充，培养学生的团队合作精神和组织协调能力。

6. 理论与实践的结合：辩论赛要求学生在理论和实践之间建立联系，运用马克思主义基本原理分析实践问题，并根据实际情况提出解决问题的建议。通过辩论赛，学生能够更好地理解和应用马克思主义基本原理。

这些特点使得马克思主义基本原理实践教学中的辩论赛成为一种有效的教学方法，能够激发学生的思维能力、分析能力和创造力，帮助他们更好地理解和运用马克思主义基本原理。

示例六：　剧情演绎：《纸牌屋》

《纸牌屋》是由英国作家迈克尔·道布斯所著的一部经典的政治小说，小说以政治斗争和权力争夺为背景，揭示了现代政治中出现的各种问题和弊端。通过对这部经典作品中的部分情节的演绎和还原，使学生在编辑、演绎过程中体会资本主义制度的弊端、资本主义金钱的本质，认识到资本主义的政治制度和意识形态是与资本主义经济制度相适应的，是为其服务的上层建筑。

1. 贪婪和权力集中：《纸牌屋》中展示了许多角色的贪婪和对权力的渴望。他们为了个人利益不择手段，背叛、腐败和利用。这种贪婪和权力集中的倾向是资本主义社会中的一个普遍问题，它可能导致资源不公平分配和社会不稳定。

2. 腐败和金钱政治：《纸牌屋》中展示了许多政客和企业家通过贿赂、勾结和利用信息不对称等手段来获取利益的情节，揭示了资本主义体系中存在的腐败问题，以及金钱对政治决策的影响。这种现象使得政府和商业界之间的界限变得模糊，可能导致利益集团的影响力超过公众利益。

3. 社会不平等：《纸牌屋》中的角色和情节反映了社会阶层的不平等问题。一些角色通过利用权力和资源获取了巨大的财富和社会地位，而其他人则被边缘化和剥夺机会。这种社会不平等是资本主义体系中的一种常见现象，可能导致资源和机会的集中，使弱势群体难以摆脱贫困和不公正待遇。

4. 利益冲突和道德堕落：《纸牌屋》中的角色经常面临道德抉择和利益冲突。他们为了保护自己的权力和地位，可能不惜背叛原则、背叛朋友或违反道德准则，这种道德堕落和利益冲突也是资本主义体系中常见的问题，尤其在追求利润最大化的商业环境中。

※ **实践目标**

知识目标：

1. 理解《纸牌屋》中的情节和角色：学生需要通过观看和分析《纸牌屋》剧集，理解其中的情节和角色塑造，包括权力斗争、利益冲突和道德堕落等方面的内容。

2. 掌握马克思主义基本原理：学生需要在学习马克思主义基本原理的基础上，能够将其运用到《纸牌屋》剧集的情节和角色分析中，理解资本主义体系中存在的问题和弊端。

能力目标：

1. 培养情景剧表演能力：学生需要通过模仿《纸牌屋》中的情节和角色，展现出扮演角色的能力、对话和情节的表演能力以及情绪的表达能力。

2. 培养批判思维能力：学生需要运用批判性思维，分析《纸牌屋》中的情节和角色，辨识其中的资本主义弊端，并能提出自己的观点和论证。

价值目标：

1. 树立正确的价值观：通过实践活动，使学生审视资本主义体系中的问题和弊端，培养对社会不平等、贪婪、腐败等问题的批判意识。

2. 培养合作与团队意识：该活动通常需要学生进行团队合作，彼此分工合作，共同完成情节表演。通过合作，培养学生的团队意识、协作能力和沟通技巧。

※ 实践方案

一、前期准备

（一）组织准备

1. 学生自由组队，团队成员以 10 人为上限，采取自然班内的平均数进行分组，建议以寝室为单位，方便沟通与交流，最后确定组长人选。推荐自然班内完成组队，方便成员间的沟通交流。

2. 围绕素材搜集、脚本编写、背景 PPT 制作等核心工作进行科学分工。

（二）理论准备

搜集整理符合剧情需要的马克思主义政治经济学的相关内容。

二、实施步骤

1. 教师介绍《纸牌屋》这部小说的情节选择与实践教学活动的教学立意，提出学生自选情节的要求。

2. 学生通读小说，通过讨论将所选择的情节进行剧本编撰，完成剧本编撰，选出导演及相关演员若干名。

3. 小组排练后进行课堂展演。

4. 展示结束后，教师和其他小组学生代表对展示进行点评，评出最佳导演奖、最佳编剧奖、最佳演员奖、最佳合作奖等奖项。

5. 每组评委对小组展演进行评分，去掉一个最高分和一个最低分，汇报展演的得分是小组成员的基础分。同时，小组组长结合小组成员具体分工及完成情况为组员赋实践教学个人得分。

6. 填写并上交"马克思主义基本原理"课实践教学日志。

三、评分标准

优秀（9~10 分）：

学生能够准确地还原《纸牌屋》中的情节和角色，表演出色；能够生动地表达角色的情绪，并展示出出色的表演技巧；能够深入分析资本主义体系中存在的问题和弊端，提出见解并进行有效的论证。在团队中积极合作，互相协调，共同完成表演。

良好（7~8分）：

学生能够基本还原《纸牌屋》中的情节和角色，表演较为流畅；能够较好地表达角色的情绪，并展示出一定的表演技巧；能够部分分析资本主义体系中存在的问题和弊端，并提出一些见解。在团队中参与合作，完成表演任务。

及格（6分及以下）：

学生在还原《纸牌屋》中的情节和角色方面存在一定的不准确或不完整。在表达角色情绪和展示表演技巧方面效果有限，表演不够生动。在分析资本主义体系中存在的问题和弊端方面缺乏深度和见解。在团队合作中，学生个人表现较为突出，但整体表演不够协调。

※ **参考资料**

资料一：记录表格

"马克思主义基本原理"课实践教学活动之
剧情演绎：《纸牌屋》

小组名称	（写明年级、专业、组别）				
时间		地点		记录人	
成员组成					
剧名					
剧本					
指导教师签字					

资料二：课堂上情景剧表演的剧本改编意见

因为是在课堂上进行剧情演绎，空间有限，能够参与的人员有限，所以根据特定的时空条件，在剧本撰写、剧情演绎的过程，提出具体意见如下：

1. 剧本简化：考虑到有限的空间和时间，简化剧本中的场景和情节，保留核心情节和角色的特点，将其适应于课堂环境和表演要求。

2. 舞台设计：根据课堂空间的限制，进行简单、合适的舞台设计。使用简单的道具和布景，通过巧妙的布置来代表不同场景，最大限度地利用有限的空间。

3. 角色表演：鼓励学生在有限的空间内展现角色的情感和特点。强调肢体语言、面部表情和声音的运用，以突出角色的个性和情绪。

4. 舞台动作和走位：在有限的空间内，要考虑到演员在舞台上的走位和动作。确保演员的动作简洁明确，避免碰撞或拥挤的情况。

5. 灯光和音效：利用简单的灯光和音效来增强情景剧的效果。合理使用灯光的亮度和颜色，使用适当的音效来营造适合情节的氛围和气氛。

6. 学生参与和合作：鼓励学生参与剧本改编、舞台设计和表演的讨论和决策过程。培养学生的合作意识和创造力，共同努力解决在有限空间内的表演挑战。

7. 观众互动：考虑在有限空间内与观众进行互动，比如通过角色与观众的目光交流或简短的对话，增加观众的参与感和沉浸感。

8. 安全考虑：在有限的空间内进行表演时，要确保演员和观众的安全。防止演员在表演中发生意外，确保空间布局和道具使用的安全性。

示例七：家乡演进：社会存在塑造社会意识的变迁之旅

社会存在和社会意识的关系问题是社会历史观的基本问题，也是唯物史观和唯心史观的根本分歧所在。历史唯物主义认为，社会存在决定社会意识，社会意识的产生根源于社会存在，社会意识的变化由社会存在的变化引起，社会意识能否实现同样取决于社会的物质生活条件。正如马克思所言："道德、宗教、形而上学和其他意识形态，以及与它们相适应的意识形式便不再保留独立性的外观了。它们没有历史，没有发展，而发展着自己的物质生产和物质交往的人们，在改变自己的这个现实的同时也改变着自己的思维和思维的产物。"[①]让学生通过研究家乡变迁的历史，使他们能够了解不同时期的社会存在是如何塑造了人们的意识观念；理解社会变迁对人们价值观、信仰和行为的影响；鼓励学生对家乡变迁中的社会存在进行深入思考和分析，并评估其对社会意识的影响。

※ **实践目标**

知识目标：

学生将通过研究家乡的变迁，获得关于社会存在和社会意识的相关知识点，理解二者之间的相互作用和影响。

能力目标：

1.学生通过分析和评估社会存在对社会意识的影响，培养批判性思维能力，包括逻辑推理、证据支持和问题解决能力。

2.学生通过研究和调查，收集相关信息和资料，分析家乡的变迁过程，并从中获取有效的数据和观察结果。

3.学生通过研究家乡的文化传承和变迁，培养对家乡文化的理解和尊重，并学会有效传播和传承家乡的独特文化。

价值目标：

1.学生通过了解家乡变迁的社会意义，培养对社会的责任感和关注，认识到家乡作为社会成员的责任和角色。

2.学生通过深入研究家乡的历史和文化，加深对家乡的认同和归属感，并培养对家乡文化传统的尊重和珍视。

3.学生通过传达家乡变迁的积极价值观和经验，传递正能量，激发

[①] 马克思恩格斯文集：第一卷[M].北京：人民出版社，2009：525.

社会发展的动力，促进社会进步与和谐。

※ 实践方案

一、前期准备

（一）组织准备

1. 学生自由组队，团队成员以 10 人为上限，采取自然班内的平均数进行分组，建议以寝室为单位，方便沟通与交流，最后确定组长人选。推荐自然班内完成组队，方便成员间的沟通交流。

2. 围绕素材搜集、制作 PPT 等核心工作进行科学分工。

（二）理论准备

学习唯物史观的相关内容。

二、实施步骤

1. 布置：教师按照省份划分，布置要求。

2. 交流：学生收集、整理资料，制作 PPT。

3. 汇报：小组汇报人进行课堂汇报。

4. 点评：汇报结束后，教师和其他小组学生代表对汇报内容进行点评。

5. 评分：每组评委对小组汇报进行评分，去掉一个最高分和一个最低分，汇报人的得分是小组成员的基础分。同时，小组组长结合小组成员具体分工及完成情况为组员赋实践教学个人得分。

6. 完成：填写并上交"马克思主义基本原理"课实践教学日志。

三、评分标准

优秀（9～10 分）：

对社会存在与社会意识的辩证关系有深入理解，对家乡历史和文化知识掌握全面，能够提供详尽准确的相关信息；展示出卓越的批判思维能力，能够进行深入的分析和评估，提供充分的证据支持；展现出高度的社会责任感，能够体现对家乡文化的深入认同和尊重，有效传达积极的价值观和经验。

良好（7～8分）：

对社会存在与社会意识的辩证关系有较好理解，对家乡历史和文化知识有一定的掌握，能够提供基本的相关信息；展示出较好的批判思维能力，能够进行基本的分析和评估，提供一定程度的证据支持；展现出一定的社会责任感，能够体现对家乡文化的认同和尊重，传达一些积极的价值观和经验。

及格（5～6分）：

对社会存在与社会意识关系的辩证关系有基本理解，对家乡历史和文化知识了解一些，能够提供简单的相关信息；展示出一定的批判思维能力，能够进行简单的分析和评估，提供有限的证据支持；展现出基本的社会责任感，对家乡文化的认同和尊重存在一定欠缺，传达的积极价值观和经验有限。

※ **参考资料**

资料一：记录表格

"马克思主义基本原理"课实践教学活动之

家乡演进：社会存在塑造社会意识的变迁之旅

小组名称	（写明年级、专业、组别）			
时间		地点		记录人	
成员组成	
家乡	
家乡演进内容	
指导教师签字	

资料二：在家乡演进的调研活动中需要注意的事项

1. 多方收集资料：寻找多样化的资料来源，包括历史文献、口述历史、照片、地方档案、报纸杂志、学术研究等，提供更全面和多角度的家乡历史信息。

2. 验证信息的可靠性：确保所收集到的信息来源可靠和准确，尽量使用经过验证的学术资料和权威机构发布的信息。对于口述历史和个人回忆，应尽可能与多个不同的人进行核实，以避免个人主观记忆的误导。

3. 确定研究范围和目标：明确研究的范围和目标，确定要关注的特定时期、主题或事件。这有助于集中精力进行深入的研究，避免过于广泛或笼统地调查。

4. 尊重知识产权和隐私权：在使用他人的照片、文件或其他资料时，尊重知识产权和隐私权。确保获得合法的授权或许可，或者在适当的情况下对资料进行匿名处理，保护相关人员的隐私。

5. 进行深入访谈：与当地居民、长者或历史见证人进行访谈，以获取他们的经验和见解。在访谈时，要尊重对方，倾听他们的故事，并记录下来以便后续分析和使用。

6. 保留原始资料：对收集到的资料进行妥善保存和备份，以防止丢失或损坏。保留原始资料是确保研究可验证性和透明性的重要步骤。

7. 数据分析和整理：对收集到的资料进行系统性的整理和分析。将资料归档，建立清晰的时间线和事件序列，以便更好地理解家乡的演进历史。

模块三

"中国近现代史纲要"课实践教学篇

一、"中国近现代史纲要"课实践教学实施方案

"中国近现代史纲要"（以下简称"纲要"）是在全国高校设置的关于思想政治理论教育的重要课程之一，它以中国近现代史为载体，主要讲述自近代以来，中国人民为了寻求民族独立、人民解放和国家富强、人民富裕的目标而不懈奋斗的历史。在学习中国从"站起来"到"富起来"，再到"强起来"的过程中，帮助学生树立正确的历史观、价值观，培养学生的家国情怀，使其增强为实现中华民族伟大复兴的中国梦而奉献自己青春和力量的历史担当意识。

课堂教学、实践教学和教学评价共同构成了"纲要"课教学的全部内容。为实现"立德树人"的教育目标，必须在坚守课堂教学这个主阵地的基础上，也要加强实践教学这个侧翼阵地。实践教学的特点在于具有较强的说服力和感染力，能够增强趣味性和针对性，能够有效地提高理论的可信度。"纲要"课程本身就是历史，所以，通过挖掘历史资料，再现历史场景，走访历史遗迹，回味历史声音等丰富多彩的形式，让学生置身于历史长河之中，切身领会开设这门新课程的目的和要求。

因此，为了贯彻落实教育部关于加强高校思想政治理论课实践教学的相关文件精神与要求，提高学生思辨力，开阔学生视野，增强他们的社会责任感，我们编写了"中国近现代史纲要"课实践教学方案。为了更好地服务于"纲要"课的实践教学，本实践教学方案以"高等教育出版社2023年版的《中国近现代史纲要》教材"为主要依据，并充分汲取教师来自教学一线的心得体会以及其他学者的研究成果。

（一）"中国近现代史纲要"课实践教学目的和要求

1. 更好地促进大学生了解社会、了解国情、增长才干、奉献社会、

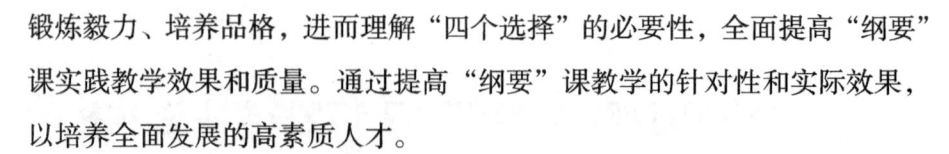

锻炼毅力、培养品格，进而理解"四个选择"的必要性，全面提高"纲要"课实践教学效果和质量。通过提高"纲要"课教学的针对性和实际效果，以培养全面发展的高素质人才。

2. 以《中共中央宣传部、教育部关于进一步加强和改进高等学校思想政治理论课的意见》及2021版新教材，充分利用主渠道、主阵地进行教学，同时深化课堂教学改革，强化实践教学环境，全面提高教学质量和水平。

3. 在"纲要"课程实践教学中，帮助大学生运用马克思主义立场观点去分析实际问题，提高大学生的认识能力、思辨能力和实践能力，使大学生更好地掌握课堂理论学习的知识，在实践中学会做事、学会做人，达到全方位"立德树人"的目的，这对于增强其社会责任感具有不可替代的作用。

（二）"中国近现代史纲要"课实践教学的基本原则

1. "纲要"课实践教学要本着注重过程考核、理论联系实际的原则，围绕社会时事热点，贴近社会实际，贴近学生生活，使学生能够在实践课中深入理解课堂上所学习到的理论，并能够自觉熟练地掌握运用理论知识，解释现实社会实际问题。

2. "纲要"课实践教学要本着教师主导性与学生主体性的原则，任课教师要注意发挥学生的主观能动性，积极引导学生学以致用，缩短"知""行"之间的距离，以提高"纲要"课的实践教学效果。

3. "纲要"课在实践教学内容设计上，要尊重学生的主体地位，注重发挥学生自主学习的积极性。因此，在实践教学的设计、实施、总结、反思各环节中，应始终遵照学生主体性原则，充分调动学生自主学习、参与的积极性，教师对学生的实践学习发挥启发、导向作用，使大学生在亲力亲为的实践体验中对理论知识形成深刻认知、对国家道路形成充分认同、对国家发展形成坚定自信，帮助学生实现自我学习、自我教育、自我完善、自我提高。

（三）"中国近现代史纲要"课实践教学的基本要求

1. 制订《实践教学学生手册》，学生认真阅读课程并填写相关内容。

2. 学生在参加实践教学活动过程中，应严格遵守国家法律法规，遵守学校规章制度，增强实践教学活动中的安全意识和自我保护能力。

3. 学生需根据指导教师要求选定相应实践项目，严格遵守实践的有关要求，按时出勤，无故不许缺席、迟到、早退。

4. 有些实践项目鼓励学生以团队形式共同完成实践课程，但团队成员最多不超过 10 人。

5. 虚拟仿真实验平台学习和情景剧必须独立完成实践报告，禁止他人代写，禁止下载和复印，禁止抄袭、雷同。如出现此类情况，成绩记为零分。

6. 学生参加不同的实践教学活动，应提供相关的活动报告、图片资料、心得体会、PPT、调研报告及证明材料等，作为实践教学的成绩评定依据。

7. 附页请使用 A4 纸。

8. 实践教学学生手册必须在规定时间内以班级为单位由学习委员或课代表按学号排序上交指导教师。

二、"中国近现代史纲要"课实践教学专题设计

"纲要"课实践教学通过多种形式开展，课内与课外兼顾、线下与线上融合，主要分为"纲要"课主题研讨、主题辩论、诗词诵读、精神阐释、历史剧演出、VR 体验、虚拟仿真实验等七个模块。

示例一　主题研讨：资本帝国主义侵略给中国带来了什么？

※ **实践目标**

如何评价近代帝国主义对中国的侵略是一个至关重要的问题，也是本门课在第一章讲解中必须搞清楚弄明白的重大问题。通过学生阅读相关资料文献，将帝国主义入侵中国给近代中国带来的巨大危害、造成的严重后果和中国未来发展必须解决的主要矛盾之间的关系展现出来，使同学们充分认识到帝国主义侵略是近代中国一切贫穷落后的总根源。同时，请同学们根据教材相关知识和拓展材料，谈谈如何理解马克思的"双重使命说"和本次研讨主题。

【问题提出】

"殖民主义充当了历史的不自觉的工具"是马克思在《不列颠在印度的统治》一文中提出的著名论断，其完整表述是："的确，英国在印度斯坦造成社会革命完全是受极卑鄙的利益所驱使，而且谋取这些利益的方式也很愚蠢。但是问题不在这里。问题在于，如果亚洲的社会状态没有一个根本的革命，人类能不能完成自己的使命？如果不能，那么，英国不管是干出了多大的罪行，它在造成这个革命的时候毕竟是充当了历史的不自觉的工具。"理解这一命题是认识和评价殖民主义不可逾越的知识环节。

【疑惑之点】

如何理解"殖民主义充当了历史的不自觉的工具"的内涵？能否认为马克思主义对殖民主义有赞颂之意？资本—帝国主义的侵略到底给中国带来了什么？有人说，"鸦片战争一声炮响，给中国带来了近代文明"；有人认为"殖民主义在世界范围推动了现代化进程"；还有人断定"没有西方的殖民侵略，东方将永远沉沦"。对这些说法，究竟应该如何评价？

※ **实践方案**

1. 任课教师宣布讨论主题，明确讨论方向。

2. 将上课学生分为若干小组并指定组长，组长负责本小组讨论活动的有序开展。

3. 任课教师限定讨论时长，并监督和指导各小组讨论活动。

4. 讨论结束后，得出简要结论，并推选发言代表。

5. 任课教师指定小组发言，并对每位发言的学生进行引导性点评，对发言质量较高的小组给予表扬。

6. 任课教师组织全班学生对讨论过程中产生的焦点问题进行进一步讨论，最后对讨论活动做出总结。

※ **注意事项**

由于课堂讨论时间有限，在进行课堂讨论之前，任课教师可提前宣布讨论主题，组员提前收集资料并进行一定的讨论，最后在课堂上再针对焦点问题进行进一步的讨论。

【参考材料1】

《英人在华的残暴行动》节选

几年以前，当在印度施行的可怕的刑罚制度在议会中被揭露的时候，极可尊敬的东印度公司的董事之一詹姆斯·霍格爵士曾厚颜无耻地硬说这种说法是毫无根据的。可是后来的调查证明，这种说法是有事实根据的，而且这些事实对东印度公司的董事们来说应当是十分清楚的。因此，詹姆斯爵士对于向东印度公司提出的那些可怕的指控，只有或者承认是"有意不闻"，或者承认是"明知故纵"。看来，英国现任首相帕麦斯顿勋爵和外交大臣克拉伦登伯爵现在也处于同样的窘境。首相在市长不久前举行的宴会上的演说中，企图对施于中国人的残暴行为进行辩护……

但是，无论英国人民和全世界怎样为这些讲得头头是道的解释所欺骗，勋爵大人自己当然不会相信这些解释的真实性，要是他认为都是真的，那就暴露出他是有意不去了解真实情况，同"明知故纵"几乎同样是不可原谅的。自从关于英国人在中国采取军事行动的第一个消息传来以后，英国政府报纸和一部分美国报刊就连篇累牍地对中国人进行了大量斥责，它们大肆攻击中国人违背条约的义务、侮辱英国国旗、羞辱旅居中国的外国人，如此等等。可是，除了亚罗号划艇事件以外，它们举不出一件明确的罪名，举不出一件事实来证实这些指责。而且就连这个事件的实情也被议会中的花言巧语歪曲得面目全非，以致那些真正地想弄清这个问题真相的人深受其误。

亚罗号划艇是一只中国小船，船员都是中国人，但是为几个英国人所雇用。这只船曾经取得暂时悬挂英国国旗航行的执照，可是在所谓的"侮辱事件"发生以前，这张执照就已经满期了。据说，这只船曾被用来偷运私盐，船上有几名歹徒——中国的海盗和走私贩子，当局早就因为他们是惯犯而在设法缉捕。当这只船不挂任何旗帜下帆停泊在广州城外时，缉私水师得知这些罪犯就在船上，便逮捕了他们。要是我们的港口警察知道附近某一只本国船或外国船上隐匿水贼和走私贩子，也一定会这样做的。可是因为这次逮捕妨碍了货主的商务，船长就向英国领事控告。这位领事是个就职不久的年轻人，据我们了解是一个性情暴躁的人。他亲自跑到船上，同只是履行自己职责的缉私水师大吵大闹，结果一无所得。随后他急忙返回领事馆，用命令式的口吻向两广总督提出书面要求：放回被捕者并道歉，同时致书香港的约翰·包令爵士和海军将军西马縻各厘，说什么他和英国国旗遭到了不可容忍的侮辱，并且相当明显地暗示说，期待已久的向广州来一次示威的良机到来了。

叶总督有礼貌地、心平气和地答复了激动的年轻英国领事的蛮横要求。他说明捕人的理由，并对因此而引起的误会表示遗憾。同时他断然否认有任何侮辱英国国旗的意图，而且送回了水手，因为尽管这些人是依法逮捕的，但他不愿为拘留他们而招致这样严重的误会。然而这一切并没有使巴夏礼领事先生感到满意，他坚持要求正式道歉和以隆重礼节送回被捕者，否则叶总督必须承担一切后果。接着西马縻各厘将军率领英国舰队抵达，旋即开始了另一轮公函往来：海军态度专横，大肆恫吓，中国总督则心平气和、冷静沉着、彬彬有礼。西马縻各厘将军要求在广州城内当面会商。叶总督说，这违反先例，而且乔治·文翰爵士曾答应不提出这种要求。如果有必要，他愿意按照常例在城外会晤，或者采取其他不违反中国习惯与相沿已久的礼节的方式来满足海军的愿望。但是这一切都未能使这位英国强权在东方的好战的代表称心如意。

这场极端不义的战争就是根据上面简单叙述的理由而进行的——现在向英国人民提出的官方报告完全证实了这种叙述。广州城的无辜居民和安居乐业的商人惨遭屠杀，他们的住宅被炮火夷为平地，人权横遭侵犯，这一切都是在"中国人的挑衅行为危及英国人的生命和财产"这种站不住脚的借口下发生的！英国政府和英国人民——至少那些愿意弄清这个问题的人们——都知道这些非难是多么虚伪和空洞。有些人企图转移对主要问题的追究，给公众造成一个印象：似乎在亚罗号划艇事件以前就有大量的伤害行为足以构成开战的理由。可是这些不分青红皂白的说法是毫无根据的。英国人控告中国人一桩，中国人至少可以控告英国人九十九桩。

英国报纸对于旅居中国的外国人在英国庇护下每天所干的破坏条约的可恶行为真是讳莫如深！非法的鸦片贸易年年靠摧残人命和败坏道德来填满英国国库的事情，我们一点也听不到。外国人经常贿赂下级官吏而使中国政府失去在商品进出口方面的合法收入的事情，我们一点也听不到。对那些被卖到秘鲁沿岸的去当不如牛马的奴隶、被卖到古巴去当契约奴隶的受骗契约华工横施暴行"以至杀害"的情形，我们一点也听不到。外国人常常欺凌性情柔弱的中国人的情形以及这些外国人带到各通商口岸去的伤风败俗的弊病，我们一点也听不到。

（资料来源：马克思恩格斯全集（第十六卷）[M].北京：人民出版社，2007.）

【参考材料2】

《不列颠在印度统治的未来结果》节选

印度本来就逃不掉被征服的命运，而它过去的全部历史，如果还算得上是什么历史的话，就是一次又一次被征服的历史。印度社会根本没有历史，至少是没有为人所知的历史。我们通常所说的它的历史，不过是一个接着一个的入侵者的历史，他们就在这个一无抵抗、二无变化的社会的消极基础上建立了他们的帝国……

英国在印度要完成双重的使命：一个是破坏的使命，即消灭旧的亚洲式的社会；另一个是重建的使命，即在亚洲为西方式的社会奠定物质基础……

英国资产阶级将被迫在印度实行的一切，既不会使人民群众得到解放，也不会根本改善他们的社会状况，因为这两者不仅仅决定于生产力的发展，而且还决定于生产力是否归人民所有。但是，有一点他们是一定能够做到的，这就是为这两者创造物质前提……

当我们把目光从资产阶级文明的故乡转向殖民地的时候，资产阶级文明的极端伪善和它的野蛮本性就赤裸裸地呈现在我们面前，它在故乡还装出一副体面的样子，而在殖民地它就丝毫不加掩饰了……

资本的集中是资本作为独立力量而存在所十分必需的。这种集中对于世界市场的破坏性影响，不过是在广大范围内显示目前正在每个文明城市起着作用的政治经济学本身的内在规律罢了。资产阶级历史时期负有为新世界创造物质基础的使命：一方面要造成以全人类互相依赖为基础的普遍交往，以及进行这种交往的工具；另一方面要发展人的生产力，把物质生产变成对自然力的科学支配。资产阶级的工业和商业正为新世界创造这些物质条件，正像地质变革创造了地球表层一样。只有在伟大的社会革命支配了资产阶级时代的成果，支配了世界市场和现代生产力，并且使这

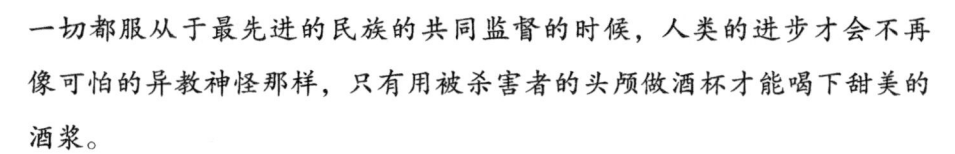

一切都服从于最先进的民族的共同监督的时候，人类的进步才会不再像可怕的异教神怪那样，只有用被杀害者的头颅做酒杯才能喝下甜美的酒浆。

（资料来源：马克思恩格斯选集（第一卷）[M].北京：人民出版社，2012.）

【参考材料3】

《不列颠在印度的统治》节选

不列颠人给印度斯坦带来的灾难，与印度斯坦过去所遭受的一切灾难比较起来，毫无疑问在本质上属于另一种，在程度上要深重得多。我在这里所指的还不是不列颠东印度公司在亚洲式专制的基础上建立起来的欧洲式专制，这两种专制结合起来要比萨尔赛达庙里任何狰狞的神像都更为可怕。这并不是不列颠殖民统治独有的特征，它只不过是对荷兰殖民统治的模仿，而且模仿得惟妙惟肖，所以为了说明不列颠东印度公司的所作所为，只要把英国的爪哇总督斯坦福·拉弗尔斯爵士谈到旧日的荷兰东印度公司时说过的一段话一字不改地引过来就够了："荷兰东印度公司一心只想赚钱，它对它的臣民还不如过去的西印度种植场主对那些在他们的种植场干活的奴隶那样关心，因为这些种植场主买人的时候是付了钱的，而荷兰东印度公司却没有花过钱，它开动全部现有的专制机器压榨它的臣民，迫使他们献出最后一点东西，付出最后一点劳力，从而加重了恣意妄为的半野蛮政府所造成的祸害，因为它把政客的全部实际技巧和商人的全部独占一切的利己心肠全都结合在一起。"

内战、外侮、革命、征服、饥荒——尽管所有这一切接连不断地对印度斯坦造成的影响显得异常复杂、剧烈和具有破坏性，它们却只不过触动它的表面。英国则摧毁了印度社会的整个结构，而且至今还没有任何重新改建的迹象。印度人失掉了他们的旧世界而没有获得一个新世界，这就使他们现在所遭受的灾难具有一种特殊的悲惨色彩，使不列颠统治下的印度斯坦同它的一切古老传统，同它过去的全部历史断绝了联系。

（资料来源：马克思恩格斯选集（第一卷）[M].北京：人民出版社，2012.）

示例二　主题辩论：维新派与守旧派的论战

【实践目标】

维新派与守旧派的论战，实质上是资产阶级思想与封建主义思想在中国的第一次正面交锋。通过论战，西方资产阶级政治学说在中国得到进一步传播，戊戌变法运动的序幕随之拉开。因此，这次论战在历史上具有重要地位。学生通过查阅相关史料，根据当时两派历史人物的主要观点，模拟当时辩论的场景，还原历史真相，了解历史人物对清末变法的看法，加深对历史的理解。

【实践方案】

1. 时间：1课时。

2. 地点：教室。

3. 参赛对象：班级全体学生。辩论赛的辩手从班级学生内部选出，正、反两方各4人，共8人，以自愿报名为原则。主持人、计时员也从班级学生内部产生，有意者自愿报名。

4. 流程：

（1）主持人致开幕词，介绍嘉宾、评委、双方辩手。

（2）立论阶段：正、反两方一辩分别阐述己方观点。（各5分钟）

（3）攻辩阶段：

正方二辩选反方二辩或三辩进行一对一攻辩。（1分30秒）

反方二辩选正方二辩或三辩进行一对一攻辩。（1分30秒）

正方三辩选反方二辩或三辩进行一对一攻辩。（1分30秒）

反方三辩选正方二辩或三辩进行一对一攻辩。（1分30秒）

（4）自由辩论阶段：正方先提问。（各5分钟）

（5）总结陈词阶段：反方四辩先总结，正方四辩后总结。（各3分钟）

（6）评委退席，评议出获胜方和最佳辩手。

（7）主持人宣布结果，宣布辩论赛结束。

【参考材料】

张之洞《劝学篇》节选

《内篇》九：曰《同心》，明保国、保教、保种为一义，手足利则头目康，血气盛则心志刚，贤才众多，国势自昌也；曰《教忠》，陈述本朝德泽深厚，使薄海臣民咸怀忠良，以保国也，曰《明纲》，三纲为中国神圣相传之至教，礼政之原本，人禽之大防，以保教也：曰《知类》，闵神明之胄裔，无论骨以亡，以保种也；曰《宗经》，周秦诸子，瑜不掩瑕，取节则可，破道勿听，必折衷於圣也；曰《正权》，辨上下，定民志，斥民权之乱政也；曰《循序》，先入者为主，讲西学必先通中学，乃不忘其祖也，曰《守约》，喜新者甘，好古者苦，欲存中学，宜治要而约取也；曰《去毒》，洋药涤染我民，斯话绝之，使无萌櫱也。

《内篇·明纲第三》

"君为臣纲，父为子纲，夫为妻纲"，此《白虎通》引《礼纬》之说也，董子所谓"道之大原出于天，天不变道亦不变"之义，本之。《论语》"殷因于夏礼，周因于殷礼"，注："所因，谓三纲五常。"此《集解》马融之说也，朱子《集注》引之。《礼记·大传》："亲亲也，尊尊也，长长也，男女有别，此其不可得与民变革者也。"五伦之要，百行之原，相传数千年更无异义，圣人所以为圣人，中国所以为中国，实在于此。故知君臣之纲，则民权之说不可行也；知父子之纲，则父子同罪、免丧废祀之说不可行也；知夫妇之纲，则男女平权之说不可行也。尝考西国之制，上下议院各有议事之权，而国君、总统亦有散议院之权，若国君、总统不以议院为然，则罢散之，更举议员再议。君主、民主之国略同。西国君与臣民相去甚近，威仪简略，堂廉不远，好恶易通，其尊严君上不如中国，而亲爱过之，万里之外，令行威立，不悖不欺，每见旅华西人遇其国有吉凶事，贺吊忧乐，视如切身，是西国固有君臣之伦也。摩醯《十戒》敬天之外，以孝父母为先，西人父母丧亦有服，服以黑色为缘，虽无祠庙、木主，而室内案上，必供奉其祖父母、父母、兄弟之照像；虽不墓祭，而常有省墓之举，以插花冢上为敬，是西国固有父子之伦也。（家富子壮则出分，乃秦法。西人于其子，必教以一艺，年长艺成，则使之自谋生计，别居异财，临终分析财产，男子、女子皆同，兼及亲友，非不分其子也）戒淫为十戒之一，西俗男女交际，其防检虽视中国为疏，然淫佚之人，国人贱之。议婚有限，父族、母族之亲，凡在七等以内者，皆不为婚（七等谓自父、祖、曾、高以上推至七代，母族亦然。故姑、舅、姨之子女，凡中表之亲，无为婚者）。惟男衣毡布，女衣丝锦，燕会宾客，女亦为主，此小异于中国（《礼记·坊记》："大飨废夫人之礼。"《左传·昭二十七年》："公如齐，齐侯请飨之，子仲之子曰重，为齐侯夫人，曰：'请使重见'。"是古有夫人与燕飨之礼，因有流弊，废之），女自择配（亦须请命父母且订约，而非苟合）男不纳妾，此大异于中国。然谓之男女无别则诬，且西人爱敬其妻虽有过当，而于其国家政事、议院、军旅、商之公司、工之厂局，未尝以妇人预之，是西国固有夫妇之伦也。

圣人为人伦之至，是以因情制礼，品节详明。西人礼制虽略，而礼意未尝尽废，诚以天秩民彝，中外大同，人君非此不能立国，人师非此不能立教。乃贵洋贱华之徒，于泰西政治、学术、风俗之善者懵然不知，知亦不学，独援其秕政敝俗，欲尽弃吾教吾政以从之。饮食服玩，闺门习尚，无一不摹仿西人，西人每讥笑之。甚至中士文学聚会之事，亦以七日礼拜之期为节目（礼拜日亦名星期，机器局所以礼拜日停工者，以局内洋匠其日必休息，不得不然）。近日微闻海滨洋界，有公然倡废三纲之议者，其意欲举世放恣黩乱而后快，怵心骇耳，无过于斯。中无此政，西无此教，所谓非驴非马，吾恐地球万国将众恶而共弃之也。

（资料来源：张之洞.劝学篇[M].李凤仙，评注.北京：华夏出版社，2002.）

示例三　诗词赏析：赏析毛泽东诗词

毛泽东是伟大的革命家、政治家、军事家、思想家，同时又是独领风骚的诗词巨匠。毛泽东诗词想象丰富、气势磅礴、寓意深刻、意境高远，充满了革命的现实主义和浪漫主义精神，是中国革命和建设艰辛历程的艺术再现，弘扬了革命文化、中华优秀传统文化和社会主义先进文化。毛泽东诗词在当今时代依然彰显其光辉和魅力，是常读常新、常悟常新的传世经典。大学生通过诵读毛泽东诗词，了解毛泽东诗词的写作背景、深刻内涵和价值意蕴，能够更进一步了解中国革命的辉煌历程，从诗词中体悟伟人的雄浑气魄，感悟伟人的精神境界。

一、实践教学目标

知识目标：能够背诵所选的毛泽东诗词，了解词牌、格律诗、古体诗、楹联等文学常识，了解诗词写作背景、诗词内涵和价值意蕴，从诗词的典故使用中学习历史知识，从诗词所表达的内涵中了解中国革命的伟大征程。

能力目标：提升对中国古典诗词的鉴赏能力，提升文学与艺术的审美能力，提高文学思维与历史思维相结合的能力。在诗词赏析中体味伟人观察问题、思考问题的独特视角，胸怀天下的宏大格局。

提高学生运用所学历史知识认识问题、分析问题、解决问题的能力；培养学生坚持问题导向的务实态度、坚持守正创新的宝贵品格、坚持系统的思维方法。

价值目标：通过诗词赏析，使学生感悟到伟人面对未来的革命乐观主义精神，面对困难的革命英雄主义气概，面对国家兴亡的责任担当意识，

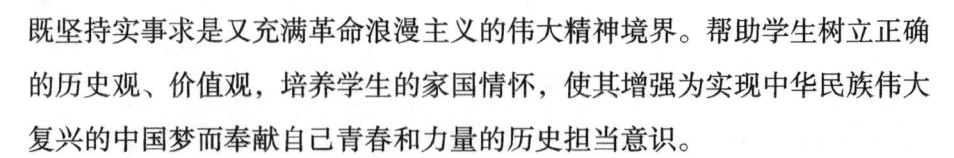

既坚持实事求是又充满革命浪漫主义的伟大精神境界。帮助学生树立正确的历史观、价值观，培养学生的家国情怀，使其增强为实现中华民族伟大复兴的中国梦而奉献自己青春和力量的历史担当意识。

二、实践教学准备

1. 实践学时为 2 学时，地点在实践课堂。

2. 任课教师提前 1~2 周布置任务，传达实践方案，说明注意事项。

3. 根据班级人数将学生分为若干小组，每小组人数在 10 人以内，各小组选出组长负责实践活动的统筹安排。

4. 任课教师在微信群向学生发送活动接龙，各小组报送选取的主题，开始准备。

5. 各小组以 PPT 的形式汇报对诗词背景、内涵、价值等的理解与分析。

6. 各小组在课余时间组织排练，课上依次汇报与展示。

7. 各小组可以通过微、学习通等形式与指导教师沟通，对实践内容进行探讨。

三、课堂实践流程

1. 教师首先阐述本次实践课程的目的、意义，对实践的注意事项做出说明。

2. 确定各组汇报展示的顺序，对其他实践流程做出安排。

3. 学生实践小组依次上台汇报。

4. 每一组汇报完毕，教师或者学生助教通过学习通发送评分任务，由全班学生通过学习通给这一组学生的现场表现打分。

5. 学生打分的同时，授课教师对小组学生赏析的诗词做简要的说明，打分完毕后对小组学生的表现做简要的评价。

6. 各小组学生汇报完毕，教师或者学生助教对各组学生得分情况进行公布。

7. 教师打分与学生集体打分的平均分各占总分权重的 50%。

"毛泽东诗词赏析"实践课评分细则

	评分细则
实践主题 （25分）	1. 内容正确，体现科学性 2. 逻辑性强，层次分明 3. 准备认真，内容熟悉
实践过程 （25分）	1. 声音清晰，音量、语速适中，表达能力较强 2. 精神饱满，仪态大方，肢体语言运用适当
实践方法 （25分）	1. 实践方法灵活多样 2. 实践方法与实践主题相契合
实践效果 （25分）	1. 实践课堂氛围良好 2. 全面完成实践内容
总分（100分）	

附录1：毛泽东诗词目录

1.《蝶恋花·答李淑一》（1957）

2.《采桑子·重阳》（1929）

3.《浣溪沙·和柳亚子先生》（1950）

4.《沁园春·长沙》（1925）

5.《菩萨蛮·黄鹤楼》（1927）

6.《浪淘沙·北戴河》（1954）

7.《西江月·秋收起义》（1927）

8.《七律·和周世钊同志》（1955）

9.《西江月·井冈山》（1928）

10.《水调歌头·游泳》（1956）

11.《清平乐·蒋桂战争》（1929）

12.《贺新郎·别友》（1923）

13.《七律·和柳亚子先生》（1949）

14.《七绝·观潮》（1957）

15.《减字木兰花·广昌路上》（1930）

16.《七律二首·送瘟神》（19587）

17.《蝶恋花·从汀州向长沙》（1930）

18.《菩萨蛮·大柏地》（1933）

19.《渔家傲·反第一次大"围剿"》（1931）

20.《七律·到韶山》（1959）

21.《渔家傲·反第二次大"围剿"》（1931）

22.《七律·登庐山》（1959）

23.《七绝·仿陆游〈示儿〉诗》（1958）

24.《七律·读报有感》（1959）

25.《清平乐·会昌》（1934）

26.《七律·答友人》（1961）

27.《七绝二首·纪念鲁迅八十寿辰》（1961）

28.《十六字令·三首》（1934）

29.《忆秦娥·娄山关》（1935）

30.《七律·长征》（1935）

31.《七律·和郭沫若同志》（1961）

32.《卜算子·咏梅》（1961）

33.《念奴娇·昆仑》（1935）

34.《七律·冬云》（1962）

35.《水调歌头·重上井冈山》（1965）

36.《沁园春·雪》（1936）

37.《满江红·和郭沫若同志》（1963）

38.《贺新郎·读史》（1964）

39.《临江仙·给丁玲同志》（1936）

40.《七绝·贾谊》（1964）

41.《四言诗·祭黄帝陵》（1937）

42.《清平乐·六盘山》（1935）

43.《五律·挽戴安澜将军》（1943）

44.《念奴娇·井冈山》（1965）

45.《七律·忆重庆谈判》（1945）

46.《念奴娇·鸟儿问答》（1965）

47.《五律·张冠道中》（1947）

48.《七律·洪都》（1965）

49.《七律·人民解放军占领南京》（1949）

50.《诉衷情》（1974）

附录 2：毛泽东诗词赏析示例

毛主席不仅是一位杰出的军事家、政治家，在文学方面的造诣也堪称天才，其书法自成一派，大气磅礴、气势雄浑，作的诗词同样不凡，豪迈奔放、胸怀天下。

其中，毛主席所作的《忆秦娥·娄山关》虽然只有短短的四十六个字，却被公认为是他词作的顶峰，能排进他所有词作的前三之列。

为什么大家对这首词会有如此高的评价呢？细细读来，其实答案已经在每一句词中。

忆秦娥·娄山关

西风烈，长空雁叫霜晨月。霜晨月，马蹄声碎，喇叭声咽。

雄关漫道真如铁，而今迈步从头越。从头越，苍山如海，残阳如血。

第一句：雄奇厚壮、苍凉生寒。

西风烈，长空雁叫霜晨月。——西风凛冽，猎猎作响，长空中大雁高鸣，此时正要破晓，有寒霜满地、月色将残。

1935 年 1 月的遵义会议上，重新确立了毛主席的领导地位，到了 2 月，毛主席率领红军北上经过娄山关准备渡江，没有成功，在返回遵义的途中与在娄山关阻击的敌军展开激战，这首词描写的就是这次攻克娄山关的战斗。

这一句正是描绘了大军开拔向前时的场景，西风猎猎、雁鸣霜寒、残月一钩。只寥寥几笔，便勾描出一幅雄奇苍凉的月夜行军图，特别是"霜晨月"三个名词的罗列，更见词人对于文字的极佳掌控力。

我们都很熟悉一首元曲，马致远的《天净沙·秋思》：

枯藤老树昏鸦，小桥流水人家，古道西风瘦马。夕阳西下，断肠人在天涯。

其中"枯藤老树昏鸦，小桥流水人家，古道西风瘦马"即是使用了名词进行罗列，采用这种写作手法的还有唐代诗人温庭筠在《商山早行》中的两句："鸡声茅店月，人迹板桥霜。"虽然这些句子不见起伏，但读来却毫无生硬机械之感，反而产生了一种独特的韵味，不过想要达到这种效果并不是简单地把名词排在一起就行了，需要进行多方面的考虑、协调。

毛主席的"霜晨月"堪称名词罗列的经典，这三个字都是清冷的，将它们罗列在一起更增添了一份孤清之感，使人读而生寒，徒生苍凉悲壮之意，毛主席的笔端功力由此可见一斑。

第二句：如鲠在喉、闻之欲泪。

霜晨月，马蹄声碎，喇叭声咽。——在这寒霜铺地，冷月即将退去，晨曦将露的时刻，马蹄的声音细碎纷乱，喇叭的声音也是呜咽难鸣。

原本行军应该是斗志昂扬、意气风发的，但在当时却是一片"蹄碎声咽"，不仅仅是因为娄山关战斗的惨烈，更是因为再往前时的湘江惨败。即使大家的心中依然对未来有着无比的信心和壮志，但连番遇阻，队伍大量减员，大家情绪低落也是难以避免的。

词人在这里通过侧面描写，体现了当时红军所面临的艰难险境，令人如鲠在喉、闻之欲泪。

第三句：豪迈悲壮、慷慨激昂。

雄关漫道真如铁，而今迈步从头越。——那巍峨的雄奇关口和漫长的道路，如同铁一样坚硬冰冷，现在我们需迈步向前，重新跨越艰难。

"真如铁"几个字写得非常到位，"铁"和行军联系起来，常常组成"铁血""铁甲"之词，为整首词平添了几分豪迈悲壮。这明晰地表达了当时红军面对的现实困境，他们急需要一场胜利来树立信心。

前路如铁又如何？誓要改天换地，让山河换新颜的革命战士无畏无惧，不过从头越而已！当真是掷地有声、慷慨激昂！

第四句：苍茫寥廓、雄奇壮阔。

从头越，苍山如海，残阳如血。——从头来再一次翻越，极目远眺，只见连绵的苍山如海的波涛起伏，夕阳的光芒如鲜血一般耀眼夺目。

当胜利终于来临，毛主席站在山巅回首而望，眼前的景象让他动容，苍茫的群山连绵起伏，像海浪翻卷，而夕阳洒向天下的光芒，就像鲜血一样。

那群山何尝不是横亘在战士面前的一座又一座需要去征服的漫道雄关？那夕阳又何尝不是那些为了心中所向、英勇无畏、前仆后继的战士们的鲜血染就？

可以想见，在当时毛主席的心中该是如何风雷激荡、情不能已，既有对牺牲战友的满腔深情和缅怀，又有欲一吐为快名动天下的豪气。虽远隔时空，却让人仿佛看到了毛主席强忍心绪，举手奋力一挥的澎湃。

"苍山如海，残阳如血"是整首词中写得最好的八个字，如一幅写意的泼墨画卷，其苍茫寥廓之感扑面而来，唯有李白在《忆秦娥·箫声咽》中的"西风残照，汉家陵阙"可与之比肩，而毛主席的词更多了一份英雄壮阔之气。

正因为这首词用字趋于化境，于挥洒自如间见用心雕琢，意境深远、思想辽阔，在技法与艺术上都有着极高的水准，让人在感受文字的能量之外，也给人以精神上的激励，一直以来都为人所喜爱。

示例四　精神阐释：中国共产党人精神谱系阐释

孕育于百余年奋斗历程的中国共产党人精神谱系，是立党、兴党、强党的丰厚滋养，蕴含着中国共产党成功的基因密码。中国共产党人精神谱系融入高校思想政治理论课教学，有助于教育引导青年学生准确把握党的历史发展的主题主线，筑牢历史记忆。在融入过程中，要坚持价值观塑造和批判思维培养相统一、知识灌输和故事启发相统一、综合融入和因地制宜相统一、教师主导和学生主体相统一、课堂教学和实践育人相统一的教学原则。

一、实践教学目标

知识目标：了解中国共产党人精神谱系所产生的历史背景和鲜明的时代特征，把握精神谱系独特的内容含义和精髓要义，了解其历史价值和当代价值。中国共产党人精神谱系蕴含和诠释了"中国共产党为什么能""马克思主义为什么行""中国特色社会主义为什么好"等深刻道理，为高校思想政治课教学提供了价值基点和导向支撑。

能力目标：形成良好的学习能力、研究能力、表达能力、写作能力，具有包括教育教学能力、综合育人能力在内的社会实践能力，能够在学习中反思、在反思中批判、在批判中创新。

价值目标：通过梳理中国共产党人精神谱系背后顽强奋斗的英雄人物、忘我奉献的先进模范，讲解其中所蕴含的共产党员具有的人格魅力、意志品质、党性修养，把红色基因深深融入青春血脉，激励青年学生强化政治认同、锤炼品德修为、肩负使命担当，厚植爱党、爱国、爱人民、爱社会主义的情感，自觉听从党和人民召唤，胸怀"国之大者"、担当使命任务、练就过硬本领，在新时代新征程中施展抱负、建功立业。

二、实践教学准备

1. 实践学时为2学时，地点在实践课堂。

2. 任课教师提前1～2周布置任务，传达实践方案，说明注意事项。

3. 根据班级人数将学生分为若干小组，每小组人数在 10 人以内，各小组选出组长负责实践活动的统筹安排。

4. 任课教师在微信群向学生发送活动接龙，各小组报送选取的主题，开始准备。

5. 各小组以 PPT 的形式汇报对所阐释精神谱系的背景、内涵、价值等的理解与分析。

6. 可以用讲解、朗诵、歌曲、舞蹈等多种形式阐释中国共产党人的精神谱系。

7. 各小组在课余时间组织排练，课上依次汇报与展示。

8. 各小组可以通过微信、学习通等形式与指导教师沟通，对实践内容进行探讨。

三、课堂实践流程

1. 教师首先阐述本次实践课程的目的意义，对实践的注意事项做出说明。

2. 确定各组汇报展示的顺序，对其他实践流程做出安排。

3. 学生实践小组依次上台汇报。

4. 每一组汇报完毕，教师或者学生助教通过学习通发送评分任务，由全班学生通过学习通给这一组学生的现场表现打分。

5. 学生打分的同时，授课教师对小组学生阐释的精神谱系做简要的讲解，打分完毕后对小组学生的表现做简要的评价。

6. 各小组学生汇报完毕，教师或者学生助教对各组学生得分情况进行公布。

7. 教师打分与学生集体打分的平均分各占总分权重的 50%。

"中国共产党人精神谱系"实践课评分细则

	评分细则
实践主题 （25分）	1. 内容正确，体现科学性 2. 逻辑性强，层次分明 3. 准备认真，内容熟悉
实践过程 （25分）	1. 声音清晰，音量、语速适中，表达能力较强 2. 精神饱满，仪态大方，肢体语言运用适当
实践方法 （25分）	1. 实践方法灵活多样 2. 实践方法与实践主题相契合
实践效果 （25分）	1. 实践课堂氛围良好 2. 全面完成实践内容
总分（100分）	

附录1：中国共产党人精神谱系的伟大精神

井冈山精神	苏区精神	长征精神
遵义会议精神	延安精神	抗战精神
红岩精神	西柏坡精神	照金精神
东北抗联精神	南泥湾精神	太行精神 （吕梁精神）
大别山精神	沂蒙精神	老区精神
张思德精神		
抗美援朝精神	"两弹一星"精神	雷锋精神
焦裕禄精神	大庆精神 （铁人精神）	红旗渠精神
北大荒精神	塞罕坝精神	"两路"精神
老西藏精神 （孔繁森精神）	西迁精神	王杰精神
改革开放精神	特区精神	抗洪精神
抗击"非典"精神	抗震救灾精神	载人航天精神
劳模精神（劳动精神、工匠精神）	青藏铁路精神	女排精神
脱贫攻坚精神	抗疫精神	"三牛"精神
科学家精神	企业家精神	探月精神
新时代北斗精神	丝路精神	

附录2：中国共产党人精神谱系朗诵词示例

1. 抗美援朝精神

1950年10月19日，中国人民志愿军雄赳赳、气昂昂地跨过鸭绿江，开始了伟大的抗美援朝战争。经过艰苦卓绝的战斗，中朝军队战胜武装到牙齿的强敌，打破了美军不可战胜的神话，迫使不可一世的侵略者在停战协定上签字。

在抗美援朝战争中，中国人民志愿军始终发扬祖国和人民利益高于一切、为了祖国和民族的尊严而奋不顾身的爱国主义精神，英勇顽强、舍生忘死的革命英雄主义精神，不畏艰难困苦、始终保持高昂士气的革命乐观主义精神，为完成祖国和人民赋予的使命、慷慨奉献自己一切的革命忠诚精神，为了人类和平与正义事业而奋斗的国际主义精神，锻造了伟大的抗美援朝精神。

志愿军将士面对强大而凶狠的作战对手，身处恶劣而残酷的战场环境，抛头颅、洒热血，以"钢少气多"力克"钢多气少"，他们中涌现出30多万名英雄功臣和近6 000个功臣集体，有毅然抱起炸药包与敌人同归于尽的杨根思，有用胸膛堵住枪眼为战友冲锋开道的黄继光，有烈火烧身却岿然不动直至壮烈牺牲的邱少云，有跃入冰河以生命换得朝鲜少年安然无恙的罗盛教……他们用生命谱写了惊天地、泣鬼神的雄壮史诗，被祖国人民称为"最可爱的人"。

抗美援朝战争的伟大胜利，是中国人民站起来后屹立于世界东方的宣言书，是中华民族走向伟大复兴的重要里程碑。这一战，拼来了山河无恙、家国安宁；这一战，打出了民族尊严、国威军威，人民军队战斗力威震世界，让全世界对中国刮目相看，充分展示了中国人民不畏强暴的钢铁意志、万众一心的顽强品格、敢打必胜的血性铁骨、维护世界和平的坚定决心，再次证明正义必定战胜强权，和平发展是不可阻挡的历史潮流。

2. 雷锋精神

薪火传承、生生不息。时间拨回到60多年前，1963年3月，毛泽东同志题词"向雷锋同志学习"发表。从此，这个响亮的名字印刻人心，他的故事传遍神州大地。雷锋在湖南长沙的故居，依然保存着泥墙草舍的风貌。1940年出生的雷锋，7岁的时候不幸成为孤儿。中华人民共和国成立后，他在党的关怀下走进明亮的课堂，戴上鲜艳的红领巾。入伍后，他在部队的大熔炉中百炼成钢，树立了全心全意为人民服务的思想，并光荣地加入了中国共产党。

向上的力量，源自祖国；火红的初心，注满感恩。至今仍被广为传诵的《雷锋日记》，诉说着一个共产主义战士的远大理想，跃动着蓬勃不息的时代脉搏。

"如果你是一滴水，你是否滋润了一寸土地？如果你是一线阳光，你是否照亮了一分黑暗？如果你是一颗粮食，你是否哺育了有用的生命？如果你是一颗最小的螺丝钉，你是否永远坚守在你生活的岗位上……"

凡常中铸就的伟大，激励人们更加自觉投身社会主义建设。信仰所散发的光热，感召一代代共产党人接续奋斗。

中国人民解放军战士雷锋，在平凡工作岗位上甘当螺丝钉，勇于奉献，乐于助人，表现出崇高的共产主义情操，成为那个年代最响亮的名字。60多年来，学雷锋活动在全国持续深入开展，雷锋的名字家喻户晓，雷锋的事迹深入人心，雷锋精神滋养着一代代中华儿女的心灵。实践证明，无论时代如何变迁，雷锋精神永不过时。

3. 大庆精神、铁人精神

身穿皮袄、手握刹把，目光刚毅、巍然挺立。坐落于大庆铁人王进喜纪念馆前广场上的花岗岩雕像，表达了人们对王进喜这位中国"铁汉"深深的敬仰与怀念。

因为缺油，北京的汽车背上了煤气包，有的地方汽车甚至烧起了酒精、木炭。毛泽东主席曾这样感叹："要进行建设，石油是不可缺少的，天上飞的，地上跑的，没有石油都转不动。"

以铁人王进喜为代表的大庆石油工人，为早日甩掉中国"贫油"的帽子，以"宁肯少活 20 年，拼命也要拿下大油田"的豪情，以"有条件要上，没有条件创造条件也要上"的决心，他们头顶蓝天、脚踏荒原，克服重重困难，用三年多的时间，建设起我国最大的石油基地——大庆油田，铸就爱国、创业、求实、奉献的大庆精神、铁人精神。

到 1963 年底，大庆油田累计生产原油 1 155 万吨，我国石油由此实现基本自给，一举甩掉了中国"贫油"的帽子，真正为国家争了光，为民族争了气。

岁月更迭，精神的火炬代代传承。他们和千千万万大庆石油人一道，让大庆精神和铁人精神历久弥新。

示例五　情景再现：历史情景剧演出

历史情景剧又叫历史角色扮演，是指根据教学内容的需求，以教材资料为背景，在教师的指导下，学生通过自主探究、合作学习，搜集历史资料并加以补充，形成一个整合型的历史剧本，通过历史情境的创设、历史人物的演绎，在课堂教学中重现历史的活动。

一、实践教学目标

通过让学生自导、自演、自拍相关历史剧目，激发学生的学习和参与兴趣，引导学生参与课堂教学，培养学生的创新意识和实践能力。在情景剧的创作和排演中深刻地感悟历史，引领青年大学生铭记历史，传承红色精神，提升历史使命感和社会责任感，从而达到立德树人的目的。

知识目标：学生通过对某一历史事件和相关历史进程的情景再现，能够更清晰和全面地掌握历史的前因后果和来龙去脉，清楚历史的相关细节，提升对历史的认知。

能力目标：形成良好的学习能力、研究能力、表达能力、写作能力，具有包括教育教学能力、综合育人能力在内的社会实践能力，能够在学习中反思、在反思中批判、在批判中创新。

价值目标：学生可以联系自身所处的客观条件和情感经历，对剧本情节、舞台背景、人物动作等进行创造性的加工和表演，通过表演或观察历史人物的一举一动、一言一行，体会历史人物的内心情感。生动形象的人物和跌宕起伏的情节丰富了学生的内心世界，使他们能够更深刻地了解近现代中国历史大潮的起起落落，更深刻地体悟在近现代历史风雨中走过的中国人的人生命运，更深刻地认知近现代中国革命的艰辛历程与辉煌成就。

二、实践教学准备

1. 实践学时为4学时，分两次进行，地点在实践课堂。

2. 任课教师提前2~3周布置任务，传达实践方案，说明注意事项。

3. 根据班级人数将学生分为若干小组，每小组人数在10人以内，各小组选出组长负责实践活动的统筹安排。

4. 任课教师在微信群发送活动接龙，各小组报送选取的主题，开始准备。

5. 各小组在课余时间组织排练，课上依次汇报与展示。

6. 各小组可以通过微信、学习通等形式与指导教师沟通，对历史情景剧的剧本内容和拍摄形式进行探讨。

三、课堂实践流程

第一次：历史情景剧小组讲解，2学时

1. 教师首先阐述本次实践课程的目的意义，对实践的注意事项做出说明。

2. 确定各组汇报展示的顺序，对其他实践流程做出安排。

3. 学生实践小组依次上台汇报。

4. 每一组通过PPT对本组所表演的历史情景剧进行讲解，讲解历史主题选择的原因、小组讨论的过程、各自承担的角色、剧本的整体构思，准备充分的小组可以用短视频的方式播放预告片。

5. 教师和班级同学对各小组的剧本进行点评，提出相关意见和建议。

6. 各小组学生根据老师和同学提出的意见和建议，课下修改完善剧本，拍摄和制作历史情景剧视频，下次课堂播放。

第二次：历史情景剧视频播放，2学时

1. 教师首先阐述本次实践课程的目的意义，对实践的注意事项做出说明。

2. 确定各组汇报展示的顺序，对其他实践流程做出安排。

3. 学生实践小组依次上台播放历史情景剧视频。

4. 每一组播放完毕后，教师或者学生助教通过学习通发送评分任务，由全班学生通过学习通给这一组学生的现场表现打分。

5. 学生打分的同时，授课教师对历史情景剧所表现的这段历史做简要的说明，打分完毕后对小组学生的表现做简要的评价。

6. 各小组学生视频播放完毕，教师或者学生助教对各组学生得分情况进行公布。教师对本次实践活动做出总结。

7. 教师打分与学生集体打分的平均分各占总分权重的50%。

四、历史情景剧排演的相关注意事项

【题材选取】

1. 从1840年鸦片战争到新时代，在这段历史中，任何有进步意义的历史片段、历史事件和历史人物的人生经历都可以作为演出的题材。

2. 要注意历史剧的品质与格调，剧本的选择要有时代意义，要有正能量。语言和动作不能粗俗，要雅俗共赏，要体现大学生的知识水准、精神风貌和价值追求。

3. 五四运动、西安事变、重庆谈判等题材过去多有选择，剧本多有雷同。而且这类题材较大，不容易把握，建议尽量不选择。如果确实想选这类题材，要注意角度，要有新意。

4. 历史剧题材既可以反映大历史，重现大的历史事件和历史人物，也可以关注小人物，关注普通百姓、普通劳动者，展现他们在近现代跌宕起伏的历史中的人生命运，他们在历史大潮中的起起落落。这类题材更贴近我们的生活，更有亲和力。

【视频制作】

1. 视频要有片头片尾，片头有剧名和班组及其他视频动画等，片尾有小组演员名单和各自扮演的角色。

2. 现场录音的效果不好，有杂音，声音小，演员台词表达有问题，建议用后期配音，效果能更好。

3. 演员中有的口音较重，有的口语表达比较含混，建议视频加字幕，字幕要注意审核，不要有错别字。

4. 开场建议用合适的短视频或者旁白交代本剧的历史背景、人物关系等，使观众能迅速了解演的是什么事件、什么人。

5. 由于大多剧组没有租与剧情相对应的服装，学生也不是特型演员，所以应当在视频中把剧中历史人物加注名字，比如×××，或者身份，如农民、士兵、学生、警察等。

6. 不同场景转换时，可以考虑加旁白，对上一场景做总结，引出下一场景，起到承上启下的作用。

7. 在剧中加入合适的短视频往往能起到良好的效果，可以考虑。但要对短视频内容进行审核，来源要正规，内容要正确。

8. 反串不宜太多，如果剧组女学生多，可以选择适合的题材。

9. 历史剧结束要有总结，要有提升价值观的内容，可以用旁白或者其他形式把所表现的这段历史加以总结和升华，提升高度。不要把一段历史演完就直接收场。

【视频播放】

1. 在上课前10分钟把视频复制到教室的电脑上。每个自然班建议把各小组视频在课前统一存到一个U盘上，以免课前复制过于拥挤。

2. 视频不能过大，否则很难复制到课堂电脑上，影响播放。

3. 视频帧数不能过高，教室的电脑和系统比较老旧，帧数过高会导致播放中人物动作、声音、字幕不对应，影响播放效果。建议播放时视频帧数为30帧。

"历史情景剧"实践课评分细则

	评分细则
实践主题 （25分）	1. 主题突出，切入点新 2. 有正能量，时代感强
实践过程 （25分）	1. 剧本结构合理，人物丰满立体，台词精练优美 2. 演员精神饱满，表演生动鲜活，互相配合得当
实践方法 （25分）	1. 历史情景剧表演方式灵活多样 2. 能够良好运用现代技术手段
实践效果 （25分）	1. 实践课堂氛围良好 2. 全面完成实践目标
总分（100分）	

五、历史情景剧主题实例

实践项目：此间曾著星星火

1921年，中国共产党在上海成立。"烟雨楼台革命萌生，此间曾著星星火；风云世界逢春蛰起，到处皆闻殷殷雷。"小小红船播下的革命火种，照亮了暮霭沉沉的中华大地。以戏剧的方式重现那一幕庄严而神圣的历史时刻，能够使学生更加感悟到中国共产党人为什么要出发、为什么要革命，更深刻体会到坚持真理、坚守理想，践行初心、担当使命，不怕牺牲、英勇斗争，对党忠诚、不负人民的伟大建党精神。

【参考材料】

中共一大召开：中国共产党正式成立

近代以来，西方列强入侵中国，中国逐渐沦为半殖民地半封建社会。为争取民族独立、人民解放，一批先进分子上下求索。从对外反侵略战争到对内革新，都因缺乏科学理论的指导和可靠力量的支持，最终走向失败。辛亥革命结束了清王朝统治，促进了中国社会的进步与思想的解放，但革命党人力量有限，最终让位于北洋军阀。中国由此开启北洋军阀统治时期。四分五裂的军阀割据与持续不断的军阀混战，带来的是民族危机与民生困难的加剧。民族复兴呼唤新的思想，武装新的力量，开辟新的道路。

（一）

基于历史教训，陈独秀等先进知识分子认识到，"伦理的觉悟，为吾人最后觉悟之最后觉悟"，于是转向思想启蒙，启发民智，开启新文化运动。新文化运动以"德先生""赛先生"为口号，积极引进新思想，反对旧思想；提倡新道德，反对旧道德，除旧布新，打开了遏制新思想潮流的闸门，促进了时人的思想解放。值得注意的是，新文化运动初期，马克思主义得到了广泛的传播，但尚未上升为先进分子的信仰。

国内思想涌动，国际局势突变。俄国十月革命爆发，促进了马克思主义在中国的进一步传播。李大钊成为中国执十月革命旗帜第一人。他积极宣传马克思主义，相继发表《法俄革命之比较观》《庶民的胜利》《Bolshevism的胜利》等文章，扩大了十月革命与马克思主义在中国的影响。

中国社会也在变迁。一战期间，西方国家忙于欧洲战场，无暇东顾，中国民族资本主义借此喘息之机迅速发展起来，工人阶级也因此发展壮大。新式教育的兴起，造就了学生、教师、记者等新型知识分子。这些新生力量，成为随后发生的"五四运动"的"主角"。

"五四运动"的直接导火索是巴黎和会中国外交失败。作为第一次世界大战战胜国的中国，对巴黎和会寄予厚望，向和会提出三点合理要求，结果却遭拒绝，德国在山东的特权甚至被转让给日本。消息传回中国，社会为之震动。1919年5月4日，北京学生走向天安门，举行游行示威，拉开了"五四运动"的序幕。6月5日，上海工人为声援学生开始罢工，北京、唐山、汉口等地工人随后积极参与，全国各地罢工运动风起云涌。工人阶级以独立姿态登上了中国政治舞台。运动逐渐突破地域、阶层，成为全国规模的群众运动。北洋政府在巨大压力下，罢免了曹汝霖、章宗祥、陆宗舆等亲日派官员的职务。国内行动，传到国外。6月28日，中国代表团拒绝出席凡尔赛和约签约仪式。"五四运动"就此落下帷幕。"五四运动"促进了民族意识的觉醒，提高了国人的思想觉悟，推动了马克思主义的广泛传播，推进了马克思主义与中国工人运动的结合，为中国共产党的成立创造了思想、干部条件。

巴黎和会外交失败，还促使先进分子认清了欧美等国联合起来恃强凌弱的本质，逐渐褪去了对欧美的迷信。"五四运动"结束后不久，苏俄政府发表第一次对华宣言，宣布放弃沙皇时期在中国攫取的特权。次年春，宣言通过《东方杂志》等报刊的介绍，进入国人视野。苏俄此番表示迅速赢得国人好感，也引发很多先进分子更加深入地研究十月革命和马克思主义。随着研究深入，许多原来经历不同的知识分子，最终殊途同归，选择了马克思主义。

（二）

新文化运动的旗手陈独秀完成了思想转型，转变为马克思主义者，主张用阶级斗争建立劳农政权。经过"五四运动"洗礼的年轻知识分子，也清楚了自己的选择。经过反复比较和鉴别，阅读《共产党宣言》等马克思主义著作后，毛泽东认识到，"俄国式的革命是无可如何的山穷水尽诸路皆走不通的一个变计"，要用马克思主义指导中国革命。董必武等中国同盟会会员，认识到旧式革命的不足，告别了过去，转变为马克思主义者。

思想转变体现于行动。这些初步具有马克思主义思想的先进分子，与当时影响颇大的实验主义、基尔特社会主义、无政府主义展开辩论，在交锋争鸣中呈现了马克思主义的科学性和真理性，在坚定自己对马克思主义信仰的同时，进一步扩大了马克思主义在中国的影响；他们还积极走入工厂，进行调查研究，宣传和组织工人，努力促进马克思主义与中国工人运动的结合。

革命事业需要革命组织。在此局势下，陈独秀、李大钊将筹建中国共产党提上了日程。1920年2月，李大钊护送陈独秀赴津，二人在途中商量了建立中国共产党等问题。随后，陈独秀在上海、李大钊在北京，共同推进建党。3月，李大钊在北京大学组织成立马克思学说研究会，宣传研究马克思主义，为建党作思想准备。4月，在李大钊推荐下，来华的俄共（布）代表维经斯基等人南下上海找到陈独秀，讨论建党有关事宜。5月，陈独秀在上海发起成立马克思主义研究会，传播社会主义，探讨改造中国等问题。8月，共产党早期组织在上海《新青年》编辑部成立，陈独秀任书记。11月，上海共产党早期组织拟定《中国共产党宣言》，宣告"共产主义者的目的是要按照共产主义者的理想，创造一个新的社会"。

其他各地的共产党组织也相继成立。1920年10月，李大钊等人在北京成立共产党早期组织，称"共产党小组"。年底，成立共产党北京支部。武汉、长沙、济南、广州等地，以及日本、法国也出现了共产党的早期组织。

共产党地方组织成立后，积极传播马克思主义，尤其注重用马克思主义影响工人阶级。早期共产党人深入工厂，参加实际斗争，促使一些工人思想发生变化。这些工人接受了马克思主义，成为工人阶级中的马克思主义者。同时，早期共产党人还努力影响青年，建立社会主义青年团，为中国共产党储备后备力量。

（三）

"万事俱备，只欠东风。"这时候，将各地早期共产党组织整合为一个全国性的政党，显然已经不远了。李大钊呼吁："各国的C派朋友，有团体组织的很多，方在跃跃欲试，更有第三国际为之中枢，将来活动的势力，必定一天比一天扩大。中国C派的朋友，那好不赶快组织一个大团体以与各国C派的朋友相呼应呢？"上海党组织的一些成员在陈独秀示意下，给全国各地和旅日的共产党组织写信，请派代表赴沪参加中国共产党第一次全国代表大会。

1921年六七月间，各地党组织代表齐聚上海，准备出席中国共产党第一次全国代表大会。中共一大选在上海法租界望志路106号（今兴业路76号）"李公馆"内举行。7月23日晚8时许，中国共产党第一次全国代表大会正式开幕。除了13名中国共产党人外，共产国际代表马林和尼克尔斯基列席了开幕式。

大会主席张国焘首先宣布第一次代表大会开始,接着向与会代表报告会议筹备经过,并提出大会议题,即制定党的纲领、工作计划和选举中央机构。第二天继续召开会议。各地地方组织代表向大会汇报各地组织的基本情况,并选出起草纲领和工作计划的委员会。接着休会两天,由委员会起草纲领和计划。

7月27日至29日,会议继续进行。三次会议集中讨论党的纲领和今后的实际工作。7月30日,会议遭到巡捕搜查,被迫停止。后转至浙江嘉兴南湖的一艘游船上继续进行。南湖会议继续上海未能完成的议程,讨论和通过了《中国共产党第一个纲领》和《中国共产党第一个决议》,选举产生了中国共产党的中央领导机构。由于当时党员人数少,地方组织也不健全,会议根据纲领的有关条文决定,暂不成立中央委员会,先建立临时的中央领导机构中央局。陈独秀被选为中央局书记,张国焘和李达分别负责组织与宣传。中共一大的召开,标志着中国共产党的正式成立。

(四)

党的一大讨论围绕党的纲领和党成立后的工作计划展开。在中国共产党的性质、奋斗目标、中国共产党与共产国际的关系等问题上,与会者很快达成共识。党的一大纲领对这些问题作了明确规定:"革命军队必须与无产阶级一起推翻资本家阶级的政权,必须支援工人阶级,直到社会的阶级区分消除为止""承认无产阶级专政,直到阶级斗争结束,即直到消灭社会的阶级区分""消灭资本家私有制,没收机器、土地、厂房和半成品等生产资料,归社会公有""联合第三国际"。在用什么方法实现党的奋斗目标这一问题上,与会者产生了分歧。有代表提出,世界上有俄国式的革命和德国式的革命,中国共产党应该先派人去俄国和欧洲考察,成立研究机构进行研究,考察研究后再决定中国走什么样的革命道路。现在共产党最实际的做法是支持孙中山的革命运动,待孙中山革命成功后,中国共产党人便可加入议会开展竞选。因此,共产党不需要立刻组织工人开展政治斗争，而应集中力量做学生运动和文化宣传工作，组织知识分子推动马克思主义的传播。直到马克思主义在中国知识分子中有了普遍影响，再由这些知识分子去组织和教育工人。同时还指出，只要宣传研究马克思主义，便是共产党员，甚至不必参加实际的政治斗争。对此，另有代表针锋相对，直接否认欧洲道路在中国的可行性，强烈反对将党的行动停留于议会竞选和思想宣传上，主张中国共产党实施武装暴动，夺取政权，建立无产阶级专政。大多与会者赞成后一种意见。经过开诚布公的讨论，党的基本原则和工作方向得到确认。

一是中国共产党必须坚持革命。近代中国历史业已证明欧美等道路是"错路"，不进行彻底的革命，难以实现中国社会的改造。陈独秀、毛泽东等先进分子正是在这样的历史背景中不断探索并最终认识了这一规律，因此才选择马克思主义，并在马克思主义指导下建立中国共产党。他们希望通过中国共产党这一革命组织，领导人民革命，实现革命目标。党的一大上关于议会斗争的提议，显然偏离了建党初衷。因此，党的一大通过的决议明确规定："党应在工会里灌输阶级斗争的精神。党应警惕，不要使工会成为其他党派的傀儡。为此，党应特别机警地注意，勿使工会执行其他的政治路线。"

近代中国不乏强大的政治力量，但很多政治力量都缺乏革命精神，希望通过改革、改良等手段实现社会改造。要彻底推翻外国帝国主义势力和本国封建力量，仅仅靠改革是不够的，这就注定了这些政治力量不能完成救国重任。党的一大强调革命，主张阶级斗争，主动和其他政党划清界限从而避免被其他政党的主张同化而忘却自己的革命立场，这些都充分彰显了中国共产党与生俱来的革命性和斗争性。革命精神贯穿于中国共产党以后的发展历程中，彰显出巨大的精神力量，影响着中国共产党的百年奋斗历程。

二是向工人宣传马克思主义和组织工人，推动工人运动的发展。要求中国共产党人研究和宣传马克思主义，此主张本身无可厚非，因为这对厚植中国共产党的思想理论基础非常必要。但如若因此停留，只要求共产党员做马克思主义的研究，甚至否定工人运动等实际政治斗争，这是将马克思主义视为书斋里的学问，显然不符合马克思主义的理论品格和实践要求。马克思主义是指导人们认识世界的理论，更是指导人们改造世界的理论，具有很强的革命性和实践性。进一步说，马克思主义也只有在实践中，不断结合实际进行完善和创新，才能获得自身的发展。对当时的中国而言，用马克思主义武装知识分子、培植革命的领导力量固然重要，向工人宣传马克思主义和组织工人、推动工人运动则更为必要，因为革命伟力蕴于民众之中。

在此思想引导下，《中国共产党第一个决议》六个方面的内容，其中三个方面关乎工人的宣传与组织，即"工人组织""工人学校""工会组织的研究机构"，对组织产业工会、教育工人、加强工会史研究等进行了规定。党的一大结束后不久，中国共产党便成立了中国劳动组合书记部，专门指导工人运动。中国共产党人纷纷走入工厂，向工人宣传马克思主义，动员和组织工人组成工会，开展以罢工为主要内容的工人运动，掀起了轰轰烈烈的罢工高潮。

三是按照布尔什维克原则建设中国共产党。有与会者提出共产党员专注于研究马克思主义，便可以不参加组织生活和实际斗争。但大多与会者强调中国共产党应加强组织纪律建设，中国共产党人不仅要学习和研究马克思主义，还要参加组织生活，参与政治斗争，受组织纪律约束。党的一大纲领对入党条件、接收新党员手续、保密纪律、地方委员会与中央执行委员会的关系等问题进行了纪律规定：新党员加入中国共产党以前，"必须与企图反对本党纲领的党派和集团断绝一切联系"；接收新党员要遵循组织程序；"在党处于秘密状态时，党的重要主张和党员身份应保守秘密"；地方委员会的财务、活动和政策要受中央执行委员会的监督。

陈潭秋后来回忆说，党的一大关于党的组织与党员入党条件，"决定采取经过历史事变试验过的俄国布尔什维克的组织经验，反对孟什维克主义式的原则。这一原则的通过，已奠定中国共产党布尔什维克的初步基础"。党的一大后，仍有一些共产党人对组织纪律重要性认识不够，于是党内出现了自由主义、地方主义的言行。为保证组织的纯洁和先进，中国共产党对这些言行进行了坚决的斗争与清理，一些年轻共产党人甚至因此脱党退党。可以说，党的一大奠定了中国共产党"布尔什维克的初步基础"，是中国共产党重视组织纪律、锻造强劲有力组织的开端。中国共产党自诞生之日开始，便强调组织纪律，并将此原则贯穿于以后的奋斗历程中，加强自我革命，建立强固的组织，这是和近代中国其他政党不一样的特质。近代中国很多政党有党纲，无党纪；有纪律，无落实，结果便是党内派系林立，政党因此四分五裂缺乏行动力。政党的前途命运取决于很多因素，其中组织力决定了政党能走多远。

党的一大讨论通过的纲领和决议，明确了中国共产党作为工人阶级政党的根本性质，确立了中国共产党的最高奋斗目标，指引着中国共产党不懈奋斗；规定了中国共产党必须坚持革命的斗争手段，要求共产党人用马克思主义宣传、教育工人，并组织工人组成工会、开展工人运动，明确布尔什维克的建党原则，为接下来中国共产党的革命实践指明了行动准则与努力方向。

示例六　虚拟仿真：东北抗联虚拟仿真实验

虚拟仿真实践教学以互联网为依托，实现线上沉浸式教学，在虚拟环境下真实触碰历史。虚拟仿真实践教学创新了学习模式，使学生可以随时学习、反复学习，不受时空限制，节省了经费，避免了安全隐患，能够达到让学生人人参与的全覆盖实践效果，是一个"绿色"实践体验项目。

【实践目标】

"再塑信仰魂"东北抗联虚拟仿真实验教学课程基于OBE（outcome based education）理念，以"纲要"课程"四个选择"教学目标为起点和终点，逆向设计，正向实施。坚持知识、能力、素质的有机融合。

延伸东北抗联传统教学内容的广度和深度，体现前沿性和时代性，及时将学术研究、科技发展前沿成果引入课程教学，使学生更加深入、全面、系统地理解教学内容。

提升解决复杂问题的综合能力和创造性思维，突破习惯性认知模式，积极引导学生进行探究式与个性化学习。

领会中国共产党坚定的理想信念和顽强的斗争意志，达到学史明理、学史增信、学史崇德、学史力行。

【实践原理】

再塑信仰魂首先要对信仰有正确的认识和理解。信仰是一个抽象的概念，是实践的产物，中国共产党坚定的信仰产生于伟大的革命实践，当代大学生对革命者革命实践的充分了解本身也是一种实践。

本实验依托中国革命过程中艰难曲折的东北抗联历史，以"九一八事变"后东北沦陷为背景，以中国共产党在东北坚持和领导抗日救亡斗争为线索。充分利用VR虚拟技术、全息投影、云渲染等现代信息技术，通过强烈的视觉冲击和精神震撼使大学生在红色经典中体悟伟大、铸就崇高，树立正确的理想信念，坚定共产主义信仰，突出"纲要"课程的实践教学作用。

知识点：共2个。

第一个：东北抗联虚拟交互体验

1. 时代背景

了解日本侵华的由来，具体为南满铁路是从何而来？日本人为何要炸毁它？东北三省是如何丢失的？

2. 领导革命

以杨靖宇将军为主人公，学生通过参与他的故事，体验他在抗日战争初期，组建了抗日游击队，为抵抗日本侵略起到了重要作用。杨靖宇通过动员群众，组织游击队，培训队员，秘密传递信息，以及与其他抗日力量合作，建立了抗联队伍。在恶劣的冰天雪地环境中，他们进行着游击战，生存了下来。

3. 战役故事

老岭隧道战是抗日战争中的一场重要战役。杨靖宇将军带领抗联队伍伏击了日军的交通线，摧毁了位于老岭隧道附近的铁路，阻止了敌人的运输供给。这次成功的破袭战役瓦解了日军的后勤支持，削弱了他们在该地区的影响力，显示了抗联队伍的战斗能力和智慧。

4. 孤军奋战

抗联队伍面对着敌人的围剿和强大压力，但他们毫不退缩，坚持英勇作战。他们在恶劣的环境下艰苦奋战，不怕困难和牺牲，保持着对抗日斗争的信念。面对敌人的进攻，他们选择坚守阵地，采取游击战术，不断地给日军制造麻烦和损失。

5. 丰碑永驻

尽管杨靖宇将军在抗日斗争中牺牲，但他的英勇事迹和坚定精神永远留存。他代表了中国抗日战争中众多英雄的一部分，他们为了国家的自由和尊严，付出了巨大的牺牲。杨靖宇的精神鼓舞着后人，激励着他们在面对困难和挑战时，不屈不挠，奋发向前。他们的事迹成为中国抗日战争历史的重要组成部分，也是国家精神的重要体现。

第二个：抗联展馆

1. 东北沦陷

第一个主题，将观众带回 20 世纪 30 年代初，日本侵略者入侵中国东北的黑暗时期。通过珍贵的历史文献、照片和多媒体展示，体验者可以亲身感受到日本军队占领东北三省所带来的苦痛和屈辱，以及中国人民的无法承受之重。

2. 奋起抗争

第二个主题，讲述了伟大的东北抗联运动的崛起。体验者可以了解一批优秀的领袖和英勇的战士如何秉持着保卫家园、振兴中华的信念，组织起队伍，发动抗日斗争的壮举。透过多角度的展示，能够目睹抗日英雄在艰苦环境中，催生出坚定的决心和勇往直前的精神。

3. 艰苦卓绝

第三个主题，会带领体验者"进入"东北的深山老林，深入了解抗联队伍在严寒之中，如何默默承受着极端的艰苦条件。狭窄的山道、茫茫的雪原，无不考验着他们的毅力和意志。这一部分通过生动的展示，将勾勒出那段日子中英勇抗战者的无私付出和顽强拼搏。

4. 血染山河

第四个主题，将体验者引领到战斗的前线，感受老岭隧道战斗等一系列具有重要历史意义的战役。通过实物模型、场景复现以及真实影像，深入体验英勇的战士如何用鲜血和生命，书写下中华儿女的英勇篇章。

实验教学过程

步骤序号	步骤目标要求	步骤合理用时	目标达成度赋分模型	步骤满分	成绩类型
1	观看"九一八"日军侵华视频	5	观看学习一段历史背景视频，观看完整得5分，跳过不得分	5	☑操作成绩 ☐实验报告 ☐预习成绩 ☐教师评价报告
2	针对视频背景的学习进行答题	5	共5道单选题，每次答题都会记录成绩。答对1题得1分，满分5分	5	
3	扮演杨靖宇在林海雪原中移动	5	扮演杨靖宇在林海雪原中寻找抗联队伍，动员队伍，通过演讲提高士气。正确寻找到队伍得1分	5	
4	进入老岭隧道战役	5	使用望远镜观察建筑工事和敌情，正确操作得5分	5	
5	选择战斗时机	5	对当前敌情进行判断，选择白天或黑夜进行战斗。选择黑夜得5分，选择白天得1分	5	
6	使用手枪射击	5	使用手枪进行战斗，成功开火得5分，不操作不得分	5	
7	在战友的掩护下撤离	5	每次成功撤退到指定位置得1分	5	
8	在补给处进行选择	5	选择生火取暖得1分，选择购买物资得5分	5	

续表

步骤序号	步骤目标要求	步骤合理用时	目标达成度赋分模型	步骤满分	成绩类型
9	扮演杨靖宇与敌人作战	10	观看杨靖宇吃树皮喝雪水，得2分 观看双方对峙喊话得3分 使用手枪进行射击，成功操作得5分，不操作不得分	10	☑操作成绩 ☐实验报告 ☐预习成绩 ☐教师评价
10	虚拟馆漫游第一展厅	10	观看展板得2分 观看视频得2分 查看展品模型得6分	10	
11	虚拟馆漫游第二展厅	15	观看展板资料得4分 查看展品模型得6分	10	
12	虚拟馆漫游第三展厅	10	观看展板资料得2分 成功触发《抗联第一路军军歌》得2分 走进林海雪原场景还原得6分	10	
13	虚拟馆漫游第四展厅	10	观看展板资料得10分	10	
14	虚拟馆漫游第五展厅	10	观看展板资料得5分 观看视频资料得5分	10	

【实验教学特色】

1. 在实验教学课程设计上，突出以学生为中心的教学理念

"再塑信仰魂"东北抗联虚拟仿真教学实验设计坚持一切以学生为中心，从学生的成长需求出发，注重对学生理想信念教育和创新精神、实践能力的综合培养。本实验不仅是对传统理论教学的有益补充，而且是对传统实践教学的超越。它克服了传统实践教学的诸多弊端，具有对资源进行自主管理数据库的"独立"系统。学生以学号、其他人用测试账号登录，可全时空、全天候地对仿真内容进行在线学习，不存在安全隐患，真可谓"绿色"实践体验。坚持"能实不虚，虚实结合"原则，体现"事实胜于雄辩"的价值，不仅能够达成体验教学"感人、完整、高效"的目标，而且能够为学生一生的成长奠定坚实的思想基础。

2. 在教学方法上，突出应用现代信息技术手段的特点

"再塑信仰魂"东北抗联虚拟仿真实验始终关注信息化背景下学生

的需求,探索网络条件下的实验教学规律和提升实验教学效果的方式方法。把"纲要"课程实践教学与现代信息技术有机融合,注重调动学生参与实验教学的积极性和主动性,激发学生的学习兴趣和潜能。本实验依托互联网,利用VR虚拟技术、全息投影、渲染技术等现代信息技术,构建东北抗联主题体验馆,使学习者以第一人称身份实景参与实践体验,使其身临其境,感同身受,实现沉浸式体验学习,达到了真实、感人、印象深刻的学习效果,是一场教育与学习方法的革命。

3. 在考核评价上,突出高效精准全覆盖的特点

本实验自设考核模块,让学习者边学、边练、边考核,一改实践考核弊端,实现精准高效。"纲要"课程传统实践教学精准考核比较困难,不能有效评价每个学生的真实表现。本实验通过虚拟仿真线上学习,在首页设置了"考核测试"模块,分学习模块和考核模块两大板块。学习模块是在浏览访问平台过程中系统设置的关卡,以提高学习的挑战度;而通过考核模块,学生可在学习中、学习后进行考核,在教师端可以查阅学生登录时间、时长以及考核成绩等信息,实现考核的完整、精准、高效并做到全覆盖。

模块四

"毛泽东思想和中国特色社会主义理论体系概论"课实践教学篇

一、"毛泽东思想和中国特色社会主义理论体系概论"课实践教学目标要求

"毛泽东思想和中国特色社会主义理论体系概论"课程作为高校思想政治理论课必修课，主要讲授马克思主义中国化时代化的重要理论成果，引导学生理解毛泽东思想、邓小平理论、"三个代表"重要思想、科学发展观、习近平新时代中国特色社会主义思想的理论内涵及其一脉相承、与时俱进的相互关系，从而深刻理解中国共产党为什么能、马克思主义为什么行、中国特色社会主义为什么好，厚植当代大学生的"四个自信"，鼓励学生积极投身社会主义现代化建设事业。

理论联系实际是思政课教学的指导思想和基本原则。在教学中开展并加强实践性活动是理论联系实际的有效形式，也是深化思政课改革、提高教学实效的重要环节。"毛泽东思想和中国特色社会主义理论体系概论"课程具有鲜明的时代性，是广大青年向实践学习的重要载体，也是师生深入基层、了解国情、服务社会、增长才干、坚定信仰的有效途径。实践教学为学生树立以人民为核心的价值追求和精神信仰，形成以实事求是为核心的意志品质和创新能力，掌握以理论联系实际为核心的方法论搭建学习平台，遵循针对性、实效性、时效性原则，使学生在社会实践活动中得到感知、认知，直至理性认识。

在党的二十大精神指导下，根据《中共中央　国务院关于进一步加强和改进大学生思想政治教育的意见》《中共中央宣传部、教育部关于进一步加强和改进高等学校思想政治理论课的意见》《新时代学校思想政治理论课改革创新实施方案》《关于进一步加强和改进大学生社会实践工作的意见》等文件要求，结合教育部、省教育厅关于改进大学生实践教学的相关指示意见，课程教学团队结合教学实际制定了"毛泽东思想和中国特

色社会主义理论体系概论"课实践教学实施方案，以期增强思想政治教育与时代发展的有机联系，切实提升课程教学的实效性。本实施方案的制定旨在给予课程实践教学指导性建议，任课教师可参照本实施方案主旨要求，结合学期内热点时事、学生关注焦点灵活安排实践内容。

"毛泽东思想和中国特色社会主义理论体系概论"课实践教学目标即通过实践教学，理解掌握课程思想政治理论知识，提高学生综合素质和能力，促进学生世界观、人生观、价值观以及人格的养成。

（一）知识目标

通过实践教学帮助学生理解马克思主义中国化时代化理论成果的思想内涵、中国特色社会主义理论体系的基本知识；拓展学生对世情、国情、社情的认知；了解调查研究的基本流程与方法。

（二）能力目标

通过实践教学提高学生运用马克思主义基本原理、运用习近平新时代中国特色社会主义思想世界观、方法论思考问题、分析问题、解决问题的能力；提高学生的适应社会、协调沟通、调查研究、语言表达等能力；培养学生的实践意识和创新思维。

（三）价值目标

通过实践教学帮助学生确立正确的世界观、人生观、价值观，引导学生科学认识国内外发展大势，正确理解自身的时代责任与历史使命，增强学生的思想政治意识、道德修养与文化素养，增强学生对国家道路、方针、政策的认同，厚植学生的家国情怀，坚定学生的"四个自信"，鼓励学生将个人成长成才与现代化建设事业联系起来，积极投身社会主义现代化建设事业。

"毛泽东思想和中国特色社会主义理论体系概论"课实践教学旨在

全面贯彻党的教育方针，切实提高"毛泽东思想和中国特色社会主义理论体系概论"课程教学质效，依托多形式的实践载体引导学生感受时代发展、体验社会生活，充分发挥思想政治理论课"立德树人"的主渠道、主阵地作用，将党的先进理论和指导思想、国家的政策安排与社会主义现代化国家建设的伟大实践结合起来，为学生提供运用所学知识了解国情、感悟发展、服务人民的机会，在向时代学习、向社会学习、向人民群众学习的过程中，加强学生的思想政治修养，引导学生树立正确的世界观、人生观、价值观，提高学生运用马克思主义的立场、观点、方法发现问题、分析问题、解决问题的综合素养，培养大学生的认知能力、思辨能力、创新能力，促进大学生的全面发展，为党和国家培养堪当民族复兴大任的时代新人。

二、"毛泽东思想和中国特色社会主义理论体系概论"课实践教学项目示例

示例一　课堂讨论："清醒赶考"与"满意答卷"

从"清醒赶考"到"满意答卷"，兴党强党的历史在中国革命、改革、建设的伟大实践中壮阔展开，中国共产党不断加强自身建设，向人民交出了第一个百年的"满意答卷"。如今，社会主义现代化强国建设的考卷已然铺展开来，民族复兴的考卷上亦与时俱进地更新了考题，党和人民仍需踔厉奋发，继续清醒赶考，在新的赶考路上书写满意答卷。

※ **实践目标**

知识目标：了解中国共产党加强自身建设的发展历程，把握中国共产党加强自身建设的基本内容，理解中国共产党为什么"能"的基本内涵。

能力目标：培养学生的大历史观和问题意识，提升学生运用马克思主义立场、观点、方法以及习近平新时代中国特色社会主义思想世界观、方法论分析问题、理解问题的能力，锻炼学生的协调沟通、语言表达能力。

价值目标：使学生坚定"四个自信"，厚植学生的家国情怀，激发学生的社会责任感与历史使命感。

※ 实践方案

一、前期准备

（一）理论知识积累

1. 阅读教材相关内容，梳理党的发展历程、党的理论创新相关知识点。

2. 围绕主题广泛阅读参考文献，比如《人民日报》文章、经典著作、重要文献选编、党的历史决议等。

3. 初步搭建讨论内容的基本框架。

（二）多媒体材料积累

围绕小组搭建的讨论内容的基本框架，搜集整理相关多媒体材料，比如图片、音视频材料等，制作讨论分享内容的背景素材。

二、实施步骤

1. 教师围绕讨论主题做背景介绍，提出核心议题引发学生思考，列明讨论参考方向，说明讨论、分享在内容和形式方面的具体要求。

讨论参考方向：（1）为何要"清醒"赶考？（2）如何"清醒"赶考？（3）满意答卷的"初心"为何？（4）满意答卷的"姿态"为何？（5）从"清醒赶考"到"满意答卷"形成了哪些理论创新结果？（6）怎样答好新时代的"青年答卷"？

2. 学习小组围绕讨论内容进行组织分工，明确学习小组成员的任务分工，并确定核心发言人和讨论内容记录人。

3. 学习小组成员结合各自的积累材料围绕讨论主题分享观点，讨论结束后学习小组对核心观点进行整合，梳理分享报告思路与框架，确定核心分享观点，拟定分享内容提纲，完善具体分享内容。

4. 核心发言人依据学习小组分享提纲进行汇报展示，分享讨论结论。

5. 教师和其他小组学生代表对汇报展示进行点评。

6. 教师为学习小组赋实践教学基础得分，学习小组组长结合小组成员具体分工及完成情况为组员赋实践教学个人得分。

7. 填写并上交"毛泽东思想和中国特色社会主义理论体系概论"课实践教学随课实践日志、"毛泽东思想和中国特色社会主义理论体系概论"课实践教学成绩评定表。

三、评分标准

优秀（4~5分）：

基础分：讨论内容全面，理论内涵挖掘深刻，支撑事例生动，汇报主题突出，表述流畅。

个人分：对待分工任务态度积极，具体分工工作完成质量较高。

良好（2~3分）：

基础分：讨论内容符合实践主题，汇报准备比较充分，表达基本准确。

个人分：基本完成分工内容，但缺乏突出亮点。

及格（1分）：

基础分：讨论内容不偏题，结论清晰准确，汇报符合基本要求。

个人分：完成分工内容，但具体表现不够突出。

※ **参考资料**

资料一：记录表格

"毛泽东思想和中国特色社会主义理论体系概论"课
实践教学随课实践日志

小组名称	（写明年级、专业、组别）			
时间		地点		记录人
成员组成	
讨论主题	
讨论流程及内容摘要	
指导教师签字	

模块四　"毛泽东思想和中国特色社会主义理论体系概论"课实践教学篇

资料二：实践教学主题解析

1."清醒赶考"的精神内核：以人民为中心。始终坚持为了人民去赶考，依靠人民去赶考。"满意答卷"的评判标准："阅卷人"是否满意。关切人民群众的急难愁盼，不断满足人民群众对美好生活的向往，才能答出"满意答卷"。"清醒赶考"需贯穿党执政兴国的全过程。走好新时代赶考路的必由之路：全面从严治党。

2.中国共产党作为世界上最大的政党之一，在过去的百年里交出了优异的答卷。自成立以来，中国共产党一直致力于实现民族解放和国家独立富强，持续推动中国特色社会主义建设事业的发展。

在波澜壮阔的一百年中，中国共产党领导中国人民进行了一系列伟大的斗争，取得了许多重大的成就。比如，中国成功地进行了社会主义革命和建设，实现了国家独立和人民解放，还实施了一系列的改革开放政策，推动了经济的快速发展和社会进步，还积极参与国际事务，为世界和平与发展作出了重要贡献。

中国共产党领导中国人民成功地推翻了帝国主义和封建主义的统治，建立了中华人民共和国。这是中国历史上的一次伟大转折，为中国人民争取到了独立、自由和尊严的权利。中国共产党领导中国人民进行社会主义革命和建设，实现了中国社会主义事业的初步成功。在这个过程中，中国共产党坚持以人民为中心的发展思想，推动了经济的快速发展，提高了人民的生活水平，实现了几亿人口的脱贫。中国共产党还致力于维护国家的独立和主权，维护国家的安全和稳定。在国际事务中，中国共产党积极参与全球治理，推动构建人类命运共同体，为世界和平与发展作出了重要贡献。

这些成就的取得离不开党的领导。中国共产党坚持党的宗旨，为人民利益而奋斗，为实现共产主义的理想而努力。同时，中国共产党也不断加强自身建设，提高党员的素质和能力，确保党始终保持先进性和纯洁性。

百年大党也面临了一些挑战和困难。比如，经济发展不平衡、环境污染等问题仍然存在，中国共产党需要继续努力解决这些问题，推动国家的可持续发展和社会的进步。中国共产党将继续坚持以人民为中心的发展思想，不断推进自身建设，不断适应时代的变化和人民的需求，始终保持着强大的凝聚力和战斗力，为中国人民谋幸福、为中华民族谋复兴的使命始终不渝。

百年大党交出了满意答卷，百年辉煌成就不仅对中国人民具有重要意义，也对世界具有重要影响。中国共产党将继续团结带领中国人民，为实现中华民族伟大复兴的中国梦而努力奋斗。

推荐阅读：

[1] 习近平. 新时代党和人民奋进的必由之路 [J]. 求是，2023（5）：4-5.

[2] 习近平. 在二十届中央政治局常委同中外记者见面时的讲话 [J]. 求是，2022（22）：4-7.

[3] 习近平. 坚持和发展中国特色社会主义要一以贯之 [J]. 求是,2022（18）：4-9.

示例二　亲临现场：重温新中国成立的伟大时刻

1949年10月1日，中华人民共和国成立，这一时刻标志着中国人民经过长期的斗争和牺牲，终于取得了国家独立和民族解放。在这一历史时刻，毛泽东主席在天安门广场上庄严宣布中华人民共和国中央人民政府成立，宣告中国人民从此站起来了。这是中国历史上一个具有里程碑意义的伟大时刻，也是中国人民长期奋斗的结果。重温新中国成立的伟大时刻，是为了缅怀先辈的奋斗和牺牲，铭记历史的教训和启示，激励我们继续为实现中华民族伟大复兴的中国梦而努力奋斗。同时，也是为了让我们更加深刻地认识到，只有坚持中国特色社会主义道路，坚持以人民为中心的发展思想，才能实现国家的繁荣富强和人民的幸福安康。

※ 实践目标

知识目标：深刻把握中国共产党带领中国人民进行新民主主义革命的历史意义、中华人民共和国成立的历史意义，深入理解中国共产党的初心与使命、毛泽东思想的历史地位。

能力目标：培养学生的大历史观和问题意识，提升学生运用马克思主义立场、观点、方法以及习近平新时代中国特色社会主义思想世界观、方法论分析问题、理解问题的能力，锻炼学生的协调沟通能力、语言表达能力。

价值目标：引导学生增强历史主动与历史自信，厚植学生的家国情怀，激发学生的社会责任感与历史使命感，鼓励学生坚定"四个自信"，用自己的爱国之情、强国之志、报国之行投入中国式现代化新征程，为中华民族伟大复兴贡献自身力量。

※ 实践方案

一、前期准备

（一）组织准备

1. 学生自由组队，团队成员不超过 10 人，确定组长人选。推荐自然班内完成组队，方便成员间的沟通交流。

2. 围绕素材搜集、脚本编写、背景 PPT 制作、角色扮演、道具筹备等核心工作进行科学分工。

（二）理论准备

1. 阅读教材，梳理新中国成立前后的历史线索与相关理论知识。

2. 搜集整理相关参考文献，如理论文章、领导人著作、党和政府发布的文件、新闻报道、音视频资料等。

3. 初步拟定情景再现场景。再现场景应与课程学习内容息息相关，观赏学生可运用所学知识对再现场景进行理论分析，通过再现场景可以深化观赏学生对教学内容的理解。

（三）实施准备

准备可提升情景再现氛围感的现场图片、音视频材料等；进一步明确小组成员的职责分工；完善脚本、筹备道具；练习、彩排再现情景，核准历史人物、历史时间、历史意义等关键信息。

二、实施步骤

1. 教师介绍"重温中华人民共和国成立的伟大时刻"实践教学背景，明确实践教学立意，简要呈现中华人民共和国成立的历史意义。

2. 学习小组围绕"重温中华人民共和国成立的伟大时刻"主题，进行情景再现展示。

3. 情景再现演出结束，演出小组分享创作立意、排演过程中的感想，陈述再现场景与课程教学内容之间的联系，揭示再现场景的历史与现实意义。

4. 展示结束后，教师和其他小组学生代表对展示进行点评。

5. 教师为学习小组赋实践教学基础得分，学习小组组长结合小组成员具体分工及完成情况为组员赋实践教学个人得分。

6. 填写"毛泽东思想和中国特色社会主义理论体系概论"课实践教学随课实践日志，"毛泽东思想和中国特色社会主义理论体系概论"课实践教学成绩评定表。

三、评分标准

优秀（4~5分）：

基础分：再现情景定位准确，彰显鲜明主题，理论内涵挖掘深刻，情景演绎生动感人，再现情景立意深刻，与课程教学内容关联度较高。

个人分：对待分工任务态度积极，具体分工工作完成质量较高。

良好（2~3分）：

基础分：再现情景主题突出，基本呈现情景概况，立意鲜明，具有一定启示价值。

个人分：基本完成分工内容，但缺乏突出亮点。

及格（1分）：

基础分：按要求基本完成情景再现汇报展示。

个人分：完成分工内容，但具体表现不够突出。

※ **参考资料**

资料一：记录表格

"毛泽东思想和中国特色社会主义理论体系概论"课
实践教学随课实践日志

小组名称	（写明年级、专业、组别）				
时间		地点		记录人	
成员组成					
讨论主题					
讨论流程及内容摘要					
指导教师签字					

资料二：实践教学主题解析

1. 中华人民共和国成立的伟大时刻意味着中国人民从此拥有了自己的国家和主权，结束了长期的半殖民地半封建社会的历史。中国人民通过革命斗争，推翻了帝国主义和封建主义的统治，建立了社会主义制度，实现了国家的独立和人民的解放。

2. 中华人民共和国成立后，经历了艰苦的建设和改革的岁月，取得了巨大的成就。中国人民通过自力更生和艰苦奋斗，逐步建立了独立的国民经济体系，实现了国家的工业化和农业现代化。同时，中国还积极参与国际事务，为世界和平与发展作出了重要贡献。

3. 开国大典是中华人民共和国成立后的第一个国家级盛典，标志着中国共产党领导的人民革命取得了胜利，中国成为一个独立、自由、民主的社会主义国家。这一仪式的举行，彰显了中国人民的团结和胜利，也展示了中国共产党的领导地位和决心。

开国大典的主要活动包括升国旗、奏国歌、阅兵仪式、群众游行等。当天，毛泽东主席在天安门城楼上宣布中华人民共和国中央人民政府成立，并宣读了《中华人民共和国中央人民政府公告》。随后，进行了盛大的阅兵仪式，展示了中国人民解放军的威武和军事实力。最后，数十万群众参加了游行，庆祝中华人民共和国的诞生。

开国大典是中国历史上具有重要意义的一次盛典，它象征着中国人民从此走上了自己的发展道路，也标志着中国的独立和国家主权得到了恢复。这一仪式不仅在国内产生了深远的影响，也引起了国际社会的广泛关注。

4. 中国人民政治协商会议第一届全体会议于1949年9月21日至30日在北京召开，会议的主要任务是就国家的政治、经济、文化等重大问题进行广泛的协商和讨论。

会议的代表来自各个政党、人民团体和各族各界代表人士，共有662名代表参加。会议选举产生了中国人民政治协商会议全国委员会，毛泽东当选主席，周恩来、李济深、沈钧儒、郭沫若、陈叔通为副主席。

会议期间，代表就国家的政治体制、宪法制定、国家机构设置、土地改革、农业发展、工商业恢复重建、文化教育等问题进行了广泛的讨论和协商。会议通过了《中国人民政治协商会议共同纲领》和《中国人民政治协商会议组织法》，确立了政协的性质、任务和组织形式。

中国人民政治协商会议第一届全体会议的召开标志着中国共产党领导的多党合作和政治协商制度的建立，为中华人民共和国的建设和发展奠定了基础。这一制度至今仍然存在，并在中国的政治生活中发挥着重要的作用。

示例三　圆桌讨论：复兴伟业中的青年担当

中华民族伟大复兴是中国人民的共同梦想，也是中国共产党的奋斗目标。青年大学生是实现中华民族伟大复兴的重要力量和希望。中华民族伟大复兴的目标是实现国家富强、民族振兴、人民幸福，这需要全体中国人民的共同努力，特别是青年大学生的积极参与和奋斗。当代青年是祖国的未来和希望，承载着实现中华民族伟大复兴的重任，应当树立正确的世界观和价值观，坚守社会主义核心价值观，高举中国特色社会主义伟大旗帜，坚定信仰、坚守道义，努力成为有理想、有担当、有作为的时代新人。

当代青年应当努力学习，提高自身素质和能力，积极追求知识，不断学习新知识、新技能，不断提升自己的综合素质，为实现中华民族伟大复兴做好准备；应当关注国家和社会的发展，积极参与社会实践和公益事业，为社会进步和民族复兴贡献自己的力量；应当注重自身的精神追求和人格修养，树立正确的人生目标，培养高尚的道德品质，做到品行端正、言行一致；应当勇于担当社会责任，积极投身创新创业和社会发展，为实现中华民族伟大复兴贡献自己的智慧和力量。

当代青年是实现中华民族伟大复兴的重要力量和希望。只有当代青年积极行动起来，努力奋斗，才能凝聚起实现中华民族伟大复兴的中国梦的磅礴力量。

※ **实践目标**

知识目标：了解中国梦的理论内涵，把握中国共产党带领中国人民实现中国梦的历史进程，理解中国梦的本质。

能力目标：培养学生的大历史观和问题意识，提升学生运用马克思主义立场、观点、方法以及习近平新时代中国特色社会主义思想世界观、方法论分析问题、理解问题的能力，锻炼学生的协调沟通能力、语言表达能力。

价值目标：使学生坚定"四个自信"，厚植学生的家国情怀，激发学生的社会责任感与历史使命感，鼓励学生用自己的爱国之情、强国之志、报国之行助推中国梦的实现，为中华民族伟大复兴贡献自身力量。

※ **实践方案**

一、前期准备

（一）理论准备

1. 贯通教材，梳理关于"中华民族伟大复兴"的相关理论知识。

2. 搜集整理相关参考文献，比如理论文章、领导人著作、党和政府发布的文件及决议等。

3. 初步拟定讨论分享论点。

（二）组织准备

搜集整理与"中华民族伟大复兴"相关的事实材料，比如具体历史事件的图片、音视频材料等；明确小组成员职责分工，准备核心观点手卡。

二、实施步骤

1. 教师介绍"中华民族伟大复兴"实践教学背景，简要呈现"中华民族伟大复兴"的理论内涵。

2. 学习小组围绕"复兴伟业中的青年担当"主题，展开思想交锋，交流各自观点。

3. 讨论结束后，梳理出师生共同认可的"复兴伟业中的青年担当"的核心要点。

4. 教师为学习小组赋实践教学基础得分，学习小组组长结合小组成员具体分工及完成情况为组员赋实践教学个人得分。

5. 填写"毛泽东思想和中国特色社会主义理论体系概论"课实践教学随课实践日志，"毛泽东思想和中国特色社会主义理论体系概论"课实践教学成绩评定表。

三、评分标准

优秀（4～5分）：

基础分：讨论内容全面，理论内涵挖掘深刻，支撑事例生动，汇报主题突出，表述流畅。

个人分：对待分工任务态度积极，具体分工工作完成质量较高。

良好（2～3分）：

基础分：讨论内容符合实践主题，汇报准备比较充分，表达基本准确。

个人分：基本完成分工内容，但缺乏突出亮点。

及格（1分）：

基础分：讨论内容不偏题，结论清晰准确，汇报符合基本要求。

个人分：完成分工内容，但具体表现不够突出。

※ 参考资料

资料一：记录表格

"毛泽东思想和中国特色社会主义理论体系概论"课
实践教学随课实践日志

小组名称	（写明年级、专业、组别）				
时间		地点		记录人	
成员组成					
讨论主题					
讨论流程及内容摘要					
指导教师签字					

资料二：实践教学主题解析

1. 民族复兴是指一个民族在政治、经济、文化等各个方面逐渐崛起和强大的过程。不同民族的复兴历程各有不同。中华民族伟大复兴的历程可以追溯到19世纪末的清朝晚期。当时，中国面临着列强侵略和国内动乱的双重压力，国家处于危机之中。这时，一些先进的思想家和爱国者开始呼吁民族自强，寻求中国的复兴之路。

20世纪初，中国爆发了辛亥革命，腐朽的封建王朝迅速土崩瓦解，这标志着中华民族伟大复兴的开始。然而，由于国内政治动荡和外部压力，民族复兴的进程并不顺利。

1949年，中华人民共和国的成立标志着民族复兴事业进入了一个崭新的阶段。中国共产党带领全国人民进行社会主义革命和社会主义建设，为民族复兴奠定了政治前提和制度基础。

改革开放是民族复兴伟业的又一个重要阶段。1978年，中国开始实施改革开放政策，引入市场经济和外资，这一政策的实施使中国在经济发展上取得了巨大的成就，助力中国成为世界第二大经济体。

当前，中国正处于实现中华民族伟大复兴的关键时期，全国人民意气风发地踏上了实现第二个百年奋斗目标的新征程。党和国家以实现中华民族伟大复兴为宏伟目标，持续推动科技创新，不断提高人民生活水平，也为世界和平与发展作出了重大的贡献。

2. 青年是国家和社会的未来。当代青年应该具备良好的道德品质和价值观，不断学习和提升自己，发挥自己的创造力和创新精神，集合当代青年合力，推动社会的发展和进步，为复兴伟业作出更大的贡献。当代青年担当着实现中华民族伟大复兴的重要使命，应积极主动为推进复兴伟业贡献自己的力量。

3. 中华民族伟大复兴是中国人民的共同梦想，也是中国共产党的奋斗目标。改革开放以来，中国取得了令人瞩目的发展成就，前所未有地接近了中华民族伟大复兴的目标。

中国经济的快速发展为中华民族伟大复兴提供了坚实的物质基础。中国已成为世界第二大经济体,人民生活水平显著提高,脱贫攻坚取得决定性胜利。中国的科技创新能力也在不断提升,成为全球科技领域的重要力量。

中国在国际舞台上的影响力不断扩大。中国积极参与全球治理体系的建设,提出了一系列重要倡议,如"一带一路"倡议和构建人类命运共同体的理念。中国还积极参与国际事务,为维护世界和平稳定作出了重要贡献。

中国在科技、教育、文化等领域的发展也为中华民族伟大复兴提供了强大的支撑。中国在人工智能、高铁、电子商务等领域取得了重大突破,为国家的发展注入了新的动力。中国的教育体系也在不断改革创新,培养了大量优秀人才。

然而,要实现中华民族伟大复兴,仍然面临着许多挑战和困难。中国需要进一步推进改革开放,加强创新能力,提高人民的生活质量。同时,中国还需要解决环境污染、社会公平等问题,建设一个更加美好的社会。中国人民将继续团结奋斗,为实现中华民族伟大复兴而努力奋斗。

示例四　真知灼见:1978——伟大的历史转折

1978年,中国翻开改革开放的新篇章,自此,变革的序幕在中华大地上壮阔展开。改革开放推动了中国经济的快速增长,随着经济的快速发展,人们生活水平得到显著提高,收入增加,生活条件不断改善,教育和医疗水平也稳步提高。中国也开始接触和吸收外来文化,也将中国的文化传播到世界各地。改革开放是中国历史上的一次伟大的历史转折,它为中国的发展开辟了新的道路,带来了巨大的变革和进步。

※ **实践目标**

知识目标:透过历史场景,深入理解"解放思想、实事求是"的理论内涵，把握中国共产党带领中国人民实现伟大历史转折的历史逻辑、理论逻辑、实践逻辑，深刻领会这一历史事件的重要意义。

能力目标：培养学生的大历史观和问题意识，提升学生运用马克思主义立场、观点、方法以及习近平新时代中国特色社会主义思想世界观、方法论分析问题、理解问题的能力，锻炼学生的协调沟通能力、语言表达能力。

情感目标：增强青年学生的历史主动与历史自信，培养历史思维、系统思维、创新思维，提升理论水平与分析能力，激发学生的社会责任感与历史使命感，坚定"四个自信"，将自己的理想与奋斗融入中国式现代化新征程，为中华民族伟大复兴贡献青春力量。

※ 实践方案

一、前期准备

（一）理论准备

1. 贯通教材，梳理关于"改革开放"的相关理论知识。

2. 搜集整理相关参考文献，比如理论文章、领导人著作、党和政府发布的文件及决议等。

3. 结合小组抽取到的分享主题梳理核心要点。

（二）组织准备

小组长抽取分享内容的单元模块，围绕分享内容单元搜集整理与"改革开放"相关的事实材料，比如具体历史事件的图片、音视频材料等；明确小组成员职责分工，准备核心观点手卡。

二、实施步骤

1. 教师介绍"改革开放"实践教学背景，简要呈现"改革开放"的理论内涵。

2. 学习小组围绕各自分享内容单元，阐释"教材知识点"，分享"观点合集"，分享内容多点生长，共同拼凑出改革开放的壮阔画卷。

3. 分享结束后，师生共同梳理党和国家在改革开放历程中的理论创新成果，见证思想的力量。

4. 教师为学习小组赋实践教学基础得分，学习小组组长结合小组成员具体分工及完成情况为组员赋实践教学个人得分。

5. 填写"毛泽东思想和中国特色社会主义理论体系概论"课实践教学随课实践日志，"毛泽东思想和中国特色社会主义理论体系概论"课实践教学成绩评定表。

三、评分标准

优秀（4~5分）：

基础分：教材知识点把握准确，理论内涵挖掘深刻，分享内容与单元内容关联度高，支撑事例生动，分享主题突出，表述流畅。

个人分：对待分工任务态度积极，具体分工工作完成质量较高。

良好（2~3分）：

基础分：分享内容符合实践教学主题，汇报准备比较充分，表达基本准确。

个人分：基本完成分工内容，但缺乏突出亮点。

及格（1分）：

基础分：讨论内容不偏题，结论清晰准确，汇报符合基本要求。

个人分：完成分工内容，但具体表现不够突出。

※ 参考资料

资料一：记录表格

"毛泽东思想和中国特色社会主义理论体系概论"课
实践教学随课实践日志

小组名称	（写明年级、专业、组别）					
时间		地点			记录人	
成员组成						
讨论主题						
讨论流程及内容摘要						
指导教师签字						

资料二：实践教学主题解析

1. 改革开放是中国历史上的一次重要转折。在经济方面，改革开放政策放宽了对私营经济的限制，鼓励个体经济和外商投资，引进了现代管理和技术，推动了中国经济的快速增长。特别是在沿海地区，出现了一批经济特区和开放城市，吸引了大量外资和技术，成为中国经济发展的引擎。在政治方面，改革开放推动了中国政治体制的一系列改革，为中国的政治体制注入了新的活力和动力，提升了党和政府的治理效能。在社会方面，改革开放使人民生活水平显著提高，人们的思想观念和生活方式也发生了转变。在文化方面，改革开放为中国的文化交流和多元化提供了机会，丰富了中国的文化多样性，也促进了中国文化的发展和传承。

2. 改革开放的历史进程可以分为以下几个阶段。

1978年至1984年：这是改革开放的起步阶段。一系列经济改革政策在这一阶段相继出台，如家庭联产承包责任制、城市企业改革等。这些政策的实施带来了农村经济的快速增长和城市企业的发展变革。

1984年至1992年：在这一阶段，党和国家进一步扩大了对外开放，吸引了大量外资和技术，同时还进行了一系列重要的经济改革，包括国有企业改革、价格改革等。这些改革推动了中国经济的快速增长。

1992年至2002年：在这一阶段，党和国家进一步深化改革开放，加快社会主义市场经济建设。中国加入了世界贸易组织（WTO），进一步推动了对外开放，同时还进行了一系列政治体制改革，党的执政能力不断增强。

2003年至2012年：在这一阶段，党和国家提出科学发展观，强调经济发展要与社会进步、环境保护相协调。党和国家继续深化改革开放，加快了农村改革、社会保障体制改革等。中国经济继续保持快速增长，成为世界第二大经济体。

2013年至今：在这一阶段，党和国家进一步深化改革开放，推动经济高质量发展，提出一系列重要改革举措，包括供给侧结构性改革、创新驱动发展战略、乡村振兴战略等，同时还积极参与全球治理，推动构建人类命运共同体。

总的来说，改革开放的历史进程是一个不断深化和发展的过程。通过改革开放，党领导人民取得了巨大的经济和社会发展成就，使中国成为世界上最具活力和影响力的国家之一。

示例五　理论讲堂：社会主义改造是历史的必然

1956年，三大改造基本完成，我国建立起社会主义经济制度。党采取和平方式对农业、手工业、资本主义工商业实行社会主义改造，这是我国进入社会主义社会的关键步骤，也为更好地建设社会主义创造了根本条件。农民和个体劳动者转变为社会主义集体劳动者，积极投身社会主义建设事业；资本家也转变为自食其力的劳动者，积极参与社会主义建设。三大改造不但没有造成激烈的社会动荡，反而极大解放了社会生产力，拉开了大规模建设社会主义的序幕。

※ 实践目标

知识目标：了解社会主义改造的主要内容，把握社会主义改造的必然性和可能性，理解社会主义改造的基本经验和重要意义。

能力目标：培养学生的大历史观、整体意识和问题意识，提升学生运用马克思主义立场、观点、方法以及习近平新时代中国特色社会主义思想世界观、方法论分析问题、理解问题的能力，锻炼学生的协调沟通能力、语言表达能力。

价值目标：使学生坚定"四个自信"，厚植学生的家国情怀，激发学生的社会责任感与历史使命感。

※ 实践方案

一、前期准备

（一）理论论据准备

1. 贯通教材，梳理社会主义改造的相关理论知识。

2. 围绕社会主义改造的历史背景、主要内容、实施过程、典型案例、历史意义、历史经验等内容，搜集整理相关参考文献，如理论文章、历史资料、博物馆资料、领导人著作、党和政府发布的文件及决议等。

3. 结合抽签确定的具体讲授单元，初步拟定讲授提纲。

（二）事实论据准备

搜集整理能够支撑讲授内容的事实材料，如具体历史事件的图片、音视频材料等。

二、实施步骤

1. 教师介绍社会主义改造的社会历史条件，提出实践教学的具体要求。

2. 学习小组围绕"为什么必须实行社会主义改造"主题，在抽签确定的讲授单元内讲授5分钟的思政微课。

3. 教师和其他小组学生代表对微课效果进行点评。

4. 小组成员结合点评意见拟定实践教学总结提纲，梳理实践日志内容。

5. 教师为学习小组赋实践教学基础得分，学习小组组长结合小组成员具体分工及完成情况为组员赋实践教学个人得分。

6. 填写"毛泽东思想和中国特色社会主义理论体系概论"课实践教学随课实践日志，"毛泽东思想和中国特色社会主义理论体系概论"课实践教学成绩评定表。

三、评分标准

优秀（4～5分）：

基础分：教材知识点把握准确，理论内涵挖掘深刻，讲授内容与单元内容关联度高，支撑事例生动，课程主题突出，表述流畅。

个人分：对待分工任务态度积极，具体分工工作完成质量较高。

良好（2~3分）：

基础分：课程内容符合实践教学主题，课程讲授准备比较充分，表达基本准确。

个人分：基本完成分工内容，但缺乏突出亮点。

及格（1分）：

基础分：讲授内容不偏题，结论清晰准确，汇报符合基本要求。

个人分：完成分工内容，但具体表现不够突出。

※ **参考资料**

资料一：记录表格

"毛泽东思想和中国特色社会主义理论体系概论"课
实践教学随课实践日志

小组名称	（写明年级、专业、组别）				
时间		地点		记录人	
成员组成					
讨论主题					
讨论流程及内容摘要					
指导教师签字					

资料二：实践教学主题解析

1.农业的社会主义改造：走合作化道路，将农民组织起来，鼓励农民加入农业生产合作社，通过开展互助合作，极大地促进了农业发展。手工业的社会主义改造：手工业社会主义改造与农业社会主义改造的过程、步骤相类似，通过合作化运动，将手工业从业者组织起来，以自愿互利为原则进行改造，于1956年底实现手工业合作化，大大提高了手工业的生产效率。

资本主义工商业的社会主义改造：对资本主义工商业的社会主义改造，主要采取国家资本主义形式，从低级到高级，逐渐将私人资本主义工商业转变为社会主义公有制经济。

2.1956年1月15日，庆祝社会主义改造胜利联欢大会在天安门广场举行，北京各界20多万群众共同庆祝社会主义事业取得的这一重大胜利，共同憧憬社会主义建设事业的美好未来。社会主义改造的成功增强了全国人民对社会主义建设事业的信心，也为未来的社会主义事业发展奠定了坚实的基础。

示例六　遇见发展："汽车城"里的"造车梦"

长春作为中国的"汽车城"，拥有浓厚的汽车文化和汽车制造业基础。长春市政府将汽车产业作为重点支持的产业之一，致力于将长春打造成为中国汽车制造业的重要基地和创新中心。"汽车城"怀揣着"造车梦"，努力提升汽车制造技术和产品质量，不断续写"造车梦"的新辉煌。

红旗品牌作为中国汽车工业的骄傲，代表着中国汽车制造业的高水平和创新能力。肇始于1958年的红旗汽车承载着"汽车城"的光荣与梦想，是中国汽车工业的象征。如今，红旗汽车被定位为国家品牌和中国汽车工业的旗舰品牌，正在实施的"红旗品牌复兴计划"，旨在将红旗汽车打造成为世界一流的豪华汽车品牌。

一汽红旗文化展馆展示和传承了红旗品牌的丰厚历史和文化。通过追溯红旗的起源、红旗的辉煌时刻，展望红旗的创新与未来，感受红旗的文化内涵，呈现品牌的发展历程，也折射出一汽人"产业报国、工业强国"的实干精神。红旗品牌不仅仅是一个汽车品牌，更是中国汽车工业的象征和骄傲。让我们一起在一汽红旗文化展馆感受红旗品牌的魅力，共同见证中国汽车工业的辉煌历史与灿烂未来！

※ **实践目标**

知识目标：理解"走工业化道路思想"的深刻内涵，把握"走工业化道路思想"的历史意义。

能力目标：培养学生的大历史观和问题意识，提升学生运用马克思主义立场、观点、方法以及习近平新时代中国特色社会主义思想世界观、方法论分析问题、理解问题的能力，锻炼学生的协调沟通能力、语言表达能力。

情感目标：使学生坚定"四个自信"，厚植学生的家国情怀，激发学生建设家乡的社会责任感与历史使命感。

※ **实践方案**

一、前期准备

（一）理论准备

1. 贯通教材，梳理"走工业化道路思想"的相关理论知识。

2. 搜集整理相关参考文献，比如理论文章、领导人著作、党和政府发布的文件及决议等。

（二）背景调研

搜集整理一汽红旗文化展馆的背景介绍。

二、实施步骤

1. 教师提出参观调研的具体要求：听从指挥、禁止大声喧哗、认真聆听讲解。

2. 学生服从安排，依照顺序参观"第一展区——红旗的起源、第二展区——红旗的辉煌时刻、第三展区——红旗的创新与未来、第四展区——红旗的文化内涵。"

3.参观结束后，小组分享交流心得体会后，核心发言人在现场分享参观感言。

4.教师为学习小组赋实践教学基础得分，学习小组组长结合小组成员具体分工及完成情况为组员赋实践教学个人得分。

5.返校后，以小组为单位，召开社会实践总结会议，共同完成"毛泽东思想和中国特色社会主义理论体系概论"课实践教学社会实践日志，填写"毛泽东思想和中国特色社会主义理论体系概论"课实践教学成绩评定表。

三、评分标准

优秀（4~5分）：

基础分：参观全程遵守参观纪律；具体参与环节体现出较强的团队协作意识；学习参观态度端正；主动发表参观体会；积极参与实践日志的撰写，调查研究能力突出。

个人分：对待分工任务态度积极，具体分工工作完成质量较高。

良好（2~3分）：

基础分：自觉遵守参观纪律，有团队意识，实践日志的撰写态度较为认真。

个人分：较好完成分工内容。

及格（1分）：

基础分：按要求完成各项基本参观活动，参与了实践日志的撰写。

个人分：基本完成分工内容。

※ **参考资料**

资料一：记录表格

"毛泽东思想和中国特色社会主义理论体系概论"课

实践教学社会实践日志

实践地点				带队教师	
团队成员					
社会实践心得体会：					
成绩评定：（备注：成员成绩完全相同，则成绩无效） 实践教学基础分：（备注：此部分由带队教师赋分）					
序号	姓名	创新意识 满分1分	团队协作 满分1分	纪律水平 满分1分	交流能力 满分1分	研究能力 满分1分	个人得分	总分
1								
2								
3								
4								
5								
6								
7								
8								
9								
10								

团队成员签名：　　　　　　　　　　　　时间：　　　年　　月　　日

资料二：实践教学主题解析

1.红旗品牌诞生于1958年，代表着中国汽车工业的崭新起点。通过展示红旗品牌的起源，可以感受到中国汽车工业起步与发展的艰辛和驰而不息的奋斗精神。

2. 红旗品牌以其高贵、豪华的形象，成为当之无愧的"国车"，向世界展示了中国汽车工业的技术实力和品牌价值。同时，红旗品牌也在国际舞台上获得了多项殊荣，成为中国汽车工业的骄傲。

3. 红旗品牌一直致力于推动汽车科技的发展，不断引入先进的智能技术和绿色环保理念，为用户提供更加智能、安全、环保的出行体验。同时，红旗品牌也积极参与国家战略，推动新能源汽车的发展，为构建美丽中国作出贡献。

4. 红旗品牌以中国传统文化为基础，融入了现代设计和科技元素，展现了中国汽车工业的创新和传统的结合。红旗品牌所传递的是一种自信、尊贵、优雅的生活态度，体现了中国人民的精神风貌和文化自信。

示例七　行走课堂：小汪清抗日根据地的红色故事

小汪清抗日根据地是中国抗日战争时期中国共产党领导的一处重要抗日根据地，也是中国革命历史上的一座丰碑。小汪清位于中国东北地区，地处辽宁省辽阳市太子河区。在抗日战争期间，中国共产党领导的抗日武装力量在这片土地上建立了一系列军事设施和阵地，为抗击日本侵略者作出了巨大贡献。小汪清抗日根据地的建立离不开中国共产党的坚强领导和广大人民群众的支持。在这里，中国共产党组织了一支由农民、工人和知识分子组成的游击队，他们奋勇杀敌，进行游击战争，有效地削弱了日军的实力。小汪清抗日根据地的建立和存在，为中国抗日战争的胜利作出了重要贡献。它不仅是中国共产党领导的抗日武装力量的重要根据地，也是中国人民抗击日本侵略者的坚强堡垒。

※ **实践目标**

知识目标：感悟新民主主义革命理论的实践基础，把握近代中国国情和中国革命的时代特征。

能力目标：培养学生的大历史观和问题意识，提升学生运用马克思主义立场、观点、方法以及习近平新时代中国特色社会主义思想世界观、方法论分析问题、理解问题的能力，锻炼学生的协调沟通能力、语言表达能力。

情感目标：使学生坚定"四个自信"，厚植学生的家国情怀，激发学生建设家乡的社会责任感与历史使命感。

※ 实践方案

一、前期准备

（一）理论准备

1. 贯通教材，梳理"新民主主义革命理论"的相关理论知识。

2. 搜集整理相关参考文献，比如理论文章、领导人著作、党和政府发布的文件及决议等。

（二）背景调研

搜集整理小汪清抗日根据地遗址的背景介绍。

二、实施步骤

1. 教师提出参观调研的具体要求：听从指挥、禁止大声喧哗、认真聆听讲解。

2. 学生服从安排，依照顺序参观小汪清抗日纪念馆、小汪清抗日根据地指挥部旧址、小汪清抗日根据地游击队驻地和战斗阵地。了解抗日战争的历史细节和英雄事迹，感受顽强的抗战精神。

3. 参观结束后，小组分享交流心得体会后，核心发言人在现场分享参观感言。

4. 教师为学习小组赋实践教学基础得分，学习小组组长结合小组成员具体分工及完成情况为组员赋实践教学个人得分。

5. 返校后，以小组为单位，召开社会实践总结会议，共同完成"毛泽东思想和中国特色社会主义理论体系概论"课实践教学社会实践日志，填写"毛泽东思想和中国特色社会主义理论体系概论"课实践教学成绩评定表。

三、评分标准

优秀（4～5分）：

基础分：参观全程遵守参观纪律；具体参与环节体现出较强的团队协作意识；学习参观态度端正；主动发表参观体会；积极参与实践日志的撰写，调查研究能力突出。

个人分：对待分工任务态度积极，具体分工工作完成质量较高。

良好（2～3分）：

基础分：自觉遵守参观纪律，有团队意识，实践日志的撰写态度较为认真。

个人分：较好完成分工内容。

及格（1分）：

基础分：按要求完成各项基本参观活动，参与了实践日志的撰写。

个人分：基本完成分工内容。

※ 参考资料

资料一：记录表格

"毛泽东思想和中国特色社会主义理论体系概论"课

实践教学社会实践日志

实践地点		带队教师	
团队成员			
社会实践心得体会：			
成绩评定：（备注：成员成绩完全相同，则成绩无效） 实践教学基础分：（备注：此部分由带队教师赋分）			

续表

序号	姓名	创新意识满分1分	团队协作满分1分	纪律水平满分1分	交流能力满分1分	研究能力满分1分	个人得分	总分
1								
2								
3								
4								
5								
6								
7								
8								
9								
10								

团队成员签名： 时间： 年 月 日

资料二：实践教学主题解析

1. 小汪清抗日根据地是抗日战争时期中国共产党领导的抗日武装力量的重要基地和战略要塞。在抗日战争时期，这里进行了许多战斗，为抗日战争的胜利作出了巨大贡献。小汪清抗日纪念馆内陈列着大量的历史文物和图片，展示了小汪清抗日根据地的建设和抗战历程。小汪清抗日根据地指挥部旧址，是当时中国共产党领导的抗日武装力量的指挥中心，见证了中国共产党领导的抗日武装力量的决策和指挥过程。小汪清抗日根据地的游击队驻地和战斗阵地，曾经是中国共产党领导的抗日武装力量的重要据点，也是游击队员的生活和训练基地，这些驻地和阵地的存在，为中国共产党领导的抗日武装力量提供了重要的后方支持。

2. 小汪清位于中国东北地区，在抗日战争期间，中国共产党领导的抗日武装力量在这片土地上建立了一系列军事设施和阵地，为抗击日本侵略者作出了巨大贡献。小汪清抗日根据地的建立离不开中国共产党的坚强领导和广大人民群众的支持。在这里，中国共产党组织了一支由农民、工人和知识分子组成的游击队，他们奋勇杀敌，进行游击战争，有效地削弱了日军的实力。小汪清抗日根据地的建立和存在，为中国抗日战争的胜利作出了重要贡献。它不仅是中国共产党领导的抗日武装力量的重要根据地，也是中国人民抗击日本侵略者的坚强堡垒。

示例八　云端思政：走进延安革命纪念馆

延安革命纪念馆位于陕西省延安市，是一座重要的革命纪念地和爱国主义教育基地。延安在中国革命历史上具有重要的地位和意义，延安革命纪念馆通过丰富的展览和纪念活动，向人们展示了中国共产党在延安时期的艰苦奋斗历程和伟大成就。延安革命纪念馆展览内容丰富，包括了延安时期的党的领导、革命斗争、军事建设、文化教育、社会建设等，通过珍贵的历史文物、照片、文件和实物，展示了中国共产党在延安时期的组织建设、思想理论、军事战略、群众工作等方面的重要成果。

延安革命纪念馆作为中国革命历史的重要见证和教育基地，承载着传承和弘扬中国共产党的光荣传统和革命精神的使命。参观延安革命纪念馆，不仅可以了解中国共产党的历史和延安时期的重要事件，还可以感受到中国革命的伟大和中国共产党的伟大，是一次深入了解历史、接受爱国主义教育和弘扬革命精神的宝贵机会。

※ 实践目标

知识目标：了解毛泽东思想形成的发展历程，感悟毛泽东思想活的灵魂，明确毛泽东思想的历史地位。

能力目标：培养学生的大历史观和问题意识，提升学生运用马克思主义立场、观点、方法以及习近平新时代中国特色社会主义思想世界观、方法论分析问题、理解问题的能力，锻炼学生的协调沟通能力、语言表达能力。

情感目标：使学生坚定"四个自信"，厚植学生的家国情怀，激发学生建设家乡的社会责任感与历史使命感。

※ **实践方案**

一、前期准备

（一）理论准备

1. 贯通教材，梳理"毛泽东思想及其历史地位"的相关理论知识。

2. 搜集整理相关参考文献，比如理论文章、领导人著作、党和政府发布的文件及决议等。

（二）背景调研

搜集整理延安革命纪念馆的背景介绍。

（三）分工准备

教师结合展馆陈列内容，为各小组分配解说任务。各小组结合解说场景，选取重点陈列文物，准备解说词。

二、实施步骤

1. 教师提出云端参观的具体要求，保持教室安静，积极配合学生讲解员的讲解工作。按照红军长征的落脚点、抗日战争的政治指导中心、新民主主义的模范试验区、延安精神的发祥地、毛泽东思想的形成与发展的展厅顺序，在学生讲解员的引导下依次游览。

2. 认真聆听学生讲解员的讲解，认真回答讲解员提出的问题，与讲解员积极互动。

3. 参观结束后，小组分享交流心得体会后，核心发言人综合小组观点分享参观感言。

4. 教师为学习小组赋实践教学基础得分，学习小组组长结合小组成员具体分工及完成情况为组员赋实践教学个人得分。

5. 小组成员共同完成"毛泽东思想和中国特色社会主义理论体系概论"课实践教学社会实践日志，填写"毛泽东思想和中国特色社会主义理论体系概论"课实践教学成绩评定表。

三、评分标准

优秀（4~5分）：

基础分：参观全程遵守参观纪律；具体参与环节体现出较强的团队协作意识；学习参观态度端正；主动发表参观体会；积极参与实践日志的撰写，调查研究能力突出。

个人分：对待分工任务态度积极，具体分工工作完成质量较高。

良好（2~3分）：

基础分：自觉遵守参观纪律，有团队意识，实践日志的撰写态度较为认真。

个人分：较好完成分工内容。

及格（1分）：

基础分：按要求完成各项基本参观活动，参与了实践日志的撰写。

个人分：基本完成分工内容。

※ **参考资料**

资料一：记录表格

"毛泽东思想和中国特色社会主义理论体系概论"课

实践教学社会实践日志

实践地点		带队教师	
团队成员			
社会实践心得体会：			
成绩评定：（备注：成员成绩完全相同，则成绩无效） 实践教学基础分：（备注：此部分由带队教师赋分）			

续表

序号	姓名	创新意识满分1分	团队协作满分1分	纪律水平满分1分	交流能力满分1分	研究能力满分1分	个人得分	总分
1								
2								
3								
4								
5								
6								
7								
8								
9								
10								

团队成员签名：　　　　　　　　　　　　时间：　　　年　　月　　日

资料二：实践教学主题解析

1.纪念馆前广场，巍然耸立着毛泽东同志的青铜像，高5米、重约3吨，连基座通高8.15米。毛主席身着中山装，双手叉腰，目视远方，浩气凌霄，此尊雕像也被取名为"高瞻远瞩"。入馆台阶分为三台，隐喻中国共产党在延安经历的土地革命、抗日革命、解放战争三个阶段。

2.步入展馆，首先映入眼帘的是序厅群雕，这组雕塑人物平均高度3.5米，由青铜雕铸，是全国最大的革命历史题材群雕作品。这组雕塑的背后写着"1935—1948年，延安"，这13年是中国共产党最艰难的13年。序厅群雕以毛泽东、刘少奇、周恩来、朱德、任弼时等延安时期五大领导人为主的大型人物雕刻组成，站在最中间的毛主席所穿的衣服极其简朴，脖子上还系着毛巾。这是毛主席在延安时最常见的穿着，正是这群衣着朴素的人，带领着工农红军，一步步地把中国从水深火热中解放出来。

3.红军长征的落脚点。1934年10月，在中央根据地第五次反"围剿"

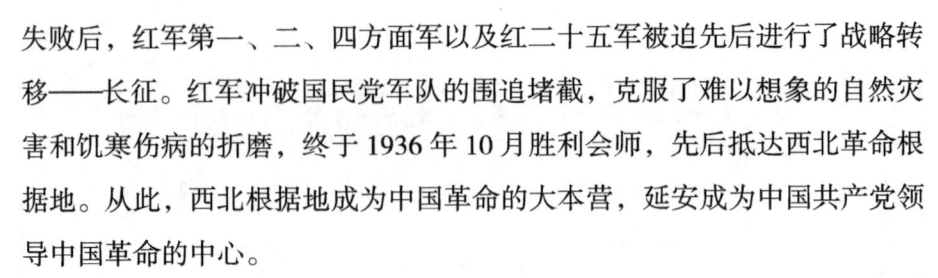

失败后，红军第一、二、四方面军以及红二十五军被迫先后进行了战略转移——长征。红军冲破国民党军队的围追堵截，克服了难以想象的自然灾害和饥寒伤病的折磨，终于1936年10月胜利会师，先后抵达西北革命根据地。从此，西北根据地成为中国革命的大本营，延安成为中国共产党领导中国革命的中心。

4. 抗日战争的政治指导中心。1935年冬，随着全国抗日救亡运动高潮的到来，中共中央制定了建立抗日民族统一战线的策略，西安事变的和平解决，促成第二次国共两党合作的实现。1937年7月7日，全面抗战爆发后，中共中央制定了全面抗战路线和持久战的军事战略方针，为夺取抗日战争的胜利指明了方向。延安成为抗日战争的政治指导中心。

5. 新民主主义的模范试验区。抗日战争时期，在中共中央的直接领导下，陕甘宁边区实行民主政治，大力发展军事、经济、文化教育和卫生事业，逐步建设使其显现出新民主主义社会的雏形；党在延安创办了20多所干部学校，为我党我军培养了大批德才兼备的各类干部，为夺取抗日战争和解放战争的胜利作出了伟大贡献，也为建设新民主主义社会进行了卓有成效的探索。

6. 延安精神的发祥地。延安精神是中国共产党在延安时期培育的伟大的时代精神，是我们党领导人民战胜敌人、夺取胜利的力量之源和精神支柱。

7. 毛泽东思想的形成与发展。展馆展示了毛泽东思想在全党指导地位的确立的历史背景和重要意义。毛泽东思想是在延安时期逐步形成和完善的，是在延安时期被全党所认同和遵循的。1945年4月23日至6月11日，中共七大在延安召开，毛泽东思想在大会上被确立为党的指导思想。

8. 夺取全国胜利的出发点。展馆展示了党中央和毛泽东同志在延安领导全国解放战争的历史背景和重要意义。这里陈列了毛泽东同志在1946年3月离开延安时所用的行李箱，毛泽东同志于1947年3月在米脂会议上作《关于目前形势和我们的任务》报告时所用的讲稿，毛泽东同志于

1948年3月在安塞会议上作《关于打退第二次反共高潮后的时局》报告时所用的讲稿,毛泽东同志指挥辽沈、淮海、平津三大战役时所用的地图、电报、电话等物品。

示例九　光耀长春：科技之光 引领未来

长春中国光学科学技术馆位于中国光学之都长春市,是中国光学科学技术的重要研究和展示平台。馆内展示了丰富多样的光学科技成果和应用事例,通过互动展示、实验演示等形式,向观众展示光学的奇妙世界。

2007年8月29日,王大珩、丁衡高、周炳琨、母国光四位光学专家致函时任总理温家宝,提出《关于建立中国光学科技馆的建议》。经时任总理温家宝批示,国家发改委于2009年7月31日批准在长春科技文化中心(现更名为"吉林省科技文化中心")基础上筹建中国光学科学技术馆。王大珩是中国光学学科的奠基人之一,他在光学领域作出了许多重要的贡献。他是中国第一台自制的光学仪器——显微镜的设计者和制造者,也是中国第一台自制光谱仪的设计者。王大珩点亮了中国光学事业发展之光,也点亮了中国高科技发展之光。王大珩是"863"计划的主要倡导者之一,这一计划的实施,有力推动了我国高技术的进步,成为中国科学技术发展的一面旗帜。

长春中国光学科学技术馆,展示了科技之光的璀璨,使观众能够直观地感受到光的奇妙变化,高精度的显微镜、激光器、光纤通信设备在科学研究、医学、通信等领域的广泛应用,光学传感器在智能家居、环境监测等领域的前沿应用,光学显示技术在虚拟现实和增强现实中的创新应用,让观众叹为观止,展现了科学技术对社会发展的引领作用。

※ **实践目标**

知识目标：理解"发展生产力离不开科学技术"的深刻内涵,掌握"科学技术是第一生产力"的重大论断。

能力目标：培养学生的大历史观和问题意识，提升学生运用马克思主义立场、观点、方法以及习近平新时代中国特色社会主义思想世界观、方法论分析问题、理解问题的能力，锻炼学生的协调沟通能力、语言表达能力。

情感目标：使学生坚定"四个自信"，厚植学生的家国情怀，激发学生建设家乡的社会责任感与历史使命感。

※ 实践方案

一、前期准备

（一）理论准备

1. 贯通教材，梳理"科学技术是第一生产力"相关理论知识。

2. 搜集整理相关参考文献，比如理论文章、领导人著作、党和政府发布的文件及决议等。

（二）背景调研

搜集整理长春中国光学科学技术馆的背景介绍。

二、实施步骤

1. 教师提出参观调研的具体要求：听从指挥、禁止大声喧哗、认真聆听讲解。

2. 学生服从安排，依照顺序参观奇妙之光展厅、千年光辉展厅、神州光华展厅、光的探索展厅、光的时代展厅、光彩世界展厅、光的未来展厅。

3. 参观结束后，小组分享交流心得体会，核心发言人在现场分享参观感言。

4. 教师为学习小组赋实践教学基础得分，学习小组组长结合小组成员具体分工及完成情况为组员赋实践教学个人得分。

5. 返校后，以小组为单位，召开社会实践总结会议，共同完成"毛泽东思想和中国特色社会主义理论体系概论"课实践教学社会实践日志，填写"毛泽东思想和中国特色社会主义理论体系概论"课实践教学成绩评定表。

三、评分标准

优秀（4~5分）：

基础分：全程遵守参观纪律；具体参与环节体现出较强的团队协作意识；学习参观态度端正；主动发表参观体会；积极参与实践日志的撰写，调查研究能力突出。

个人分：对待分工任务态度积极，具体分工工作完成质量较高。

良好（2~3分）：

基础分：自觉遵守参观纪律，有团队意识，实践日志的撰写态度较为认真。

个人分：较好完成分工内容。

及格（1分）：

基础分：按要求完成各项基本参观活动，参与了实践日志的撰写。

个人分：基本完成分工内容。

※ 参考资料

资料一：记录表格

"毛泽东思想和中国特色社会主义理论体系概论"课

实践教学社会实践日志

实践地点		带队教师	
团队成员			
社会实践心得体会：			
成绩评定：（备注：成员成绩完全相同，则成绩无效） 实践教学基础分：（备注：此部分由带队教师赋分）			

续表

序号	姓名	创新意识满分1分	团队协作满分1分	纪律水平满分1分	交流能力满分1分	研究能力满分1分	个人得分	总分
1								
2								
3								
4								
5								
6								
7								
8								
9								
10								

团队成员签名：　　　　　　　　　　时间：　　　年　　月　　日

资料二：实践教学主题解析

1. "863计划"是中国于1986年提出的一项重大科技发展计划，全称为"国家高技术研究发展计划"。它的目标是通过加强科技研发和创新，推动中国在高技术领域的发展，提高国家的科技实力和经济竞争力。"863计划"的提出背景是中国在20世纪80年代初期面临的技术落后和经济发展的挑战。当时，中国的科技水平相对较低，对外依赖较大，缺乏自主创新能力。为了改变这种状况，中国政府决定启动"863计划"，以加强科技研发和技术创新，推动国家的科技进步。"863计划"的实施促进了中国在高技术领域的科技创新和研发能力的提升。通过资金投入和政策支持，中国在信息技术、生物技术、航天技术等领域取得了重大突破，推动了国家科技实力的快速提升；促进了中国高科技产业的发展。通过引导和支持科技创新，中国培育了一批具有国际竞争力的高科技企业，推动了高科技产业的快速崛起，为国家经济的转型升级提供了重要支撑；提高了中国在国际科技竞争中的地位和影响力。通过加强科技创新和研发，中国在一些关键领域取得了重大突破，提高了国家的科技水平和创新能力，使中国在国际科技合作和竞争中处于更有利的地位。

2. 长春被誉为中国的"光学之都"。长春在光学领域有着悠久的历史和卓越的成就。长春是中国光学工业的重要基地，拥有众多的光学研究机构、高校和企业。长春光学研究所是中国最早成立的光学研究机构之一，成立于1952年。该研究所在光学仪器、光学材料、光学薄膜等领域取得了许多重要的科研成果，为中国的光学工业发展作出了重要贡献。此外，长春还拥有中国科学院长春光学精密机械与物理研究所、长春理工大学光电工程学院等一流的光学研究机构和高校，这些机构在光学领域的研究和教育方面具有丰富的经验和优势。长春的光学产业也非常发达，长春长光卫星技术有限公司、长春光机所、长春光学仪器研究所等企业在光学仪器、光学器件、光学材料等领域具有较强的研发和生产能力，产品远销国内外。

示例十　声动思政：沉浸聆听时代的声音

"我辈当为国家谋生存""守常先生九死而不悔""我愿意奋斗终生""这历史没有年代"……配音演绎年代，声临其境；配音串联发展，声声不息；配音传承精神，声动长空。在配音App为红色影视剧经典片段配音，讲述配音场景背后的故事，串联中国革命、建设、改革的壮阔历程，传承伟大精神，激荡爱国情怀，坚定"四个自信"。

※ **实践目标**

知识目标：把握马克思主义中国化时代化的历史进程，理解马克思主义中国化时代化的科学内涵。

能力目标：培养学生的大历史观和问题意识，提升学生运用马克思主义立场、观点、方法以及习近平新时代中国特色社会主义思想世界观、方法论分析问题、理解问题的能力，锻炼学生的协调沟通能力、语言表达能力。

情感目标：使学生坚定"四个自信"，厚植学生的家国情怀，激发学生建设家乡的社会责任感与历史使命感。

※ **实践方案**

一、前期准备

（一）理论准备

1. 贯通教材，梳理"马克思主义中国化时代化"相关理论知识。

2. 搜集整理相关参考文献，比如理论文章、领导人著作、党和政府发布的文件及决议等。

（二）素材准备

搜集配音平台上的红色影视剧配音素材，确保每位小组成员都有配音素材。

（三）分工准备

结合实践教学要求，围绕素材搜集整理、后期制作、分享文本撰写、核心汇报等工作进行组内分工。

二、实施步骤

1. 教师提出红色经典影视剧片段配音实践教学的具体要求，分享小组每位组员录制一段经典片段配音并制作成合集，合集内的录音片段应具有一定的关联逻辑。合集播放结束后，小组核心发言人结合配音合集内容讲述相关时代故事，揭示配音内容与课程教学内容的联系，分享组员在录制过程中的心得体会。聆听同学保持教室安静，认真聆听小组配音合集及配音小组讲述配音场景背后的故事，认真思考配音小组分享内容与课程教学内容的联系，积极配合分享学生的互动。

2. 分享结束后，其他小组分享心得体会。

3. 教师为学习小组赋实践教学基础得分，学习小组组长结合小组成员具体分工及完成情况为组员赋实践教学个人得分。

4.小组成员共同完成"毛泽东思想和中国特色社会主义理论体系概论"课实践教学社会实践日志，填写"毛泽东思想和中国特色社会主义理论体系概论"课实践教学成绩评定表。

三、评分标准

优秀（4～5分）：

基础分：配音素材选取的质量较高；声音演绎较为精彩，小组成员的时代故事讲述生动，与课程教学内容关联度较高，实践日志完成度较高。

个人分：对待分工任务态度积极，具体分工工作完成质量较高。

良好（2～3分）：

基础分：团队完成配音任务，时代背景内容挖掘准确，实践日志的撰写态度较为认真。

个人分：较好完成分工内容。

及格（1分）：

基础分：按基本要求完成各项任务，在主动性与创新性上有所欠缺。

个人分：基本完成分工内容。

※ 参考资料

资料一：记录表格

"毛泽东思想和中国特色社会主义理论体系概论"课
实践教学社会实践日志

实践地点		带队教师	
团队成员			
社会实践心得体会：			
成绩评定：（备注：成员成绩完全相同，则成绩无效） 实践教学基础分：（备注：此部分由带队教师赋分）			

续表

序号	姓名	创新意识满分1分	团队协作满分1分	纪律水平满分1分	交流能力满分1分	研究能力满分1分	个人得分	总分
1								
2								
3								
4								
5								
6								
7								
8								
9								
10								

团队成员签名：　　　　　　　　　　　　时间：　　　年　　月　　日

资料二：实践教学主题解析

20世纪初，中国面临着帝国主义侵略和封建主义压迫，社会矛盾尖锐。在这个背景下，中国的先进分子开始接触和学习马克思主义，认识到马克思主义是解决中国问题的科学理论。中国共产党成立，标志着马克思主义在中国的传播和发展进入了一个新阶段。中国共产党在新民主主义革命的伟大实践中，不断总结经验，不断推进马克思主义中国化时代化向前发展。中华人民共和国成立，中国进入社会主义革命和建设时期。在这一时期，党领导全国人民进行社会主义革命和建设，在推动中国社会进步的同时，也丰富和发展了马克思主义中国化时代化的理论宝库。改革开放启动后，中国进入改革开放和社会主义现代化建设的新时期。中国共产党坚持以经济建设为中心，推动社会主义市场经济的发展和社会主义现代化的进程，面对新的矛盾和挑战，马克思主义中国化时代化理论创新不断推进。进入新时代，习近平新时代中国特色社会主义思想在新的伟大变革实践中得以创立，一系列新的理论观点和实践要求，为中国的现代化发展指明了方向。

三、"毛泽东思想和中国特色社会主义理论体系概论"课实践考核与评价

指导教师根据小组实践教学表现为学习小组赋实践教学基础得分（每个实践教学项目最高分 5 分）；学习小组组长根据组员分工完成情况、小组讨论情况，给出个人实践教学成绩（每个实践教学项目最高分 5 分）；每个实践项目总分为基础得分和个人得分的加和。学生实践教学课程总分为学期内全部实践教学项目分数的加和。

"毛泽东思想和中国特色社会主义理论体系概论"课
实践教学成绩评定表

小组名称	（写明年级、专业、组别）				
基础得分	指导教师根据小组汇报表现为学习小组赋实践教学基础得分				
成员姓名	学号	具体分工	完成情况	个人得分	总分

模块五

"习近平新时代中国特色社会主义思想概论"课实践教学篇

一、"习近平新时代中国特色社会主义思想概论"课实践教学目标要求

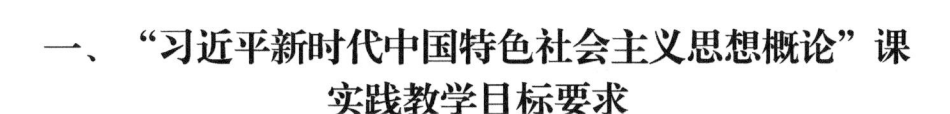

"习近平新时代中国特色社会主义思想概论"是全国普通高等院校政治理论课程中的核心课程，课程系统阐述了习近平新时代中国特色社会主义思想的主要内容和科学体系，通过新时代坚持和发展中国特色社会主义、以中国式现代化全面推进中华民族伟大复兴、坚持党的全面领导、坚持以人民为中心、全面深化改革开放、推动高质量发展、社会主义现代化建设的教育科技人才战略、发展全过程人民民主、全面依法治国、建设社会主义文化强国、以保障和改善民生为重点加强社会建设、建设社会主义生态文明、全面维护和塑造国家安全、建设巩固国防和强大人民军队、坚持"一国两制"和推进祖国完全统一、中国特色大国外交和推动构建人类命运共同体、全面从严治党等专题内容的讲授，使大学生系统学习、全面掌握和有效运用"习近平新时代中国特色社会主义思想"这一马克思主义中国化时代化的最新理论成果。引导大学生能够自觉运用马克思主义的立场、观点和方法分析新时代中国特色社会主义建设过程中出现的现实问题，增进学生的政治认同、思想认同、理论认同、情感认同。

学习的目的在于运用，要学好用好习近平新时代中国特色社会主义思想就要做到理论联系实际，在鲜活、生动的实践中领悟理论的生成逻辑、感知理论的强大魅力、发现理论的生命活力。"习近平新时代中国特色社会主义思想概论"课实践教学目标即通过实践教学，使学生用双手触摸新时代党和国家事业取得的历史性成就、发生的历史性变革，增强对坚持和发展中国特色社会主义的信心，把个人小我融入祖国大我之中，做有理想、敢担当、能吃苦、肯奋斗的新时代好青年。

（一）知识目标

通过实践教学，帮助学生进一步理解习近平新时代中国特色社会主义思想的主要内容、理论品格和历史地位；深化学生对百年未有之大变局和中华民族伟大复兴战略全局的认识。

（二）能力目标

通过实践教学，培养学生运用马克思主义基本原理、运用贯穿于习近平新时代中国特色社会主义思想中的立场、观点、方法分析问题、解决问题的能力；培养学生的团队合作能力和协调沟通能力；培养学生运用所学理论分析复杂社会现象的能力。

（三）价值目标

通过实践教学，使学生体悟到实现中华民族伟大复兴需要一代代优秀中华儿女接续奋斗。历史的接力棒已经传到当代青年手中，青年大学生要有"只争朝夕"的锐气，以"时不我待"的紧迫意识、"敢想敢拼"的精神风貌、"善作善成"的能力素质，积极投身于推进中国式现代化建设的火热实践中。

二、"习近平新时代中国特色社会主义思想概论"课实践教学项目示例

示例一 研读经典：十年来，习近平总书记这样论述坚持和发展中国特色社会主义（对应教材第一章）

中国特色社会主义开创于改革开放历史新时期，经过以邓小平、江

泽民、胡锦涛、习近平为主要代表的中国共产党人带领全国各族人民接续奋斗，中国特色社会主义这篇大文章得以精彩续写并呈现出崭新样貌。

※ 实践目标

知识目标：通过研读新时代十年来习近平总书记关于"坚持和发展中国特色社会主义"的论述，使学生明确中国特色社会主义是历史和人民的选择；中国特色社会主义坚持了科学社会主义的基本原则，同时又结合新的时代条件赋予其鲜明的时代特色；要一以贯之坚持和发展中国特色社会主义。

能力目标：培养学生善于从历史的视角分析问题的能力，同时提升辩证思维能力和批判思维能力，提升学生整理资料和提炼观点的能力，使学生能够在主动获取知识的基础上独立思考问题、解决复杂问题。

情感目标：通过梳理党的十八大以来习近平总书记对"坚持和发展中国特色社会主义"的论述，使学生对中国特色社会主义的社会主义性质更加笃定，对中国特色社会主义道路、理论、制度、文化更加自信；使学生敢于同各种抹黑中国特色社会主义的观点作斗争。

※ 实践方案

一、前期准备

（一）理论准备

1.研读教材第一章，梳理习近平总书记关于"坚持和发展中国特色社会主义"的论述。

2.查阅《习近平谈治国理政》（1～4卷）、查阅《习近平著作选读》第一卷、第二卷，按照时间顺序整理习近平总书记关于"坚持和发展中国特色社会主义"的论述。

3.借助"学习强国"APP和中国共产党思想理论资源库，线上获取相关理论资料。

（二）组织准备

小组长抽签，确定研读与分享的板块内容，围绕分享内容搜集整理与"中国特色社会主义"相关的事实材料，包括重要讲话、理论文章等；明确小组成员职责分工，充分发挥小组成员合力，上交职责分工明细表。

二、实施步骤

1. 教师提前一周布置实践任务，明确实践要求。

2. 小组长组织小组成员梳理习近平总书记关于"坚持和发展中国特色社会主义"的相关论述。

3. 小组长向任课教师提交发言提纲，教师提出修改完善意见。

4. 在实践课堂中，各小组以教材知识点为依托，研读经典、拓展认识、深化理解、加强认同。

5. 分享结束后，师生共同梳理新时代坚持和发展中国特色社会主义需要把握的一系列重大问题。

6. 教师为各个小组赋实践教学基础得分，各小组长结合小组成员具体分工及完成情况为组员赋实践教学个人得分。

7. 填写"习近平新时代中国特色社会主义思想概论"课实践教学随课实践日志，"习近平新时代中国特色社会主义思想概论"课实践教学成绩评定表。

三、评分标准

优秀（9～10分）：

基础分：教材知识点把握准确，理论内涵挖掘深刻，分享内容与单元内容关联度高，支撑事例生动，分享主题突出，表述流畅。

个人分：对待分工任务态度积极，具体分工工作完成质量较高。

良好（6～8分）：

基础分：分享内容符合实践教学主题，汇报准备比较充分，表达基本准确。

个人分：基本完成分工内容，但缺乏突出亮点。

及格（5分）：

基础分：讨论内容不偏题，结论清晰准确，汇报符合基本要求。

个人分：完成分工内容，但具体表现不够突出。

※ **参考资料**

资料一：相关文献

1. 习近平新时代中国特色社会主义思想概论[M].北京：高等教育出版社，人民出版社，2023.

2. 习近平.高举中国特色社会主义伟大旗帜 为全面建设社会主义现代化国家而团结奋斗——在中国共产党第二十次全国代表大会上的报告[M].北京：人民出版社，2022.

3. 张维为.中国特色社会主义[M].上海：上海人民出版社，2020.

资料二：记录表格

"习近平新时代中国特色社会主义思想概论"课
实践教学随课实践日志

小组名称	（写明年级、专业、组别）			
时间		地点		记录人	
成员组成				
实践主题				
实践流程及内容摘要				
指导教师签字				

"习近平新时代中国特色社会主义思想概论"课
实践教学成绩评定表

小组名称								
成绩评定：（备注：成员成绩完全相同，则成绩无效） 实践教学基础分（2分）：（备注：此部分由任课教师赋分）									
序号	姓名	创新意识 满分2分	团队协作 满分2分	纪律水平 满分1分	交流能力 满分1分	研究能力 满分2分	个人 得分	总分
1								
2								
3								
4								
5								
6								
7								
8								
9								
10								
11								
12								

团队成员签名： 时间： 年 月 日

资料三：实践教学主题解析

1.坚持和发展中国特色社会主义既是一个重大的理论问题，也是一个重大的实践问题。中国特色社会主义从历史纵深中走来，过程来之不易，需要倍加珍惜。改革开放40多年来，我们取得了巨大的发展成就，这些成就的取得归根结底在于我们开辟了中国特色社会主义道路，形成了中国特色社会主义理论体系，确立了中国特色社会主义制度，发展了中国特色社会主义文化。要想把中国特色社会主义这篇大文章续写好，离不开全体人民尤其是青年大学生对中国特色社会主义的充分了解与认同。

2. 新时代坚持和发展中国特色社会主义面临着一系列挑战。从内部因素看，我国还处在社会主义初级阶段，还存在很多发展不平衡、不充分的问题，还存在很多没有弄清楚、弄明白的问题以及亟待解决的难题，所以在这样的情况下，坚持和发展中国特色社会主义必定不会一帆风顺。从外部条件看，随着我国近年来经济总量占世界经济总量的比重逐年提升，随着我国国际影响力、引领力的不断增大，美国等西方国家加快了对我国的遏制步伐，在贸易领域、对台问题、人权问题等诸多方面抹黑中国，人为制造摩擦，更是有一些别有用心的政客拿中国特色社会主义做文章，否定中国特色社会主义的社会主义性质，将其称作"国家资本主义""新官僚资本主义"等。所以，要通过研读经典，使青年大学生对中国特色社会主义有系统的理论认知和实践体验。

示例二　行动学习：以青春之力书写中国式现代化的精彩华章（对应教材第二章）

习近平总书记在学习贯彻党的二十大精神研讨班开班式上发表重要讲话强调，中国式现代化是我们党领导全国各族人民在长期探索和实践中历经千辛万苦、付出巨大代价取得的重大成果，我们必须倍加珍惜、始终坚持、不断拓展和深化。年轻一代生逢伟大时代，是党和国家事业发展的新力量，必须矢志不移听党话、跟党走，胸怀梦想，不务空名，踔厉奋发、勇毅前行，为中国式现代化贡献青春力量。行动学习是一种基于实践和反思的学习方法，它强调通过积极的行动和实际体验来获得知识和技能，并在反思中不断提升和改进。

※ **实践目标**

知识目标：了解中华民族伟大复兴中国梦的内涵，理解全面建成小康社会的里程碑意义，把握中国式现代化的中国特色、本质要求和重大原则，梳理推进中国式现代化需要正确处理的重大关系。

能力目标：提高学生运用习近平新时代中国特色社会主义思想的立场、观点、方法认识问题、分析问题、解决问题的能力；培养学生坚持问题导向的务实态度、坚持守正创新的宝贵品格、坚持系统观念的思维方法、坚持胸怀天下的视野格局。

价值目标：把新时代伟大十年，党和国家事业取得的历史性成就、发生的历史性变革及其在党史、新中国史、改革开放史、社会主义发展史、中华民族发展史上的里程碑意义讲准、讲深、讲透、讲活，帮助大学生把握习近平新时代中国特色社会主义思想的世界观、方法论和贯穿其中的立场、观点、方法，增进政治认同、思想认同、理论认同、情感认同，切实做到学思用贯通、知信行统一，为中国式现代化贡献青春力量。

※ **实践方案**

一、前期准备

行动学习是一种通过实践和反思不断学习和发展的方法。在进行行动学习之前，以下是一些前期准备事项。

1.目标设定：确定你想要实现的目标或问题。确保目标明确、具体、可衡量，并与你的价值观和长期目标相一致。

2.研究：在开始行动之前，花些时间进行研究和了解相关领域的知识和最佳实践。这将有助于你制订有效的行动计划，并准备好应对可能遇到的挑战。

3.制订行动计划：基于你的目标和研究结果，制订一个清晰的行动计划。将目标分解为具体的行动步骤，并设定适当的时间框架。

4. 确定测量指标：确定评估你的进展和成果的测量指标。这些指标可以帮助你监控自己的学习进程，检查行动计划的有效性并做出调整。

5. 确保支持系统：找到可以支持和鼓励你的人或资源。他们可以是导师、教练、同事、朋友或在线社群。他们可以提供反馈、建议和激励，帮助你坚持并克服困难。

6. 制订反思性学习计划：反思是行动学习的核心。定期花时间自我反思你的行动、反思你取得的进展，并记录下学到的经验和教训。根据反思的结果，制订下一步的学习计划。

7. 坚持和灵活适应：行动学习可能遇到挑战和障碍，但要保持积极的态度和坚持。同时要灵活适应变化，根据实践中的反馈和学习调整行动计划。

二、实施步骤

1. 任课教师宣布实践活动主题，明确实践活动要求。

2. 学生搜集和整理中国式现代化的中国特色、本质要求和重大原则的相关资料，可以从脱贫攻坚、习近平总书记的重要讲话等方面入手。

3. 学生结合搜集、整理的相关资料和教材中的相关理论知识，以小组合作绘画的形式展现出来并提交任课教师。绘画内容应该体现如何结合学生所学专业，奋力书写中国式现代化的精彩华章。

4. 任课教师审定学生提交的绘画作品，挑选出其中较为优秀的给予指导和调整。

5. 其作品被选为优秀作品的学生，根据任课教师的修改意见调整后，在课堂上进行分享和交流。

6. 任课教师对本次实践活动进行综合点评，对活动集中存在的问题给予纠正，同时，引导学生通过将所学知识转化为绘画的形式，正确认识和理解教材上的相关理论知识，进而达到见微知著的效果。

※ **参考资料**

资料一：相关文献

1. 习近平新时代中国特色社会主义思想概论[M].北京：高等教育出版社，人民出版社，2023.

2. 中共中央宣传部理论局.中国式现代化面对面[M].北京：学习出版社，人民出版社，2023.

3. 刘同舫.唯物史观与中国式现代化[M].北京：北京师范大学出版社，2023.

资料二：记录表格

"习近平新时代中国特色社会主义思想概论"课

实践教学随课实践日志

小组名称	（写明年级、专业、组别）			
时间		地点		记录人	
成员组成				
实践主题				
实践流程及内容摘要				
指导教师签字				

"习近平新时代中国特色社会主义思想概论"课
实践教学成绩评定表

小组名称								

成绩评定：（备注：成员成绩完全相同，则成绩无效）

实践教学基础分（2分）：（备注：此部分由任课教师赋分）

序号	姓名	创新意识 满分2分	团队协作 满分2分	纪律水平 满分1分	交流能力 满分1分	研究能力 满分2分	个人得分	总分
1								
2								
3								
4								
5								
6								
7								
8								
9								
10								
11								
12								

团队成员签名： 时间： 年 月 日

资料三：实践教学主题解析

这个主题揭示了年轻一代在推动中国式现代化进程中的重要作用，

它鼓励年轻人以积极的态度和创新的方法参与到国家的现代化事业中来。

年轻人是国家的未来和希望，他们拥有充沛的精力和热情，以及开放的思维和创新的能力。他们可以为国家的现代化发展注入新的活力和动力。

中国式现代化强调民族特色和文化价值的保护与传承。年轻人作为新一代的文化传承者和创造者，应该在现代化进程中承担起积极探索和创新发展的责任。他们可以通过发展和传承中国传统文化的精髓，将其与现代科技、经济发展相融合，创造出独特的中国式现代化路径。

同时，年轻人具有广泛的信息获取渠道和全球化的视野。他们有能力引领科技与文化融合的趋势，推动中国的现代化进程与世界接轨。通过积极参与国内外的学习和交流，年轻人可以吸取外部的先进经验和创新思维，将其与中国的国情相结合，为中国的现代化注入更多活力。

总的来说，这个主题呼唤年轻一代要投身于中国的现代化建设中，发挥他们的身心活力、创新思维和国际视野。他们可以以青春之力书写属于中国的精彩华章，成为中国现代化的积极推动者和参与者。

示例三　青年之声：从医学生视角看深化医疗保障制度改革（对应教材第五章）

当前，我国进入高质量发展阶段，党的二十大对持续深化医改作出全面部署。2023年是全面贯彻落实党的二十大精神的开局之年，深化医改要全面贯彻落实党的二十大精神，以习近平新时代中国特色社会主义思想为指导，牢牢把握中国式现代化的主要特征和重大原则，准确把握深化医改所处的高质量发展新阶段、新要求，坚持"一个中心"，即以人民健康为中心；用好"一个抓手"，即促进"三医"协同发展和治理；突出"一个重点"，即深化以公益性为导向的公立医院改革，不断将深化医改向纵深推进。

※ 实践目标

知识目标：了解全面深化改革，医疗改革是改善民生的需要，作为国家的公共服务，医疗卫生事业与人民群众息息相关。

能力目标：培养学生用理论联系实际，提升学生运用马克思主义立场、观点、方法以及习近平新时代中国特色社会主义思想世界观、方法论分析问题、理解问题的能力，锻炼协调沟通能力、语言表达能力。

情感目标：使学生坚定"四个自信"，厚植学生的家国情怀，激发学生的社会责任感与历史使命感。

※ 实践方案

一、前期准备

（一）理论准备

1. 贯通教材，梳理关于"全面深化改革"的相关理论知识。

2. 搜集整理相关参考文献，比如理论文章、领导人著作、党和政府发布的文件及决议等。

3. 结合小组抽取到的分享主题梳理核心要点。

（二）组织准备

小组长抽取分享内容的单元模块，围绕分享内容单元搜集整理与"全面深化改革"相关的事实材料，比如具体历史事件的图片、音视频材料等；明确小组成员职责分工，准备核心观点手卡。

二、实施步骤

1. 教师介绍"全面深化改革"实践教学背景，简要呈现"全面深化改革"的理论内涵，结合专业特色了解医疗体制改革。

2. 学习小组围绕各自分享内容单元，阐释"教材知识点"，分享"观点合集"，分享内容多点生长，共同拼凑出改革开放的壮阔画卷。

3. 分享结束后，师生共同梳理党和国家在改革开放历程中的理论创新成果，见证思想的力量。

4. 教师为学习小组赋实践教学基础得分，学习小组组长结合小组成员具体分工及完成情况为组员赋实践教学个人得分。

5. 填写"习近平新时代中国特色社会主义思想概论"课实践教学随课实践日志，"习近平新时代中国特色社会主义思想概论"课实践教学成绩评定表。

三、评分标准

优秀（9~10分）：

基础分：教材知识点把握准确，理论内涵挖掘深刻，分享内容与单元内容关联度高，支撑事例生动，分享主题突出，表述流畅。

个人分：对待分工任务态度积极，具体分工工作完成质量较高。

良好（6~8分）：

基础分：分享内容符合实践教学主题，汇报准备比较充分，表达基本准确。

个人分：基本完成分工内容，但缺乏突出亮点。

及格（5分）：

基础分：讨论内容不偏题，结论清晰准确，汇报符合基本要求。

个人分：完成分工内容，但具体表现不够突出。

※ 参考资料

资料一：相关文献

1. 习近平新时代中国特色社会主义思想概论 [M]. 北京：高等教育出版社，人民出版社，2023.

2. 习近平. 论坚持全面深化改革 [M]. 北京：中央文献出版社，2018.

3. 当代中国研究所. 新时代的全面深化改革开放 [M]. 北京：当代中国出版社，2022.

资料二：记录表格

"习近平新时代中国特色社会主义思想概论"课
实践教学随课实践日志

小组名称	（写明年级、专业、组别）				
时间		地点		记录人	
成员组成	
实践主题	
实践流程及内容摘要	
指导教师签字	

"习近平新时代中国特色社会主义思想概论"课
实践教学成绩评定表

小组名称	

成绩评定：（备注：成员成绩完全相同，则成绩无效）
实践教学基础分（2分）：（备注：此部分由任课教师赋分）

序号	姓名	创新意识 满分2分	团队协作 满分2分	纪律水平 满分1分	交流能力 满分1分	研究能力 满分2分	个人得分	总分
1								
2								
3								
4								
5								
6								
7								
8								
9								
10								
11								
12								

团队成员签名： 时间： 年 月 日

资料三：实践教学主题解析

国家医保局会同财政部、国家税务总局发布的数据显示，2023年，城乡居民基本医保筹资标准为1 020元，其中，人均财政补助标准为每人每年不低于640元。十年前，这个标准是280元。统计数据显示，近年来，我国政府卫生支出和社会卫生支出持续加大，个人卫生支出占卫生总费用比重持续下降至27.7%。但一些老百姓实际从口袋里拿出的看病钱，并没有感觉到明显减少，其中一个重要原因是基本医疗保险报销范围外的费用负担依然较重。

医疗是重要的民生领域之一，让老百姓吃得起药、看得起病是中国共产党的不懈奋斗目标。针对部分地区、部分人群"看病难、看病贵"的现实挑战，推进医疗卫生体制改革势在必行。

示例四　遇见发展：见证一汽实现"5G+自动驾驶"动态无线充电道路系统的高质量发展（对应教材第六章）

高质量发展是以满足人民日益增长的美好生活需要为目的，以新发展理念为引领，以创新为动力，以绿色为形态，以共享为宗旨的高质量、可持续、高效率的发展之路。高质量发展不仅要满足人们对于个性化、便捷化、智能化、共享化的生活需求，还要不断提高资源效率、能源效率、土地效率、环境效率，旨在通过科技创新实现人们生活方式的转变，以提高人们的生活质量。

2023年6月，国务院办公厅发布的《关于进一步构建高质量充电基础设施体系的指导意见》中指出，目前新能源汽车的充电基础设施仍存在布局、结构、服务、运营等方面问题，为了应对新能源汽车快速增长的发展趋势，助力碳达峰碳中和目标的实现，国务院办公厅提出"加快推进快速充换电、大功率充电、智能有序充电、无线充电、光储充协同控制等技术研究，示范建设无线充电线路及车位""推广普及机械式、立体式、移动式停车充电一体化设施"。

一汽作为中国汽车工业的"长子"，一直致力于推动新能源汽车产业科技的创新发展，力求通过科技创新提升能源利用效率，赋能汽车产业的高质量发展。如今，中国首条基于"5G+自动驾驶"高性能、大功率智慧系统的动态无线充电道路正式亮相长春智慧能源系统的汽车产业园区，一条集自动驾驶与动态无线充电为一体的新型补电方式，不仅克服了传统停车充电的弊端，极大程度地为人们提供便利，同时也为我国汽车产业动态无线充电事业的发展提供了宝贵的经验和借鉴，是以科技创新驱动高质量发展的典范。

因此，深入一汽智慧能源系统汽车产业园区，带领学生实地参观"5G+自动驾驶"动态无线充电道路系统的运行，是让学生切身感受高质量发展的生动实践活动。

※ 实践目标

知识目标：深入理解"推动高质量发展"的必然性及其战略意义。

能力目标：培养学生的大局意识、问题意识和创新意识，以党和国家发展的大局观为切入点，提高学生政策理解的能力以及分析问题、解决问题的能力，以激发学生的创新活力。

价值目标：坚定学生关于我国建成社会主义现代化强国的信心和信念，增强对中国特色社会主义的道路自信和制度自信。

※ 实践方案

一、前期准备

（一）理论准备

1.贯通教材，梳理"推动高质量发展"相关理论知识。

2.搜集整理相关参考文献，比如关于高质量发展和科技创新的理论文章、领导人著作、党和政府发布的文件及决议等。

（二）背景调研

搜集整理一汽动态无线充电道路系统的背景介绍。

二、实施步骤

1. 任课教师宣布实践活动主题，并明确参观调研的具体要求。

2. 学生服从安排，由教师领队统一到一汽智慧能源系统的汽车产业园区进行参观。

3. 参观结束后，将学生分为若干学习小组，以学习小组形式进行讨论交流，并由每组选出的代表分享该组的参观感言。

4. 教师为学习小组赋实践教学基础得分，学习小组组长结合小组成员具体分工及完成情况为组员赋实践教学个人得分。

5. 组织学生统一返校后，以学习小组为单位，召开社会实践总结会议，共同完成"习近平新时代中国特色社会主义思想概论"课实践教学随课实践日志，填写"习近平新时代中国特色社会主义思想概论"课实践教学成绩评定表。

三、评分标准

优秀（9～10分）：

基础分：参观全程遵守参观纪律；具体参与环节体现出较强的团队协作意识；学习参观态度端正；主动发表参观体会；积极参与实践日志的撰写，调查研究能力突出。

个人分：对待分工任务态度积极，具体分工工作完成质量较高。

良好（6～8分）：

基础分：自觉遵守参观纪律，有团队意识，实践日志的撰写态度较为认真。

个人分：较好完成分工内容。

及格（5分）：

基础分：按要求完成各项基本参观活动，参与了实践日志的撰写。

个人分：基本完成分工内容。

※ 参考资料

资料一：相关文献

1. 习近平新时代中国特色社会主义思想概论 [M]. 北京：高等教育出版社，人民出版社，2023.

2. 任初轩. 如何推动高质量发展 [M]. 北京：人民日报出版社，2023.

3. 金江军. 数字经济引领高质量发展 [M]. 北京：中信出版集团，2019.

资料二：记录表格

"习近平新时代中国特色社会主义思想概论"课
实践教学随课实践日志

小组名称	（写明年级、专业、组别）			
时间		地点		记录人
成员组成				
实践主题				
实践流程及内容摘要				
指导教师签字				

"习近平新时代中国特色社会主义思想概论"课
实践教学成绩评定表

小组名称								

成绩评定：（备注：成员成绩完全相同，则成绩无效）
实践教学基础分（2分）：（备注：此部分由任课教师赋分）

序号	姓名	创新意识 满分2分	团队协作 满分2分	纪律水平 满分1分	交流能力 满分1分	研究能力 满分2分	个人得分	总分
1								
2								
3								
4								
5								
6								
7								
8								
9								
10								
11								
12								

团队成员签名：　　　　　　　　　　　　　　时间：　年　月　日

资料三：实践教学主题解析

1. 一汽作为我国新能源汽车产业的核心企业，始终将提升新能源车主的使用便捷性、安全性、舒适性作为其根本出发点，不断开展新能源汽车的技术研发工作，力求以智慧化、自动化等技术手段破解行业壁垒，为新能源车主提供更加舒适的驾驶体验。"5G+自动驾驶"动态无线充电道路系统的正式启用，可以让学生充分了解通过创新解决问题的过程和方式，对于培养学生的创新意识、增强创新能力具有重要的实践意义。

2. 走进一汽，带领学生亲眼见证"5G+自动驾驶"动态无线充电道路系统的运行，既可以让学生近距离感受科技的魅力，同时也让学生深刻领会高质量发展对于提高人们生活质量的重大战略意义。

示例五　同心共筑：少数民族学生谈新时代民族团结建设举措（对应教材第八章）

铸牢中华民族共同体意识，是国家统一之基、民族团结之本、精神力量之魂。新时代以来，习近平总书记高度强调"铸牢中华民族共同体意识"，彰显的是团结凝聚各族人民、共同实现伟大梦想的信心决心。铸牢中华民族共同体意识既是民族工作的主题主线，也是其他各项工作都需要遵循的重要原则。

※ 实践目标

知识目标：深入了解新时代铸牢中华民族共同体意识的理论内涵。

能力目标：培养学生分析新时代民族团结建设问题的能力，提升他们的跨文化沟通和协作能力。

情感目标：激发学生对民族团结建设的热情，提高他们的社会责任感和文化包容性。

※ 实践方案

一、前期准备

（一）理论准备

1. 教师准备相关教材和文献，包括有关新时代铸牢中华民族共同体意识的资料和政策文件。

2. 教师准备介绍材料，概述新时代铸牢中华民族共同体意识的重要性和意义。

（二）组织准备

1. 教师组织学生分成小组，每个小组至少有一名少数民族学生。每个小组负责研究一个特定方面或实际案例进行分享。

2. 学生根据分组确定自己的研究方向，并搜集相关资料。

二、实施步骤

1. 教师介绍实践主题，通过分组引发学生的参与兴趣。

2. 学生小组研究：学生小组深入研究各自的主题，收集相关数据和案例，了解新时代民族团结建设的实际情况。学生小组讨论和分析他们所研究的主题，提出问题和观点。

3. 现身说法：少数民族学生现身说法，分享自己家乡的风土人情。

4. 分享与讨论：学生小组进行分享，主要探讨为了推进民族团结，有哪些行之有效的措施和办法。在综合筛选的基础上，展示研究成果，包括案例分析、数据展示、问题提出等。

5. 总结和反思：学生小组总结分享和讨论的结果，提炼出新时代民族团结建设的实际举措和经验。学生进行反思，思考他们在这个实践过程中的收获和感悟。

6. 撰写实践日志和报告：学生撰写实践日志，记录他们的研究过程、观点和反思，学生小组可以合作编写一份。

三、评价标准

优秀（9~10分）：

基础分：教材知识点把握准确，理论内涵挖掘深刻，分享内容与主题内容关联度高，支撑事例生动，分享主题突出，表述流畅。

个人分：对待分工任务态度积极，具体分工工作完成质量较高。

良好（6~8分）：

基础分：分享内容符合实践教学主题，汇报准备比较充分，表达基本准确。

个人分：基本完成分工内容，但缺乏突出亮点。

及格（5分及以下）：

基础分：讨论内容不偏题，结论清晰准确，汇报符合基本要求。

个人分：完成分工内容，但具体表现不够突出。

※ **参考资料**

资料一：相关文献

1. 习近平新时代中国特色社会主义思想概论 [M]. 北京：高等教育出版社，人民出版社，2023.

2. 王瑞萍，等. 铸牢中华民族共同体意识若干重要问题研究 [M]. 北京：中国社会科学出版社，2021.

3. 赵奇. 中华民族共同体建设实践探索 [M]. 北京：中国社会科学出版社，2023.

资料二：记录表格

"习近平新时代中国特色社会主义思想概论"课

实践教学随课实践日志

小组名称	（写明年级、专业、组别）				
时间		地点		记录人	
成员组成					
实践主题					
实践流程及内容摘要					
指导教师签字					

"习近平新时代中国特色社会主义思想概论"课
实践教学成绩评定表

小组名称								

成绩评定：（备注：成员成绩完全相同，则成绩无效）
实践教学基础分（2分）：（备注：此部分由任课教师赋分）

序号	姓名	创新意识 满分2分	团队协作 满分2分	纪律水平 满分1分	交流能力 满分1分	研究能力 满分2分	个人得分	总分
1								
2								
3								
4								
5								
6								
7								
8								
9								
10								
11								
12								

团队成员签名： 时间： 年 月 日

资料三：实践教学主题解析

1. 铸牢中华民族共同体意识，是中华民族自为样态在新时代的全新体现。中华民族共同体是在中华民族发展过程中形成的，铸牢中华民族共同体意识，才能为团结带领全国各族人民建成富强民主文明和谐美丽的社会主义现代化国家形成合力，为以中国式现代化推动中华民族伟大复兴提供源源不断的动力。

2. 党的十八大以来，党把铸牢中华民族共同体意识作为党的民族工作主线，民族团结进步呈现新气象。2017年10月，党的十九大将"铸牢中华民族共同体意识"写入党章，使之成为全党的共同意志和共同遵循。通过少数民族同学分享自己家乡的所见所闻，可以进一步铸牢中华民族共同体意识。

示例六 实地走访：探访长影旧址博物馆（对应教材第十章）

文化是一个国家、一个民族的灵魂，文化兴则国运兴，文化强则民族强，没有高度的文化自信，没有文化的繁荣兴盛，就没有中华民族伟大复兴。通过带领学生参观长影旧址博物馆，了解电影诞生背后的故事，从而意识到"文化建设"关乎国家文化软实力，也关系到"两个一百年"奋斗目标和中华民族伟大复兴中国梦的实现。

※ **实践目标**

知识目标：理解中国电影工业的历史演进和文化贡献，把握长影旧址博物馆的历史意义和文化价值。

能力目标：培养学生的历史观和文化意识，提升学生的观察、思考和分析问题的能力，激发学生对中国电影工业和文化传承的兴趣。

情感目标：培养学生的爱国情感，让他们感受中国电影的辉煌历史，激发学生对文化传承的社会责任感。

※ 实践方案

一、前期准备

（一）理论准备

1. 贯通电影史相关知识，了解中国电影工业的历史演进，特别是长春电影制片厂在新中国电影事业中的贡献。

2. 研究长春电影制片厂的历史，了解其在中国电影工业中的地位和影响。

（二）背景调研

学生搜集有关长影旧址博物馆的背景信息，包括博物馆的历史、展览内容、珍贵藏品等。

二、实施步骤

1. 教师提出参观调研的具体要求。教师在班级或团队会议上明确活动目的和预期学习成果。教师强调听从指挥、保持安静、认真聆听讲解等规定，以确保有序的参观体验。

2. 学生服从安排，依照顺序参观不同展区。学生分成小组，每个小组对指定的展区进行参观。学生按照以下顺序参观不同展区：长影电影艺术馆→长影摄影棚展区→长影洗印车间展区→长影电影院→长影音乐厅→电影文化街区。

3. 参观过程中，邀请馆内解说员对展览内容进行专题性讲解。

4. 参观结束后，小组分享交流心得体会。学生小组汇总对各自参观展区的关键观点和发现；学生通过小组内部的讨论，分享他们对长影旧址博物馆与推动繁荣文化事业的看法。

5. 核心发言人在现场分享参观感言。每个小组选择一名核心发言人，代表小组分享他们的观点和感受。核心发言人可以从不同角度讲述他们的体验，比如参观中收获的感悟，包括历史、艺术、文化等方面。

6. 评分和反馈。教师为学习小组赋予实践教学基础得分，根据小组整体的参与和分享表现进行评分。学习小组组长结合小组成员具体分工及完成情况为组员赋予实践教学个人得分。

7. 返校后，召开社会实践总结会议。学生以小组为单位，在学校内召开总结会议，回顾参观经验和心得。讨论并填写"习近平新时代中国特色社会主义思想概论"课实践教学随课实践日志，记录他们的观察、收获和思考。

三、评分标准

优秀（21～25分），良好（16～20分），及格（11～15分），不及格（10分以下）。

基础分：

5分：全程参观期间始终遵守参观纪律，包括不打扰其他参观者、不触碰展品等。

4分：大部分时间遵守参观纪律，偶尔有轻微违规。

3分：偶尔违规，但未造成明显干扰。

2分：多次违规，但未造成重大干扰。

1分：多次违规，造成重大干扰。

团队协作：

5分：积极参与团队合作，主动与队友协商解决问题，对团队的成功发挥了关键作用。

4分：积极参与团队合作，与队友协作良好，对团队的成功有一定贡献。

3分：一般的团队协作表现，与队友合作但未表现出积极性。

2分：团队协作意识较弱，常常独立行动，对团队的协作贡献较小。

1分：无团队协作，对团队合作造成阻碍。

学习参观态度：

5分：态度端正，积极学习，主动提出问题并参与讨论。

4分：积极学习，有问题会主动提出，参与讨论，但较为谦虚。

3分：学习态度一般，偶尔提问，参与讨论不积极。

2分：学习态度较差，不太关心参观内容，不提问也不参与讨论。

1分：学习态度非常差，漫无目的地参观，不积极学习。

参观体会发表：

5分：积极主动发表深刻的参观体会，提出见解，并与他人分享。

4分：主动发表参观体会，有见解，愿意与他人分享。

3分：参观体会发表情况一般，没有深刻见解，但愿意分享。

2分：偶尔发表参观体会，见解较肤浅，不太愿意分享。

1分：未发表参观体会，完全不愿意分享。

实践日志撰写能力：

5分：实践日志内容详尽，有深度的分析；结构清晰，表达流畅。

4分：实践日志内容较详细，有分析；结构清晰，表达较流畅。

3分：实践日志内容一般，有基本描述；结构尚可，表达较通顺。

2分：实践日志内容简单，缺乏深度分析；结构较杂乱，表达较生硬。

1分：实践日志内容贫乏，缺乏分析；结构混乱，表达困难。

※ 参考资料

资料一：相关文献

1. 习近平新时代中国特色社会主义思想概论 [M]. 北京：高等教育出版社，人民出版社，2023.

2. 沈壮海，等. 文化强国建设的中国逻辑 [M]. 北京：人民出版社，2017.

3. 刘玲. 文化觉醒与文化自信：大学生文化自信培育 [M]. 北京：人民出版社，2021.

资料二：记录表格

"习近平新时代中国特色社会主义思想概论"课
实践教学随课实践日志

小组名称	（写明年级、专业、组别）				
时间		地点		记录人	
成员组成					
实践主题					
讨论流程及内容摘要					
指导教师签字					

资料三：实践教学主题解析

1.1955 年成立的长春电影制片厂，前身是东北电影公司，曾被誉为"新中国电影的摇篮"。1999 年，长春电影制片厂改制为长影集团，在原有长春电影制片厂的基础上建立长影旧址博物馆。博物馆以"展现电影历史、传承电影文明"为己任，通过展览内容，学生可以完整了解到长春电影制片厂的发展变迁，感悟新中国电影发展的历史经纬。

2. 长影旧址博物馆于2014年开放。展览通过文物保存、艺术展览和多媒体展示，呈现长影的创立历史、幕后故事和珍贵历史资料。展览中包含部分未曾面世的珍贵视频资料、图片资料和历史实物，用新颖的展陈形式全景展示长影的光辉历程和艺术成就。

3. 活动将帮助学生深入了解中国电影的历史和文化，同时也促进了他们的团队协作、表达和反思能力的发展。通过与教学目标的结合，活动有助于学生更好地理解"习近平新时代中国特色社会主义思想概论"课中的文化建设内容。

示例七　问卷调查：关于"新时代民生满意度"的民意调查（对应教材第十一章）

民生是人民生活幸福之基，社会和谐之本。民生是老百姓最为关心的问题，因为民生涉及百姓生活的方方面面，包括教育、就业、医疗、社会保障等。党的十八大以来，以习近平同志为核心的党中央团结带领全国各族人民，用顽强奋斗书写了新时代的民生之歌。我们打赢了脱贫攻坚战，城乡居民收入大幅提升；学前教育、义务教育、高等教育、职业教育全方位发展，建成世界上规模最大的教育体系；全面推进健康中国建设，建成世界上最大的医疗卫生体系；社会保障体系逐步完善，公平性、流动性、可持续性显著增强。中国共产党切实把"让人民生活幸福"作为"国之大者"，把增进民生福祉作为发展的根本目的，让人民共享发展成果。人民群众对新时代民生成绩单是否满意？人民群众对未来民生领域各项事业的发展还有哪些新期待？这些都是本次实践课需要学生在调查走访中关注的问题。

※ **实践目标**

知识目标：通过问卷调查，使学生深刻领会让人民生活幸福是"国之大者"，要在发展中增进民生福祉，提高人民生活品质，需要在完善收入分配制度、实施就业优先战略、健全社会保障体系上下功夫。

能力目标：培养学生围绕具体问题开展调查研究的能力，提升学生整理资料和提炼观点的能力，使学生能够在理论和现实的对接中养成独立思考的能力。

情感目标：通过对新时代我国在民生领域取得显著成绩的感知，增进对中国特色社会主义道路、理论、制度、文化的自信，从情感上更加认同中国共产党的领导；同时，通过了解老百姓在民生领域的新期待，增强自己的责任感与使命感，立志为提高民生水平贡献青春之力。

※ 实践方案

一、前期准备

（一）理论准备

1. 研读教材第十一章"以保障和改善民生为重点加强社会建设"。

2. 查阅《习近平谈治国理政》（1～4卷），查阅《习近平著作选读》第一卷、第二卷，按照时间顺序整理习近平总书记关于"保障和改善民生"的相关论述。

3. 借助"学习强国"APP和中国共产党思想理论资源库，线上获取相关理论资料。

（二）组织准备

召开小组长会议，每组确定一个问卷主题，包括"收入满意度""住房情况""医疗与健康""教育""社会保障"等板块。而后，小组长带领组员围绕问卷主题设计具体调研问题，明确小组成员职责分工，充分发挥小组成员的合力，保证调研真实有效。

二、实施步骤

1. 教师提前一周布置实践任务，明确实践要求。

2. 小组长组织小组成员梳理习近平总书记关于"在发展中保障和改善民生"的相关论述。

3. 小组长向任课教师提交问卷主题及问卷设计，教师提出修改完善意见。

4. 各小组开展实践，并总结问卷调查结果。

5. 课堂分享调研结果与感悟。分享结束后，师生共同梳理新时代保障和改善民生需要把握的一系列重大问题。

6. 教师为各个小组赋实践教学基础得分，各小组长结合小组成员具体分工及完成情况为组员赋实践教学个人得分。

7. 填写"习近平新时代中国特色社会主义思想概论"课实践教学随课实践日志，"习近平新时代中国特色社会主义思想概论"课实践教学成绩评定表。

三、评分标准

优秀（9~10分）：

基础分：教材知识点把握准确，理论内涵挖掘深刻，分享内容与单元内容关联度高，支撑事例生动，分享主题突出，表述流畅。

个人分：对待分工任务态度积极，具体分工工作完成质量较高。

良好（6~8分）：

基础分：分享内容符合实践教学主题，汇报准备比较充分，表达基本准确。

个人分：基本完成分工内容，但缺乏突出亮点。

及格（5分）：

基础分：讨论内容不偏题，结论清晰准确，汇报符合基本要求。

个人分：完成分工内容，但具体表现不够突出。

※ **参考资料**

资料一：相关文献

1. 习近平新时代中国特色社会主义思想概论 [M]. 北京：高等教育出版社，人民出版社，2023.

2. 马庆钰. 当代中国社会建设 [M]. 北京：中国人民大学出版社，2021.

资料二：记录表格

"习近平新时代中国特色社会主义思想概论"课
实践教学随课实践日志

小组名称	（写明年级、专业、组别）			
时间		地点		记录人
成员组成				
实践主题				
实践流程及内容摘要				
指导教师签字				

"习近平新时代中国特色社会主义思想概论"课
实践教学成绩评定表

小组名称							
成绩评定：（备注：成员成绩完全相同，则成绩无效） 实践教学基础分（2分）：（备注：此部分由任课教师赋分）							
序号	姓名	创新意识 满分2分	团队协作 满分2分	纪律水平 满分1分	交流能力 满分1分	研究能力 满分2分	个人得分	总分
1								
2								
3								
4								
5								
6								
7								
8								
9								
10								
11								
12								

团队成员签名： 时间： 年 月 日

资料三：实践教学主题解析

1. 进一步理解民生的含义。"民生"一词最早见于《左传·宣公十二年》："民生在勤，勤则不匮。"意思是，民众的生机在于勤劳，只要勤劳就不会缺乏物资。在中国传统社会中，民生一般指百姓的基本生计。到了20世纪20年代，民主革命的先行者孙中山先生给"民生"注入了新的内涵，将其上升到"主义"、国家方针大政以及历史观这样一个前所未有的高度。孙中山先生对民生问题较为经典的解释是："民生就是人民的生活——社会的生存，国民的生计，群众的生命。"在今天看来，"民"是指人民，"生"指的是生活、生计，民生就是指人民的日常生活，比如衣食住行、娱乐、就业、教育、社保等。

2. 把握新时代民生的更高标准要求。当前，民生指向的不仅是"吃饱穿暖""吃好穿好"的物质需求，而是要解决深层次痼疾、满足群众深层次需求——更有尊严的生活、更加丰富的权利、更为出彩的人生。当前，信息技术创新日新月异，数字化、网络化、智能化深入发展，人工智能、虚拟现实等新技术不断涌现，推动传统产业加快转型升级步伐，同时引领新兴产业实现跨越式发展。广大青年群体对数字化、网络化、智能化技术极为敏感，青年大学生要深刻认识到信息化建设要坚持信息惠民、便民、利民，推动共享发展，不断提升人民的获得感、幸福感和安全感。

示例八　光影感悟：《领航》第十集"绿水青山"（对应教材第十二章）

《领航》是由中央宣传部联合中央党史和文献研究院、国家发展和改革委员会、国家广播电视总局、中央广播电视总台、中央军委政治工作部等单位共同摄制的讲述党的十八大以来党和国家事业取得的历史性成就、发生的历史性变革的电视专题片。其中，第十集《绿水青山》主要聚焦了我国生态环境在推进生态文明建设后所发生的历史性、转折性、全局性变化，传达了"绿水青山就是金山银山""人与自然和谐共生"的绿色发展理念。

生态文明建设是关系民族永续发展的根本大计。因此，组织学生观赏《绿水青山》主题专题片，对于学生理解我国生态文明建设的迫切性，理解绿色发展理念具有重要的教育意义。

※ 实践目标

知识目标：让学生清醒认识"建设社会主义生态文明"的重要性和必要性。

能力目标：培养学生的生态文明意识，提高其思想道德觉悟和节能环保的绿色发展理念，让学生在节能减排、垃圾分类等日常环境保护行动中，养成良好的生活习惯，提升"环境保护"的素养。

价值目标：引导学生树立人与自然和谐共生的理念，坚定"绿水青山就是金山银山"的生态文明观。

※ 实践方案

一、前期准备

（一）理论准备

1. 贯通教材，梳理"建设社会主义生态文明"相关理论知识。

2. 搜集整理相关参考文献，比如关于生态文明建设的理论文章、领导人著作、党和政府发布的文件及决议等。

（二）背景调研

搜集整理我国生态文明建设前后历史对比的背景介绍。

二、实施步骤

1. 任课教师宣布实践活动主题，并明确观影的具体要求。

2. 教师在多媒体教室组织学生集体观看视频《领航》第十集"绿水青山"。

3. 观影结束后，教师将学生分为若干学习小组，在课堂上以学习小组形式进行讨论交流，主要围绕"为什么要建设社会主义生态文明""如何建设社会主义生态文明""大学生如何践行绿色发展理念"等方面展开，并由每组选出的代表分享该组的观后感言。

4.教师为学习小组赋实践教学基础得分，学习小组组长结合小组成员具体分工及完成情况为组员赋实践教学个人得分。

5.教师对学生发言进行点评，并召开社会实践总结会议，共同完成"习近平新时代中国特色社会主义思想概论"课实践教学随课实践日志，填写"习近平新时代中国特色社会主义思想概论"课实践教学成绩评定表。

三、评分标准

优秀（9~10分）：

基础分：参观全程遵守参观纪律，具体参与环节体现出较强的团队协作意识，学习参观态度端正，主动发表参观体会，积极参与实践日志的撰写，调查研究能力突出。

个人分：对待分工任务态度积极，具体分工工作完成质量较高。

良好（6~8分）：

基础分：自觉遵守参观纪律，有团队意识，实践日志的撰写态度较为认真。

个人分：较好完成分工内容。

及格（5分）：

基础分：按要求完成各项基本参观活动，参与了实践日志的撰写。

个人分：基本完成分工内容。

※ **参考资料**

资料一：相关文献

1.习近平新时代中国特色社会主义思想概论[M].北京：高等教育出版社，人民出版社，2023.

2.杨开忠.中国的生态文明建设之路[M].北京：中国社会科学出版社，2022.

3. 陈红敏，李琴，包存宽，等. 新时代中国生态文明建设：思想、制度与实践[M]. 上海：上海人民出版社，2023.

资料二：记录表格

"习近平新时代中国特色社会主义思想概论"课

实践教学随课实践日志

小组名称	（写明年级、专业、组别）				
时间		地点		记录人	
成员组成					
实践主题					
实践流程及内容摘要					
指导教师签字					

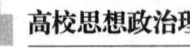

"习近平新时代中国特色社会主义思想概论"课
实践教学成绩评定表

小组名称									

成绩评定：（备注：成员成绩完全相同，则成绩无效）
实践教学基础分（2分）：（备注：此部分由任课教师赋分）

序号	姓名	创新意识满分2分	团队协作满分2分	纪律水平满分1分	交流能力满分1分	研究能力满分2分	个人得分	总分
1								
2								
3								
4								
5								
6								
7								
8								
9								
10								
11								
12								

团队成员签名：　　　　　　　　　　　　　　　　时间：　　年　　月　　日

资料三：实践教学主题解析

新时代，党和国家将"生态文明建设"纳入"五位一体"的总体布局之中,将"促进人与自然和谐共生"纳入中国式现代化的本质要求之中,将"增强绿水青山就是金山银山的意识"写入党章,将生态文明写入宪法。可见,生态文明建设在中国特色社会主义伟大事业中的重要地位。《领航》大型电视专题片第十集"绿水青山",详尽地对生态文明建设前后作了历史对比,比如20世纪八九十年代,可可西里的藏羚羊遭到大量猎杀,数量一度从20多万只锐减到不足2万只,自从党和国家制定了《青海省可可西里自然遗产地保护条例》后,到2021年藏羚羊的数量已经超过30万只,保护等级也由之前的"濒危"降为"近危";由于过度捕捞和环境污染,洞庭湖的渔业资源自20世纪90年代开始急剧锐减,自从推出治污、减排、清湖、退捕、转产、护渔等一系列措施后,生态环境得到有效改善,一度濒临灭绝的江豚也再次出现在洞庭湖中;张北坝上草原的大风,从曾经困扰人们的梦魇转变为风力发电的电能宝藏,等等。这些具有强烈视觉冲击力的历史对比,可以让学生更加直观地感受到我国生态文明建设的显著成就,对于增强学生的环境保护意识,树立马克思主义生态观、践行绿色发展理念与科学发展观具有重要的实践意义。

示例九 校园活动:"总体国家安全观"学习宣传(对应教材第十三章)

贯彻落实"总体国家安全观",必须既重视外部安全,又重视内部安全,对内求发展、求变革、求稳定、建设平安中国,对外求和平、求合作、求共赢、建设和谐世界;既重视国土安全,又重视国民安全,坚持以民为本、以人为本,坚持国家安全一切为了人民、一切依靠人民,真正夯实国家安全的群众基础;既重视传统安全,又重视非传统安全,构建集政治安全、国土安全、军事安全、经济安全、文化安全、社会安全、科技安全、信息安全、生态安全、资源安全、核安全等于一体的国家安全体系;既重视发展问题,又重视安全问题,发展是安全的基础,安全是发展的条件,富国才能强兵,强兵才能卫国;既重视自身安全,又重视共同安全,打造命运共同体，推动各方朝着互利互惠、共同安全的目标相向而行。

※ **实践目标**

知识目标：了解"总体国家安全观"这一概念的发展历程，把握"总体国家安全观"所包含的领域及对应的五大要素、五对关系，理解国家安全的核心要义。

能力目标：培养学生的大历史观和问题意识，提升学生运用马克思主义立场、观点、方法分析问题、理解问题的能力，锻炼学生的协调沟通能力、语言表达能力。

价值目标：使学生坚定"四个自信"，厚植学生的家国情怀，激发学生的社会责任感与历史使命感。

※ **实践方案**

一、前期准备

（一）理论知识积累

1. 阅读教材相关内容，梳理"总体国家安全观"相关知识点。

2. 围绕主题广泛阅读参考文献，如习近平总书记重要讲话、相关法律法规、国家安全知识等。

3. 初步搭建宣传内容的基本逻辑框架。

（二）多媒体材料积累

围绕小组搭建的宣传内容的基本逻辑框架，搜集整理相关多媒体材料，比如图片、音视频材料等，制作校园宣传内容的传播素材。

二、实施步骤

1. 教师围绕"总体国家安全观"主题做背景介绍，结合近期国家安全热点时事提出核心议题引发学生思考，列明整体逻辑框架，帮助学生理清宣传逻辑脉络。

宣传逻辑脉络：①什么是国家安全？②国家安全包含哪些领域？

③国家安全对国家有哪些重要意义？④国家安全对我们个人的生活有哪些影响？⑤从个人的角度出发，如何保障国家安全？⑥总览"总体国家安全观"的核心要义（即"五大要素""五对关系"）。

2. 对学生进行组织分工，明确素材收集、宣传物排版及制作、线上前期预热、线下时间、场地、备品协调、活动场地布置、现场讲解、活动影像记录、线上后期宣传等工作的负责人、团队及具体职责、时间节点。

3. 在宣传活动的过程中，教师与学生保持良好沟通，协助学生解决筹备过程中的难点。

4. 活动当天，教师与学生共同按照前期计划进行校园宣传。

5. 活动后，教师和学生对校园宣传活动做整体复盘。包括"总体国家安全观"的理论讲解是否清晰全面、宣传渠道及覆盖人次、参与活动学生的感触、活动整体执行是否顺畅等方面。

6. 教师为学生赋实践教学基础得分，各工作板块负责人结合团队成员具体分工及完成情况为团队成员赋实践教学个人得分。

7. 填写并上交"习近平新时代中国特色社会主义思想概论"课实践教学随课实践日志，"习近平新时代中国特色社会主义思想概论"课实践教学成绩评定表。

三、评分标准

优秀（8~10分）：

基础分：讨论内容全面，理论内涵挖掘深刻，支撑事例生动，宣传效果突出，表述流畅。

个人分：对待分工任务态度积极，具体分工工作完成质量较高。

良好（6~8分）：

基础分：讨论内容符合实践主题，宣传准备比较充分，表达基本准确。

个人分：基本完成分工内容，但缺乏主动思考。

及格（5分）：

基础分：讨论内容不偏题，结论清晰准确，宣传符合基本要求。

个人分：完成分工内容，但具体表现不够突出。

※ **参考资料**

资料一：相关文献

1. 习近平新时代中国特色社会主义思想概论 [M]. 北京：高等教育出版社，人民出版社，2023.

2. 总体国家安全观研究中心 . 总体国家安全观透视：历史长河、全球视野、哲学思维 [M]. 北京：时事出版社，2023.

3. 总体国家安全观学习纲要 [M]. 北京：学习出版社，人民出版社，2022.

资料二：记录表格

"习近平新时代中国特色社会主义思想概论"课

实践教学随课实践日志

小组名称	（写明年级、专业、组别）				
时间		地点		记录人	
成员组成					
实践主题					
实践流程及内容摘要					
指导教师签字					

"习近平新时代中国特色社会主义思想概论"课
实践教学成绩评定表

小组名称							

成绩评定：（备注：成员成绩完全相同，则成绩无效）
实践教学基础分（2分）：（备注：此部分由任课教师赋分）

序号	姓名	创新意识满分2分	团队协作满分2分	纪律水平满分1分	交流能力满分1分	研究能力满分2分	个人得分	总分
1								
2								
3								
4								
5								
6								
7								
8								
9								
10								
11								
12								

团队成员签名： 时间： 年 月 日

资料三：实践教学主题解析

1."总体国家安全观"的核心要义：即"五大要素"和"五对关系"

五大要素：

以人民安全为宗旨；

以政治安全为根本；

以经济安全为基础；

以军事、科技、文化、社会安全为保障；

以促进国际安全为依托。

五对关系：

既重视发展问题，又重视安全问题；

既重视外部安全，又重视内部安全；

既重视国土安全，又重视国民安全；

既重视传统安全，又重视非传统安全；

既重视自身安全，又重视共同安全。

2."总体国家安全观"所包含的领域

中国国家安全领域主要包括政治安全、国土安全、军事安全、经济安全、文化安全、社会安全、科技安全、网络安全、生态安全、资源安全、核安全、海外利益安全、生物安全、太空安全、极地安全和深海安全领域。

3.国家安全的重要意义

保障国家独立和主权：国家安全是一个国家最基本的利益之一，它保障了国家的独立性和主权，使国家能够自主决策、自主发展，而不受外部势力的干涉和威胁。

维护国家稳定和社会安宁：国家安全是维护社会稳定和居民安宁的重要保障。如果国家安全受到威胁或侵害，将导致社会动荡、冲突和不安定，对国家和人民的生活产生严重的负面影响。

保护国家自身利益和发展目标：国家安全确保了国家能够保护自身的政治、经济、军事、科技等多方面的利益。只有确保国家安全，才能够促进国家的发展和繁荣，并更好地实现民众的利益。

维护国际和平与合作：国家安全不仅关乎一个国家自身的利益，也关系到国际社会的和平与合作。国家之间的相互依存关系越来越紧密，任何一个国家的安全问题都可能波及其他国家。因此，维护国家安全是维护国际和平与合作的重要前提。

4.国家安全对我们个人的生活有哪些影响

人身安全保障：国家安全的维护意味着个人生活环境、公共领域以及居住地的安全将得到保障。个人的人身安全和财产安全将受到保护，减少了遭受犯罪、恐怖袭击和战乱所带来的威胁。

经济发展和就业机会：国家安全稳定有利于经济的发展。稳定的政治环境和安全的外部环境能够吸引更多投资，促进经济增长，从而为个人提供更多的就业机会和经济福利。

社会稳定与和谐：国家安全对社会稳定与和谐起着至关重要的作用。当社会安全得到保障时，人们生活在和平与安宁的环境中，能够享受更好的教育、医疗、居住和社会福利，与他人和谐相处。

保障个人权利和自由：国家安全是个人权利和自由的基础。只有在国家安全得到保障的前提下，个人才能够充分行使其权利和自由，包括言论自由、宗教自由、参与政治等。

促进国际合作与交往：国家安全的维护有助于增强国家的国际地位和声誉，为个人提供更多的国际交往机会。同时，国家间的安全合作和国际合作也会促进全球的和平与安全。

示例十　知行合一：沿着总书记的足迹学思想增智慧

党的十八大以来，习近平总书记赴31个省、区、市一次次考察调研，足迹遍布大江南北。回顾习近平总书记考察调研的足迹，重现总书记与人民群众亲切交流的生动场景，展现总书记从人民中走来、植根于人民的领袖形象，展现总书记高瞻远瞩、勇毅果敢的领袖风范，能够极大增强学生对习近平新时代中国特色社会主义思想的情感认同。

※ 实践目标

知识目标：探寻习近平总书记的民生足迹、高质量发展足迹、生态文明建设足迹，使学生直观感受教材中的理论，包括"带领人民创造美好生活，是我们党始终不渝的奋斗目标""高质量发展是全面建设社会主义现代化国家的首要任务""生态文明建设是关系中华民族永续发展的根本大计"等。

能力目标：培养学生用理论联系实际的能力，提升运用习近平新时代中国特色社会主义思想世界观、方法论分析问题、理解问题的能力，锻炼小组成员之间的协调沟通能力。

情感目标：引导学生将个人小我融入祖国的大我、人民的大我之中，增进学生的政治认同、思想认同、理论认同、情感认同，切实做到学思用贯通、知信行统一。

※ 实践方案

一、前期准备

（一）理论准备

1. 贯通教材，梳理习近平总书记关于高质量发展、社会建设、生态文明建设等方面的相关理论知识。

2. 关注"学习强国"APP中"沿着总书记的足迹"内容板块，积累实践素材。

（二）组织准备

小组长明确小组成员职责分工，确定资料准备人员、成果创作人员和观点分享人员，在分工的基础上形成团队合力，以提高实践效率。

二、实施步骤

1. 教师布置"沿着总书记的足迹学思想增智慧"实践任务，明晰实践基本要求（以"家乡"为切入点、制作PPT、每组分享时间为6~8分钟）。

2. 依据实践任务要求，各个小组确定分享的主要内容。

3. 以小组为单位进行课堂分享，每组分享时间为 6 ~ 8 分钟，每组分享完毕后教师及时进行点评。

4. 全部小组分享结束后，教师进行总结升华，引导学生牢记总书记的嘱托，以习近平新时代中国特色社会主义思想为指导，练就过硬本领、矢志艰苦奋斗，为实现中华民族伟大复兴奉献青春力量。

5. 教师为学习小组赋实践教学基础得分，学习小组组长结合小组成员具体分工及完成情况为组员赋实践教学个人得分。

6. 填写"习近平新时代中国特色社会主义思想概论"课实践教学随课实践日志，"习近平新时代中国特色社会主义思想概论"课实践教学成绩评定表。

三、评分标准

优秀（9 ~ 10 分）：

基础分：教材知识点把握准确，理论内涵挖掘深刻，分享内容与主题内容关联度高，支撑事例生动，分享主题突出，表述流畅。

个人分：对待分工任务态度积极，具体分工工作完成质量较高。

良好（6 ~ 8 分）：

基础分：分享内容符合实践教学主题，汇报准备比较充分，表达基本准确。

个人分：基本完成分工内容，但缺乏突出亮点。

及格（5 分）：

基础分：讨论内容不偏题，结论清晰准确，汇报符合基本要求。

个人分：完成分工内容，但具体表现不够突出。

※ **参考资料**

资料一：相关文献

1. 习近平新时代中国特色社会主义思想概论 [M]. 北京：高等教育出版社，人民出版社，2023.

2. 习近平的扶贫足迹 [M]. 北京：人民出版社，新华出版社，2022.

3. 习近平走进百姓家 [M]. 北京：中国妇女出版社，2022.

资料二：记录表格

"习近平新时代中国特色社会主义思想概论"课

实践教学随课实践日志

小组名称	（写明年级、专业、组别）		
时间		地点	记录人
成员组成			
实践主题			
实践流程及内容摘要			
指导教师签字			

"习近平新时代中国特色社会主义思想概论"课
实践教学成绩评定表

小组名称							

成绩评定：（备注：成员成绩完全相同，则成绩无效）
实践教学基础分（2分）：（备注：此部分由任课教师赋分）

序号	姓名	创新意识 满分2分	团队协作 满分2分	纪律水平 满分1分	交流能力 满分1分	研究能力 满分2分	个人得分	总分
1								
2								
3								
4								
5								
6								
7								
8								
9								
10								
11								
12								

团队成员签名： 时间： 年 月 日

示例十一　行动学习：畅想2049

2049年是中华人民共和国成立100周年，现在距2049年还有25年。2049年的中国什么样？你期望的生活又是什么样？《习近平新时代中国特色社会主义思想概论》教材第二章第一节中"全面建成社会主义现代化强国"这部分内容明确指出："到本世纪中叶，把我国建设成为富强民主文明和谐美丽的社会主义现代化强国。到那时，我国物质文明、政治文明、精神文明、社会文明、生态文明将全面提升，实现国家治理体系和治理能力现代化，成为综合国力和国际影响力领先的国家，全体人民共同富裕基本实现，我国人民将享有更加幸福安康的生活，中华民族将以更加昂扬的姿态屹立于世界民族之林。"这是一幅让人无比憧憬的壮美画卷！同学们，相信每个人对2049年都有不同的期许，这万花筒般的期许，底色是对于祖国繁荣富强、人民生活幸福的信心。

※ **实践目标**

知识目标：牢记党的二十大再次强调的全面建成社会主义现代化强国的战略安排，即从2020—2035年基本实现社会主义现代化；从2035年到本世纪中叶把我国建成富强民主文明和谐美丽的社会主义现代化强国。

能力目标：培养学生用理论联系实际，提升运用马克思主义立场、观点、方法以及习近平新时代中国特色社会主义思想世界观、方法论分析问题、理解问题的能力，锻炼协调沟通能力、语言表达能力。

情感目标：引导学生将个人小我融入祖国的大我、人民的大我之中，增强对实现中华民族伟大复兴的信心，牢固树立与时代主题同心同向的理想信念，坚定不移听党话、跟党走，以坚定的理想信念筑牢精神之基。

※ 实践方案

一、前期准备

（一）理论准备

1. 贯通教材，梳理关于"全面建成社会主义现代化强国"的相关理论知识。

2. 搜集整理相关参考文献，比如理论文章、领导人著作、党和政府发布的文件及决议等。

（二）组织准备

小组长明确小组成员职责分工，确定资料准备人员、成果创作人员和观点分享人员，在分工的基础上形成团队合力，以提高实践效率。

二、实施步骤

1. 教师介绍"行动学习工作坊"的含义、目的和流程（5分钟）。

2. 教师组织各个小组"行动"起来，严格按照时间节点组织各个环节，包括提出观点（5分钟）、观点归类（5分钟）、群组命名与补充完善（5分钟），观点结构化与图像化（25分钟）。

3. 以小组为单位进行分享，每组分享时间为5分钟，每组分享完毕后教师及时进行点评（40分钟）。

4. 全部小组分享结束后，教师进行总结升华，引导学生将个人成长成才同步到"两个一百年"奋斗目标的伟大征程中，练就过硬本领、矢志艰苦奋斗，为实现中华民族伟大复兴奉献青春力量（5分钟）。

5. 教师为学习小组赋实践教学基础得分，学习小组组长结合小组成员具体分工及完成情况为组员赋实践教学个人得分。

6. 填写"习近平新时代中国特色社会主义思想概论"课实践教学随课实践日志，"习近平新时代中国特色社会主义思想概论"课实践教学成绩评定表。

三、评分标准

优秀（9~10分）：

基础分：教材知识点把握准确，理论内涵挖掘深刻，分享内容与主题内容关联度高，支撑事例生动，分享主题突出，表述流畅。

个人分：对待分工任务态度积极，具体分工工作完成质量较高。

良好（6~8分）：

基础分：分享内容符合实践教学主题，汇报准备比较充分，表达基本准确。

个人分：基本完成分工内容，但缺乏突出亮点。

及格（5分及以下）：

基础分：讨论内容不偏题，结论清晰准确，汇报符合基本要求。

个人分：完成分工内容，但具体表现不够突出。

※ **参考资料**

资料一：相关文献

1. 习近平新时代中国特色社会主义思想概论 [M]. 北京：高等教育出版社，人民出版社，2023.

2. 曹普. 历史的步履：实现中华民族伟大复兴的百年奋斗 [M]. 北京：国家行政学院出版社，2023.

3. 冯海波，张梧. 砥柱中流：中国共产党与中华民族伟大复兴 [M]. 北京：人民出版社，2021.

资料二：记录表格

"习近平新时代中国特色社会主义思想概论"课
实践教学随课实践日志

小组名称	（写明年级、专业、组别）				
时间		地点		记录人	
成员组成					
实践主题					
实践流程及内容摘要					
指导教师签字					

"习近平新时代中国特色社会主义思想概论"课
实践教学成绩评定表

小组名称								

成绩评定：（备注：成员成绩完全相同，则成绩无效）
实践教学基础分（2分）：（备注：此部分由任课教师赋分）

序号	姓名	创新意识 满分2分	团队协作 满分2分	纪律水平 满分1分	交流能力 满分1分	研究能力 满分2分	个人得分	总分
1								
2								
3								
4								
5								
6								
7								
8								
9								
10								
11								
12								

团队成员签名： 时间： 年 月 日

模块六

"形势与政策"课实践教学篇

一、"形势与政策"课实践教学目标要求

"形势与政策"是思想政治理论课中唯一一门贯通整个大学阶段、伴随学生成长的必修课。课程旨在引导和帮助大学生坚守政治立场、研判国际形势、掌握国家政策，自觉应用马克思主义形势与政策观及其方法论分析纷杂多变的国内外形势，把握历史前进大势，把握本质和全局，提高审时度势能力、正确理解和贯彻党和国家现行政策的能力等，进而提升大学生的政治品格、人文素养，建立批判性思维和创新精神，坚定中国特色社会主义道路自信、理论自信、制度自信、文化自信，造就具有家国情怀的高素质人才。

"形势与政策"课的突出特点是具有鲜明的实践性。它要求学生在实践中接受教育、增长才干，自觉运用形势政策观和马克思主义的立场、观点、方法"观大势""辨是非""知进退"。在中国特色和国际比较中，正确认识和担当时代责任和历史使命。

（一）知识目标

"两个了解"，即了解党的理论创新最新成果，了解世情、国情、党情。"四个掌握"即掌握党的政治建设、思想建设、组织建设、作风建设、纪律建设以及贯穿其中的制度建设的新举措新成效；掌握党中央关于经济建设、政治建设、文化建设、社会建设、生态文明建设的新决策新部署；掌握坚持"一国两制"、推进祖国统一的新进展新局面；掌握中国坚持和平发展道路、推动构建人类命运共同体的新理念、新贡献。

（二）能力目标

掌握马克思主义形势与政策观及其方法论，应用马克思主义形势与政

策观及其方法论分析纷纭多变的国内外形势，把握历史前进大势，把握本质和全局，提高审时度势能力、正确理解和贯彻党和国家现行政策的能力。

（三）价值目标

打牢大学生成长成才的科学思想基础；引导大学生树立正确的世界观、人生观、价值观；热爱祖国，拥护中国共产党领导，有坚定的马克思主义信仰和中国特色社会主义信念；有较强的历史使命感和社会责任感，以及为民族复兴而奋斗的担当精神和奉献意识。

二、"形势与政策"课实践教学项目示例

示例一　时政论坛——新闻随时发生，视角各有不同

【实践目标】

以"国事、家事、天下事，事事关心；世情、国情、省情，情情在心"为主题，引导大学生时刻关心、随时关注国内外形势，并学会对新闻事件做出分析、评论，引导学生正确认识世界和中国发展大势，树立正确的"形势观"和"政策观"，肩负时代责任和历史使命。同时，提升学生的分析问题能力与语言表达能力。

【实践方案】

1. 布置实践任务，明晰要求。任课教师宣布实践任务，并明确实践活动具体要求。

2. 学生自行组队，全员参与，分工明确。将班级分成若干小组（每组 5~8 人），组内设组长 1 名，为小组时政论坛总负责人。选派 1~2 人负责选择主题，并围绕主题收集资料、整合资料。1~2 人依据相关资料制作 PPT。1~4 人到讲台上进行时政论坛播报，要求脱稿、语言流畅。

3. 新闻选取要求聚焦"第一时间",体现与时俱进的特点。学生要选取最近一周内国内外发生的新闻热点焦点事件或问题,而非娱乐事件。及时讲解国内外重大形势和政策,避免延时、过时。

4. 新闻评论要求原创,体现大学生的观点和看法。时政论坛并非单纯播报新闻,而是围绕选取主题讲述事件过程,并对事件做出客观分析和评论。

5. 相关材料上交要求。各组组长提前将小组人员名单及组内分工上报给任课教师,在时政论坛分享结束后,再将实际分工和小组名单、电子版 PPT 及文字稿提交任课教师。

【参考资料】

"形势与政策"实践课
时政论坛课堂报告

新闻题目:
院　　系:
专业班级:
小组组长:
小组得分:

实践活动"时政论坛"考核表		
评价项目	评价要点	分数
内容评价	选取重大新闻事件,时效性强,内容充实、具体,紧扣主题,分析评论观点正确、鲜明,见解独到(30分)	
展示者评价	展示者精神饱满,情感充沛;着装端庄大方;脱稿展示,内容熟练、表达准确、流畅;吐字清晰,声音洪亮,声音抑扬顿挫符合思想感情起伏变化(30分)	
课件评价	课件制作精美,布局合理,文字清晰,图片选取适当,充分利用现代技术手段(20分)	
效果评价	具有较强的吸引力和感染力,引发学生共鸣(20分)	
任课教师签名:　　　年　月　日		

小组成员		
姓名	学号	具体分工

时政论坛电子版报告
新闻题目：
正　　文：
教师评价：

【考核评价】

每次实践成绩按满分 100 分计分，依据每次实践活动参与者的实际表现客观打分并将成绩记录在平时成绩册上。

教师及学生助教、课代表根据每组的表现共同打分，最后去掉最低分和最高分后取平均分登录成绩。（如小组课件制作精美、展示效果极佳的可给组内相关负责的学生酌情加 1～5 分）。

具体评分标准：

优秀（90～100 分）：

基础分：事件选取、课件制作、展示分享符合要求，主题鲜明，内容生动，逻辑清晰，表述流畅。

个人分：对待分工任务态度积极，具体分工工作完成质量较高。

良好（80～90 分）：

基础分：分享内容符合实践教学主题，汇报准备比较充分，表达基本准确。

个人分：基本完成分工内容，但缺乏突出亮点。

中等良好（70～80 分）：

基础分：选取内容符合实践教学主题，汇报准备不够充分，表达基本准确。

个人分：基本完成分工内容，但缺乏亮点、不具吸引力。

及格（60～70 分）：

基础分：选取内容不偏题，结论清晰准确，汇报符合基本要求。

个人分：完成分工内容，但具体表现不够突出。

示例二 "时政新闻眼"微视频大赛——新闻就在身边，不可"视而不见"

【实践目标】

以"新闻就在身边，不可'视而不见'"为主题，引导大学生关注身边人、

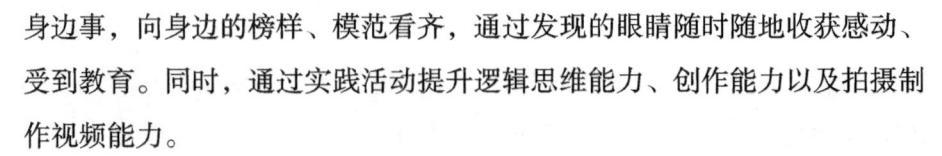

身边事，向身边的榜样、模范看齐，通过发现的眼睛随时随地收获感动、受到教育。同时，通过实践活动提升逻辑思维能力、创作能力以及拍摄制作视频能力。

【实践方案】

1. 布置实践任务，明晰要求。任课教师宣布实践任务，并明确实践活动具体要求。

2. 学生自行组队，全员参与，分工明确。将班级分成若干小组（每组5~8人），组内设组长1名，为小组"时政新闻眼"微视频大赛总负责人。选派1~2人负责选择"时政新闻眼"采访人物，设置访谈问题。1~2人担任采访记者，1~4人负责拍摄、制作视频。

3. 访谈对象选择要求。访谈对象具有代表性，聚焦身边的模范典型人物，比如"国医大师""岐黄学者""优秀教师""抗疫英雄""最美教师""最美辅导员""吉林好人""学习标兵""道德模范""最美家庭"等先进人物，事先深入了解他们的故事与事迹，预设多个访谈问题，有针对性地进行采访并报道。

4. 访谈具体要求。要给予访谈对象足够的尊重；访谈主题集中，脉络清晰，结构完整；仔细斟酌提出的问题，避免问及个人隐私和学术敏感问题；注意营造轻松愉快的访谈氛围。

5. 拍摄器材和场域选取。依据现有条件，拍摄器材选择专业摄像机或手机均可；场域选取依据剧情需要，可以选择教室课堂片段实拍、办公室实景、寝室实况、实验室实操等，做到情景交融。考虑安全和经济等因素，场域尽量以校园内为主。

6. 视频制作要求。"时政新闻眼"最终呈现的成果是微视频，要求精心剪辑和制作，时间为5~8分钟；视频格式为MP4标准格式，画面质量为1080P；画面清晰不抖动，无杂音，可适当配乐；需制作完整的片头和片尾，配有中文字幕；不可添加任何水印标识，不插入任何商业广告。"时政新闻眼"并非单纯播报新闻，而是围绕选取主题讲述事件过程，并对事件做出客观分析和评论。

7. 微视频上交要求。各组组长在规定时间上交视频，视频以院系＋专业班级＋组别命名，比如"中医学院＋中医儿科1班＋第4组"，同时上交小组人员名单及组内分工，确保视频能够正常播放。

【参考资料】

"形势与政策"实践课
"时政新闻眼"微视频大赛

视频题目：
院　　系：
专业班级：
小组组长：
小组得分：

实践活动"时政新闻眼"微视频大赛考核表		
评价项目	评价要点	分数
内容评价	视频主题鲜明、符合要求，内容充实、具体，紧扣主题，有吸引力（20分）	
视频评价	视频画面清晰、流畅，声音清楚，无杂音，片头片尾美观，字幕清晰（50分）	
其他评价	出镜人员着装大方得体，谈吐不凡，彬彬有礼，语言简洁生动、流畅准确，逻辑清晰，语气亲和不生硬（20分）	
效果评价	引人入胜，具有较强的亲和力、感染力和吸引力（10分）	
任课教师签名： 　　年　　月　　日		

小组成员		
姓名	学号	小组具体分工

	"时政新闻眼"微视频大赛报名表
视频名称		视频时长	
视频内容简介 （限500字）			
出镜人员名单			
教师评价			

【考核评价】

每次实践成绩按满分 100 分计分，依据每次实践活动参与者的实际表现客观打分并将成绩记录在平时成绩册上。

教师及学生助教、课代表根据每组的表现共同打分,最后去掉最低分和最高分后取平均分登录成绩。(如视频制作清晰、精美,出镜人员表现极佳等可给组内相关负责的学生酌情加 1~5 分)。

具体评分标准:

优秀(90~100 分):

基础分:视频主题鲜明、符合要求。内容充实、具体,紧扣主题,有吸引力,画面清晰,出镜人员逻辑清晰、表述流畅。

个人分:对待分工任务态度积极,具体分工工作完成质量较高。

良好(80~90 分):

基础分:视频符合要求。内容充实、具体,紧扣主题,出镜人员逻辑清晰、表述流畅。

个人分:基本完成分工内容,但缺乏突出亮点。

中等良好(70~80 分):

基础分:视频符合要求。选取内容符合实践教学主题,但准备不够充分,表达基本准确。

个人分:基本完成分工内容,但缺乏亮点、缺乏吸引力。

及格(60~70 分):

基础分:视频内容不偏题,结论清晰准确,缺乏新意和吸引力。

个人分:完成分工内容,但具体表现不够突出。

示例三 年度十大新闻评选——新闻层出不穷,唯你独记心中

【实践目标】

以"新闻层出不穷,唯你独记心中"为主题,在每年的年终岁尾,开展"年度十大新闻评选"活动。引导学生对国内、国际、经济、政治等年度重要事件和人物作总体回顾和全面盘点,通过"评选盛宴",使学生加深对新闻事件和"形势与政策"课的记忆。同时,提升学生的逻辑思维

能力、比较分析问题能力与写作能力。

【实践方案】

1. 布置实践任务，明晰要求。任课教师宣布实践任务，并明确实践活动具体要求。

2. 学生自行组队，全员参与，分工明确。将班级分成若干小组（每组5人），组内设组长1名，为小组"年度十大新闻评选"总负责人。选派1～2人负责在年度内全体新闻中经比较选择出一则重要新闻为主题，并围绕主题收集资料、整合资料，体现学术性、新闻性、思想性与艺术性的统一。

3. 新闻选取具体要求。活动分为"国际十大新闻""国内十大新闻""省内十大新闻""校内十大新闻"四个板块。学生在年度内对应版块选取一个重要新闻事件，而非娱乐事件（如提交的新闻与主流媒体、本校宣传部年终评选结果一致，可适当加分）。坚持正确舆论导向，体现"正能量"。

4. 说明选择新闻理由。充分阐释在众多新闻中选择此新闻的理由，要求逻辑清晰，理由充分有说服力。

5. 新闻评论要求原创，体现大学生的观点和看法。"年度十大新闻评选"参照时政论坛标准，除介绍事件发生背景、时间、地点、经过外，需要对事件影响、作用和意义等进行客观分析和评论。评论要求具有体现大学生视角的观点，观点鲜明，分析深刻，论述精辟，论证有力，严禁抄袭。

6. 相关材料上交要求。各组组长在12月15日之前将"年度十大新闻评选"作品纸质版材料上交班级课代表。作品纸制版统一用A4纸打印或彩印，可依据内容自主设计封面，封面和主体内容可适量配有相关图片，上交时附小组成员名单及组内实际分工。课代表最晚于12月18日前以班级为单位统一上交任课教师。

【参考资料】

"形势与政策"实践课

"年度十大新闻评选"作品报告

新闻题目：
院　　系：
专业班级：
小组组长：
小组得分：

实践活动"年度十大新闻评选"作品考核表		
评价项目	评价要点	分数
内容评价	选取内容为年度国际、国内、省内、校内重大新闻事件，内容充实、生动，分析评论观点正确、有新意，论据准确，分析深刻，见解独到，有一定的原创性（70分）	
纸质材料评价	纸质材料格式规范，图片选取典型、有代表性，标题准确生动，照片、文字与图示兼顾，编排整体协调，版式设计有新意、有特色，色彩清新明快（20分）	
效果评价	作品设计美观，论述清晰，语言生动、精炼，有吸引力和感染力（10分）（与主流媒体评选结果一致可在得分基础上加3~5分）	
	任课教师签名： 　　　　　　年　　月　　日	

小组成员		
姓名	学号	具体分工

	"年度十大新闻评选"提交作品
新闻题目	
选择理由 （限100字）	
作品内容 （限3 000字）	
教师评价	

【考核评价】

每次实践成绩按满分100分计分，依据每次实践活动参与者的实际表现客观打分并将成绩记录在平时成绩册上。

教师及学生助教、课代表根据每组的表现共同打分，最后去掉最低分和最高分后取平均分登录成绩。

具体评分标准：

优秀（90～100分）：

基础分：新闻事件选取与主流媒体和本校宣传部评选一致，内容充实、生动，分析评论观点正确、有新意，论据准确，分析深刻，见解独到，有一定的原创性，上交材料设计精美，符合要求。

个人分：对待分工任务态度积极，具体分工工作完成质量较高。

良好（80～90分）：

基础分：新闻事件选取与主流媒体和本校宣传部评选一致，分析评论观点正确，有一定的原创性，上交材料符合要求。

个人分：基本完成分工内容，但缺乏突出亮点。

中等良好（70～80分）：

基础分：新闻事件选取与主流媒体和本校宣传部评选不一致，分析评论观点正确，有一定的原创性，上交材料符合要求。

个人分：基本完成分工内容，但缺乏亮点、不具吸引力。

及格（60～70分）：

基础分：新闻事件选取与主流媒体和本校宣传部评选不一致，分析评论观点基本正确，上交材料符合要求。

个人分：完成分工内容，但具体表现不够突出。

示例四　知识竞赛——"四史一情"校园知识大赛

【实践目标】

以"历史与现实相贯通，博古通今谁与争锋"为主题，通过举办校园知识竞赛，作为"形势与政策"课堂教学的补充，巩固和扩大教学效果，提升学生学习课程的积极性、主动性和创造性，将更多的学生吸引到课堂中来。通过激烈竞争，给深谙历史、关注时事的学生搭建人生出彩的舞台。

【实践方案】

1. 布置实践任务，明晰要求。任课教师宣布实践任务，并明确实践活动的形式与具体要求。"四史一情"校园知识大赛由马克思主义学院与校团委联合举办，"形势与政策"教研室与"四史"教研室联合承办，是课程品牌实践活动，激发学生参与的积极性和主动性。

2. 学生以班级为单位，全员参与初赛。全体学生均需参加知识大赛初赛的选拔环节，初赛成绩计入"形势与政策"课的平时成绩。初赛在学习通内进行，题型均为客观题，分为单选（50道）、多选（20道）、判断（20道）、填空（10道），每题为1分，共100分；内容以"形势与政策"基本知识为主，"四史"相关知识为辅（"形势与政策"题目占总体题量的80%，均为年度内热点、焦点问题）。

3. 复赛以院系为单位，选拔成绩优异者参加。依据初赛成绩，每个院系选拔6个成绩最优异者参加复赛。复赛为现场考试，考试题型由客观题和主观题两部分组成。客观题为单选（40道）、多选（20道）、判断（10道）、填空（10道），每题1分；主观题为问答题（4道），每题5分。最后，依据"优中选优"原则，选取总分最高的4个院系的共24名学生进入决赛。

4. 决赛相关要求。决赛由现场进行，题目分为个人必答题、小组必答题、个人选答题、小组选答题和抢答题三个部分。其中，必答题分值均为10分；选答题的分值为10分、20分、30分三类；抢答题共12道，分值均为10分，答对者加分，答错者扣分。决赛由4个院系各选派4名选手，即共16名学生参加决赛的全部比赛环节，剩余的8名学生，仅参与小组必答题、小组选答题和抢答题3个环节的比赛。最终按积分多少对4个院系进行排名。

5. 相关奖励说明。进入决赛的4支队伍均可获得由马克思主义学院和校团委联合颁发的获奖证书，其中表现最优秀者可获得个人单项奖励。进入复赛的学生，因其在比赛中的优异表现，均可以对其"形势与政策"

课程的平时成绩给予满分,以唤起学生参与比赛的热情。

【参考资料】

"形势与政策"实践课
"四史一情"校园知识大赛初赛成绩单

院　　系:

专业班级:

姓　　名:

学　　号:

得　　分:

同学您好,恭喜您在形势与政策课"四史一情"校园知识竞赛初赛中获得_____分,在院系排名中排在第_____名,获得进入复赛资格,希望您再接再厉,在复赛中获得更优异的成绩!

实践活动"四史一情"校园知识大赛复赛成绩单			
院系	姓名	学号	复赛分数
总分		年级排名	

同学您好,恭喜您与所在院系的其他 5 名同学在形势与政策课"四史一情"校园知识竞赛复赛中总分获得_____分,在院系排名中排在第_____名,获得进入决赛资格,希望您更加认真复习,力争在决赛中一举夺冠!

实践活动"四史一情"校园知识大赛决赛成绩单		
题型	实际得分	备注
个人必答题		
小组必答题		
个人选答题		
小组选答题		
抢答题		
团队总分		

评委签名：

年　　月　　日

荣誉证书

　　_____同学，在长春中医药大学第_____届"四史一情"校园知识大赛获得_____等奖，特发此状，以资鼓励！

团队成员：

长春中医药大学团委

马克思主义学院

年　　月　　日

【考核评价】

　　本次实践成绩按满分100分计分，依据初赛获得分数将成绩直接记录在平时成绩册上。进入复赛和决赛的学生参照实践方案第5条"奖励说明"给予相应奖励。

示例五　校史馆参观——知"形"懂"势"、知史爱校

【实践目标】

以"知'形'懂'势'、知史爱校、知责笃行"为主题，带领学生参观校史馆。用生动、具体的历史史实与人物故事，引导学生深入了解学校历史，深谙自己学校的优良传统、优秀文化、先进制度和教学理念，激发学生的荣誉感、自豪感和归属感。同时，以杰出校友的学习生活经历等"身边人""身边事"鼓舞感染学生，引导学生见贤思齐，树立正确的历史观、人生观、价值观，增强对学校的情感，加强对所学专业的自信。

【实践方案】

1. 布置实践任务，明晰要求。任课教师宣布实践任务，并明确实践活动具体要求，强调校史文化的重要地位和作用，要求学生用心观察、用心感悟。

2. 以班级为单位进行参观。教师事先与校史馆沟通，让学生以班级为单位，在约定时间、地点集合，在讲解员的带领下进行统一参观。每个班级选派2名负责人，负责组织参观、维持纪律和收取作业工作。

3. 参观过程中的纪律要求。学生在参观过程中服从班级负责人和讲解员安排，按照规定路线参观，禁止单独行动。参观过程中保持安静，禁止大声喧哗、打闹，注意安全。

4. 学生按计划开展参观活动。教师或学生助教到现场进行指导，以保证参观活动顺利开展。

5. 参观结束后按要求撰写参观报告。参观报告内容包括参观时间、地点、经过、心得感悟及最大收获等内容。心得感悟要有真情实感，观点鲜明，严禁抄袭。

6. 遴选优秀作品进行交流分享。以班级为单位，挑选优秀学生作品，并让学生上台进行交流分享。严格筛选后将部分作品在学习通平台上进行展示，供学生参考借鉴，通过生生交流巩固和扩大实地参观成果。

【参考资料】

资料一

"形势与政策"实践课
校史馆参观报告

时间地点：
院　　系：
专业班级：
姓　　名：
学　　号：

校史馆参观实践活动考核表		
考核评价要点	考评等级（符合标准的在对应的方框内打"√"）	考核成绩
参观过程中态度认真，遵守纪律，具有较强的时间观念、纪律观念和集体观念	优□ 良□ 中□ 差□	
参观报告撰写规范，主题鲜明，感受真切，有独特见解	优□ 良□ 中□ 差□	
参观报告可以作为范文来交流分享	优□ 良□ 中□ 差□	
任课教师签名：　　　年　　月　　日		

校史馆参观实践活动报告	
报告题目	
报告内容（2000字左右）	
最大收获（限100字）	
教师点评	

资料二

校史文化知多少

一、什么是校史文化？

高校校史文化是高校历史与文化的结合，是一所学校在发展过程中所孕育出的精神内核及其全部外在表现。校史文化是高校历史中积淀的物质财富和精神财富浓缩的精华，是民族文化和地方文化在教育领域的微观缩影，彰显着民族文化传承的深度与广度。这一论述特别强调加强校史资料的挖掘、整理和研究，为各级各类学校思想政治理论课充分利用校史资源指出了新的方向，并提出了明确要求。

二、校史文化包括什么内容？

校史文化主要包括学校发展过程中发生及形成的优良传统、重大历史事件、重要科研学术成果以及杰出校友教师等。每一所高校在学校初建、发展、壮大的曲折历程中，都会形成其独特的校园精神文化，凝结成可歌可泣的故事、书写青春的资料、满载岁月的物品、穿越时空的照片、珍贵异常的影像等。这些校史文化资料随着岁月的积淀已然超越其自身的价值属性，蕴含着丰富的文化基因，值得代代赓续传承。

三、校史文化有什么作用？

大学校史文化中蕴藏的实物档案、影像图片、校友故事等资源能使大学生近距离地体悟校史文化精神，让大学生感受母校成长发展的艰辛以及老一辈学人的奉献精神，感受身边的榜样力量，进而促使其在大学校史文化的磅礴力量中重塑浓郁的家国情感。情感激发的最好方式是从时空上寻找与认知主体接近的人或事，从而形成集中而持续的强烈情感。情感的激发与基于感知的认知活动以及认知对象所处的时空密不可分。校史文化中蕴含的精神力量只有融入教育实践，渗透到校园的一草一木，彰显于师生的一言一行，文化传承才不会随着时代变迁和物质环境的变化而消亡。大学校史文化是高校家国情怀培育重要的鲜活资源，它所蕴藏的关于人、事及其背后的精神力量在大学生道德品格塑造上是其他教育资源所无法媲美的，具体体现在大学校史文化资源的贴近性和真实性两个方面。一方面，大学校史文化资源中包含着校友励志故事、教师奉献精神及学校在历史变迁中所积淀和秉持的办学思想等资源，与大学生学习环境紧密联系，在时空上更加贴近现实生活。相比于书本中的间接经验传递，大学校史文化中鲜活的育人资源更能造成大学生的感官震撼，直接激发大学生心中的内在情感，从而增强爱校情愫和家国情怀。另一方面，大学校史文化资源育人的核心力量在于其真实性，这在"虚拟盛行"的技术型社会中显得尤为重要。大学校史文化中蕴藏的实物档案、影像图片、名人传记等资料能真实地反映出学校在发展过程中的艰辛和荣耀，使大学生近距离地体悟校史背后的精神内核，真实地感受母校的成长历史。大学校史文化中鲜活的育人资源有助于引导大学生形成正确的世界观、人生观、价值观，尤其是大学生的家国情怀。大学校史文化建设的时代价值就是通过发掘和利用这些宝贵的育人资源，促使大学生在"家国认知、家国情感、家国意向、家国信念和家国行为"的建构和发展中形成良好的个人品格。

【考核评价】

每次实践成绩按满分100分计分，依据每次实践活动参与者的实际表现客观打分并将成绩记录在平时成绩册上。

具体评分标准：

优秀（90~100分）：

基础分：参观全程遵守参观纪律；具体参与环节体现出较强的团队协作意识；学习参观态度端正；主动发表参观体会；积极参与实践报告的撰写，调查研究能力突出。

个人分：对待分工任务态度积极，具体分工工作完成质量较高。

良好（80~90分）：

基础分：自觉遵守参观纪律，有团队意识，实践报告的撰写态度较为认真。

个人分：较好完成分工内容。

中等（70～80分）：

基础分：自觉遵守参观纪律，实践报告的撰写态度认真。

个人分：较好完成分工内容。

及格（60～70分）：

基础分：按要求完成各项基本参观活动，参与了实践日志的撰写。

个人分：基本完成分工内容。

示例六　课堂讨论——我看新时代的伟大成就和非凡变革

【实践目标】

围绕"我看新时代的伟大成就和非凡变革"开展主题讨论，使学生了解新时代以来不同省份、不同家庭、不同行业的巨大变化。通过不同视角下"形"与"势"、"量"与"质"之"变"，探究"变"背后的深层次原因，深刻认识新时代的所有成就和变革都是党和人民共同拼出来、干出来、奋斗出来的，幸福是等不来、靠不来的，更不是喊喊口号、摆摆架子、做做样子就能实现的，要引导学生踔厉奋发担使命、奋楫搏浪谱新篇。同时，提升学生的观察问题能力、理性思辨能力、分析综合能力和语言表达能力。

【实践方案】

1.布置实践任务，明晰实践要求。任课教师布置讨论主题，并明确实践活动具体要求。

2.学生全员参与，自行组队，分工明确。将班级分成若干小组（每组5-8人），组内设组长1名，为小组讨论总负责人。

3.各组围绕讨论主题收集资料、整合资料。讨论主要围绕以下几个问题展开：

（1）新时代中国有哪些伟大成就和非凡变革？

（2）我的家乡呈现出怎样的变化和新貌？

（3）我的家庭发生了哪些重大的变化？

（4）世界发生了怎样的变化？

（5）中国之变和世界之变有什么样的关系？

（6）这些变化有什么样的作用和意义？

（7）这些伟大成就和非凡变革背后的原因是什么？

（8）面对这些变化我应该怎么看怎么办？

4.课堂上围绕主题开展讨论。课上以小组为单位围绕主题开展讨论。小组内依据个人准备的资料充分讨论，思想交流碰撞后，选代表将主要变化画在纸上，为变化插上艺术的翅膀，再由小组推选1~2名学生拿着画作在课堂上发言。小组讨论时，组长指派1名学生担任小组讨论记录员，真实记录小组成员发言摘要和小组讨论情况。

5.任课教师对学生发言进行点评总结。对各组讨论情况及学生代表发言情况进行总结，结合党的二十大报告引导学生提升对本次讨论主题的认识。

6.相关材料上交要求。学生根据自己的准备及小组讨论情况，提交一份课堂讨论报告。可依据报告内容自主设计封面，封面和主体内容可适量配有手绘图片，上交报告时附小组成员名单及讨论记录。

【参考资料】

资料一

"形势与政策"实践课
课堂讨论报告

讨论主题：
院　　系：
专业班级：
小组组长：
小组得分：

实践活动"课堂讨论"考核表		
评价项目	评价要点	分数
内容评价	讨论主题鲜明，观点正确，逻辑清晰，具有较强的说服力（40分）	
绘画作品评价	小组绘画作品设计有新意，美观，有特色，有亮点，色彩清新明快（20分）	
小组展示评价	小组代表语言流畅、逻辑清晰，具有极强的吸引力、感染力和高度认同感（30分）	
整体效果评价	小组成员认真准备，讨论积极、热烈，视角新颖，有创新性观点（10分）	
任课教师签名：　　年　　月　　日		

小组成员		
姓名	学号	发言摘要

"课堂讨论"报告	
报告题目	
报告内容 （2000字左右）	
教师评价	

资料二

课堂讨论知多少

一、课堂讨论有哪几个基本步骤？

（一）拟定讨论主题

教师根据教材内容和教学目标事先拟定讨论的题目并提前告知学生，如拟在下周开展的课堂讨论，可在本周课堂上告知学生。教师应说明讨论该主题的目的、意义以及有关注意事项。适合作为讨论主题的内容包括：需要学生学习和理解的重要理论内容；学生有兴趣讨论的内容；学生"用之不觉，失之难存"的内容；学生困惑的内容。

（二）学生事先查找资料，撰写发言提纲

为提高讨论成效，教师要提前布置任务，要求每名学生或小组事先收集资料，并拟定发言提纲，避免出现浅显、低级重复等问题。

（三）分组讨论，推荐代表发言

课堂讨论可以在全班大范围讨论，也可以分组小范围讨论。实践证明，分组讨论更为充分，效果更好。分组可以采取学生自愿分组和教师指定分组两种。通常情况下，学生更倾向于依据学习成绩、关系密切程度等选择自由组合，让学生自由而非强制分组可以更大程度地激发学生参与讨论的热情，提升讨论的实效。分组时，每组人数以不超过10人为宜。基于思想政治课课堂规模限制，圆桌会议模式难以操作，因此，最好采取面对面形式，这样更方便交流沟通。讨论过程中，教师或学生助教应在教室内走动，巡视和检查每个小组的讨论情况，以确保讨论有效进行，同时可掌握讨论进度，教师也可以适当参与某一组的讨论之中，以更真实了解学生的思想动态，有针对性地校正讨论方向。自由讨论时间结束，每个小组推荐一名代表发言。

（四）总结点评，学生提交心得体会作为作业

课堂讨论的最后环节是总结，点评，提交作业。总结可以由教师总结，也可以让学生自己总结，当然也可以在学生总结之后教师再总结。如果让

学生做总结性发言，可以先给学生一点引导性的提示，比如让学生讲一下讨论前的想法和感受，再比较讨论后的想法和感受，有哪些收获；也可让学生写下自己的想法和感受，在全班谈自己的总结，与别的同学分享。这样的总结能使学生感到有趣，能激发学生的参与积极性，特别有助于锻炼大学生的语言表达能力、归纳能力。

二、开展课堂讨论需要注意哪些问题？

（一）要做好充足的前期准备

确定一个好的讨论主题是保证讨论效果的前提和基础，也是激发学生思想火花、讨论欲望的关键。因此，选择一个有讨论价值的主题至关重要。如果是过于简单的知识性问题，学生只要简单地回答"是"或"不是"、说明"知道"和"不知道"就可以，没有讨论价值。对于有明确答案的问题，学生稍微思考一下就能得出结论，而且结论单一且具体，不能起到锻炼学生思维能力的作用，也没有讨论价值。而太难的学术问题也不宜作为讨论主题，超出学生知识范围的精深问题只会打击学生的自信，触发不了学生的话语开关，讨论也容易陷入冷场，起不到讨论实效。

（二）讨论进行过程中，教师要用积极的反应来鼓励学生

学会倾听是教师必备的基本素质，是尊重教育理念的生动表现。倾听是指在学生说话时教师要认真听，努力去理解，适时作出反应，神情专注，不要轻易打断学生的话语。学会对学生在讨论中的发言及表现作出积极反应，表示认可和支持，可采取非提问性的方法，比如肯定、停顿、点头、期待等，这会使学生发言更积极，思想更活跃，表现更突出。学会适时引导课堂讨论，确保讨论的方向性，使讨论紧紧围绕教学内容进行，不要让学生的讨论偏离讨论主题，当学生的讨论有偏离讨论主题的迹象或已经开始偏离讨论主题时，要及时加以指导或引导，使讨论回归主题。学会使用简短精炼的阶段性小结或归纳，阶段性小结或归纳可以明确讨论已解决的问题、形成的共识，也可以明确当前面临的任务，使讨论在当前基础上向前推进。

【考核评价】

每次实践成绩按满分 100 分计分，依据每次实践活动参与者的实际表现客观打分并将成绩记录在平时成绩册上。

具体评分标准：

优秀（90～100 分）：

基础分：讨论主题鲜明，观点正确，符合要求。小组绘画作品设计有新意，美观，有特色，有亮点。小组代表语言流畅、逻辑清晰。

个人分：对待分工任务态度积极，具体分工工作完成质量较高。

良好（80～90 分）：

基础分：讨论主题鲜明，符合要求。小组绘画作品设计有新意、有亮点。小组代表语言流畅、逻辑清晰。

个人分：基本完成分工内容，但缺乏突出亮点。

中等良好（70～80 分）：

基础分：讨论主题鲜明，符合要求。小组绘画作品设计美观，小组代表语言基本流畅。

个人分：基本完成分工内容，但缺乏亮点、缺乏吸引力。

及格（60～70 分）：

基础分：讨论符合要求。小组完成绘画作品，小组代表语言基本流畅。

个人分：完成分工内容，但具体表现不够突出。

示例七　廉政教育基地参观——警钟长鸣筑牢思想防线，防微杜渐恪守精神家园

【实践目标】

以"警钟长鸣筑牢思想防线，防微杜渐恪守精神家园"为主题，带领部分学生代表参观廉政教育基地。围绕"形势与政策"课教学内容第一板块"加强党的建设篇"，让学生在实地参观和现场教学中，通过正反两个方面的比较，深刻认识反腐倡廉新举措、新成效，使学生在思想上

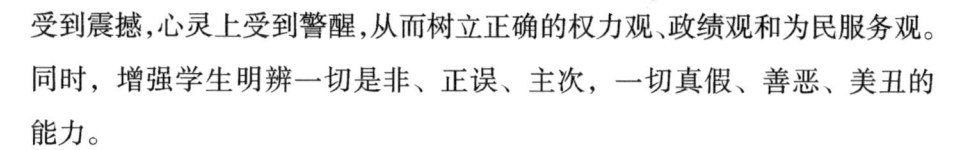

受到震撼,心灵上受到警醒,从而树立正确的权力观、政绩观和为民服务观。同时,增强学生明辨一切是非、正误、主次,一切真假、善恶、美丑的能力。

【实践方案】

1. 布置实践任务,明晰要求。任课教师宣布实践任务,并明确实践活动具体要求。采取自愿报名、学生推荐和择优选择的方式,每个班级选派1~2名学生代表参加实践活动,要求获得参观机会的学生用心观察、用心感悟、用心分享。

2. 选派30~50名学生代表进行参观。教师事先与廉政教育基地沟通,让选派学生在规定时间、地点集合,在2~4名教师及学生助教带领下,统一乘坐班车前往参观地。在学生代表中选派2名负责人,负责组织参观、维持纪律和收取作业工作。

3. 参观过程中的纪律要求。学生在参观过程中服从班级负责人和教育基地讲解员安排,按照规定路线参观,禁止单独行动。参观过程中态度端正,保持安静,禁止大声喧哗、打闹,尤其要注意个人安全。

4. 学生按计划开展参观活动。教师或学生助教全程陪同学生参观,倾听讲解员讲解,并梳理记录相关问题,在参观完毕后提问,强化学生记忆,促进学生思考,增强参观效果。

5. 参观结束后按要求撰写参观报告。参观报告内容包括参观的时间、地点、经过、心得感悟及最大收获等内容。心得感悟要有真情实感,观点鲜明,严禁抄袭。

6. 参观学生在班级内进行交流分享。学生代表提交参观报告后,任课教师认真提出问题,并给出修改意见,学生在修改完毕后,可在本班级内进行交流分享。将全体参观学生的参观报告在学习通平台上进行展示,供其他学生随时、随地参考借鉴,通过学生间的相互教育巩固和扩大实地参观成果。

【参考资料】

"形势与政策"实践课
廉政教育基地参观报告

时间地点：
院　　系：
专业班级：
姓　　名：
学　　号：

廉政教育基地参观实践活动考核表		
考核评价要点	考评等级（符合标准的在对应的方框内打"√"）	考核成绩
积极报名参加实地参观活动，在学生中发挥表率作用	优□ 良□ 中□ 差□	
参观过程中态度认真，遵守纪律，具有较强的时间观念、纪律观念和集体观念	优□ 良□ 中□ 差□	
参观报告撰写规范，主题鲜明，感受真切，有独特见解，参观报告达到交流分享标准	优□ 良□ 中□ 差□	
交流分享语言流畅、逻辑清晰，引起学生共鸣共情，获得一致认可和好评	优□ 良□ 中□ 差□	
	任课教师签名：　　年　　月　　日	

廉政教育基地参观实践活动报告

报告题目	
报告内容（2 000字左右）	
我最想对你说（限100字）	
教师点评	

【考核评价】

本次实践活动是选派代表参加的实践活动，因此，考核评价依据实践活动参与者的实际表现客观打分，成绩分为优秀和良好两档，给学生做加分，并将成绩记录在平时成绩册上。

具体评分标准：

优秀（90～100分）：

基础分：积极报名参加活动，参观全程遵守参观纪律；具体参与环节体现出较强的团队协作意识；学习参观态度端正；积极参与实践报告的撰写，调查研究能力突出。

良好（80～90分）：

基础分：参观全程遵守参观纪律；具体参与环节体现出较强的团队协作意识；学习参观态度端正；积极参与实践报告的撰写。

示例八　经典阅读——《习近平关于社会主义文化建设论述摘编》

文运与国运相牵，文脉与国脉相连。中华文化源远流长，中华文明博大精深，孕育了我们这个伟大的民族。中华文化独一无二的理念、智慧、气度、神韵，增添了中国人民和中华民族内心深处的自信与自豪。灿烂悠久的历史文化，支撑着中华民族从远古走到今天，从历史迈向未来。

【实践目标】

青年兴则国家兴，青年强则国家强。通过研读《习近平关于社会主义文化建设论述摘编》，了解党的十八大以来，习近平总书记围绕社会主义文化建设的一系列立意高远、思想深刻的重要论述，了解党中央推动中国特色社会主义文化繁荣建设的一系列重大决策部署和重大政策举措，结合中华文明的五个突出特性及其相互关系，深刻认识中华文化繁荣兴盛与中华民族伟大复兴的关系，引导学生坚定文化自信，担当使命，奋发有为，为建设中华民族现代文明贡献青春力量。

【实践方案】

1. 教师提前一个月布置实践任务，明确实践要求。

2. 资料收集积累具体要求。查阅《习近平谈治国理政》（1～4卷），查阅《习近平著作选读》第一卷、第二卷，按照时间顺序整理习近平总书记关于"社会主义文化建设"的系列重要论述。学会借助"学习强国"APP和中国共产党思想理论资源库，线上获取相关理论资料。

3. 学生全员参与，自行组队，分工明确。将班级分成若干小组（每组5～8人），组内设组长1名，为小组讨论总负责人。小组长在组内进行详细明确分工，确定研读与分享的板块内容，充分发挥小组全体成员合力作用，围绕分享内容搜集整理与"社会主义文化建设"相关的资料，包括习近平总书记的重要讲话、理论文章等，上交分工明细表。

4. 小组长向任课教师提交小组发言提纲，教师提出修改意见。

5. 在实践课堂中，各小组以教材知识点为依托，研读经典、拓展认识、深化理解、强化认同。小组代表进行读书经验交流及读后感的分享。

6. 教师为各个小组赋实践教学基础得分，各小组长结合小组成员具体分工及完成情况为组员赋实践教学个人得分。

【参考资料】

"形势与政策"实践课

经典阅读实践报告

新闻题目：
院　　系：
专业班级：
小组组长：
小组得分：

实践活动"经典阅读"考核表		
评价项目	评价要点	分数
内容评价	条理清晰、内容充实、具体，紧扣主题，分析评论观点正确、鲜明，见解独到（50分）	
交流分享评价	小组代表表达准确、流畅，逻辑清晰，体会感悟深刻（30分）	
效果评价	具有较强的吸引力和感染力，引发学生共鸣（20分）	
任课教师签名：　　　　年　　月　　日		

小组成员		
姓名	学号	具体分工

经典阅读实践活动报告
阅读经典：   正　文：
教师评价：

【考核评价】

优秀（90～100 分）：

基础分：对经典文章理解深刻，分享主题突出，支撑事例生动，分析评论观点正确、鲜明，见解独到，表述流畅。

个人分：对待分工任务态度积极，具体分工工作完成质量较高。

良好（80～90分）：

基础分：对经典文章有一定的理解，分享主题突出，分析评论观点正确、表述流畅。

个人分：基本完成分工内容，但缺乏突出亮点。

中等：（70～80分）：

基础分：对经典文章有一定的理解，分享主题突出，表述基本准确。

个人分：基本完成分工内容，但缺乏突出亮点。

及格（60～70分）：

基础分：分享内容不偏题，结论清晰准确，符合基本要求。

个人分：完成分工内容，但具体表现不够突出。

示例九　观看视频——与总体国家安全观对应的现实风险与挑战

"与总体国家安全观对应的现实风险与挑战"是华东理工大学推出的形势与政策系列课程，旨在对大学生进行国内国际形势教育，及时传导民情民意，让学生较快地理解国家层面及大众层面的现实问题，加深对国家、国情的整体理解。通过观看视频，旨在使学生深入认识我国国家安全领域面临的风险和挑战。

【实践目标】

以"家事、国事、天下事，国家安全是头等大事"为主题，通过学生集体观看视频，了解习近平总书记关于国家安全的战略判断，理解"三大趋势""三个前所未有""三个重大危险"的深刻内涵，深刻认识国家安全的极端重要性，全面把握总体国家安全观的丰富内涵，使学生明辨是非，澄清"安全叠加""一叶障目"等错误思想，引导大学生增强自觉维护国家安全的使命感。同时，提升学生的辩证思维能力和底线思维能力，培养学生运用系统观念分析问题的能力。

【实践方案】

1. 带领学生梳理总体国家安全观的提出背景、内涵变化及习近平总书记关于维护国家安全的相关论述。

2. 任课教师宣布实践活动主题，并明确视频观看的具体要求。

3. 教师在多媒体教室组织学生集体观看视频"与总体国家安全观对应的现实风险与挑战"。

4. 观影结束后，教师将学生分为若干学习小组，每组 5~8 人，在课堂上以学习小组形式进行讨论交流，主要围绕"为什么保障国家安全是头等大事""总体国家安全观涵盖哪些领域""我国国家安全面临怎样的风险和挑战""面对国家安全的风险和挑战作为大学生应该怎么办"等方面展开，并由每组选出的代表分享该组的观后感言。

5. 教师为学习小组赋实践教学基础得分，学习小组组长结合小组成员具体分工及完成情况为组员赋实践教学个人得分。

6. 教师对学生发言进行总结点评，引导学生深入思考问题。

【参考资料】

"形势与政策"实践课

视频观后感

时　　间：
院　　系：
专业班级：
组　　长：
小组得分：

视频观后感考核表		
考核评价要点	考评等级（符合标准的在对应的方框内打"√"）	考核成绩
观影过程中态度认真，遵守纪律	优□ 良□ 中□ 差□	
观后感撰写规范，主题鲜明，感受真切，有独特见解	优□ 良□ 中□ 差□	
观后感可以作为范文来交流分享	优□ 良□ 中□ 差□	
任课教师签名：　　　年　　月　　日		

视频观后感实践活动报告	
视频题目	
观后感 （1 000字 左右）	
心得体会 （限100字）	
教师点评	

【考核评价】

  每次实践成绩按满分100分计分，依据每次实践活动参与者的实际表现客观打分并将成绩记录在平时成绩册上。

具体评分标准：

优秀（90~100分）：

基础分：观影过程遵守纪律，态度认真；学习参观态度端正；主动发表自己的观点体会，逻辑清晰，观点正确；积极参与实践报告的撰写。

个人分：对待分工任务态度积极，具体分工工作完成质量较高。

良好（80~90分）：

基础分：观影过程遵守纪律；学习参观态度端正；主动发表自己的观点体会，观点正确；积极参与实践报告的撰写。

个人分：较好完成分工内容。

中等（70~80分）：

基础分：观影过程遵守纪律；学习参观态度端正；主动发表自己的观点体会，参与实践报告的撰写。

个人分：较好完成分工内容。

及格（60~70分）：

基础分：按要求完成各项基本观影任务，参与了实践报告的撰写。

个人分：基本完成分工内容。

示例十 环保行动——美丽校园，我是行动者

【实践目标】

以"人不负青山，青山定不负人，美丽校园，我是行动者"为主题，组织学生开展捡拾校园垃圾、打扫教室和寝室卫生活动。本次实践活动旨在让学生走出课堂，通过自己的双手，创造洁净教室、洁净寝室、洁净校园。引导大学生起而行之，积极转变生活方式，让简约适度、绿色低碳、文明健康生活成为新风尚，为实现"双碳"目标奉献青春力量！同时，培养学生崇尚劳动、乐于助人、甘于奉献的优良品质。

【实践方案】

1. 带领学生梳理"双碳"目标提出的背景、内涵，"双碳"目标的

相关战略举措等问题。

2. 任课教师宣布实践活动主题，并明确环保行动的具体要求。

3. 教师将学生分为若干学习小组，每组 5~8 人，小组推选组长 1 名，负责组织实践活动，了解男生和女生寝室、上课教室尤其是多媒体教室以及校园的卫生情况现状。

4. 组长组织小组成员在周三下午没课时间进行实践活动，并拍照留存相关资料上交任课教师，由每组选出的代表分享实践活动感受。

5. 教师为学习小组赋实践教学基础得分，学习小组组长结合小组成员具体分工及完成情况为组员赋实践教学个人得分。

6. 教师对学生发言进行总结点评，引导学生深入思考问题。

【参考资料】

"形势与政策"实践课

环保行动报告

时间地点：
院　　系：
专业班级：
组　　长：
小组得分：

环保行动实践活动考核表		
考核评价要点	考评等级（符合标准的在对应的方框内打"√"）	考核成绩
参与调研并且态度认真，遵守纪律，具有集体意识	优□ 良□ 中□ 差□	
积极参与洁净校园、教室、寝室劳动实践，团队相互配合，较好完成任务	优□ 良□ 中□ 差□	
课堂分享表达流畅，逻辑清晰，感悟深刻，有感染力	优□ 良□ 中□ 差□	
	任课教师签名： 　　　年　　月　　日	

环保行动实践活动报告	
劳动时间	
劳动地点	
前后变化	（此处需要粘贴前后对比照片为证）
心得体会（1000字）	
教师点评	

【考核评价】

每次实践成绩按满分 100 分计分，依据每次实践活动参与者的实际表现客观打分并将成绩记录在平时成绩册上。

具体评分标准：

优秀（90～100 分）：

基础分：参与调研并且态度认真，遵守纪律；积极参与洁净校园、教室、寝室劳动实践，团队相互配合，较好完成任务；课堂分享表达流畅，逻辑清晰，感悟深刻。

个人分：对待分工任务态度积极，具体分工工作完成质量较高。

良好（80～90 分）：

基础分：参与调研并且态度认真，遵守纪律；参与洁净校园、教室、寝室劳动实践，完成任务；课堂分享表达流畅，逻辑清晰。

个人分：较好完成分工内容。

中等（70～80 分）：

基础分：参与调研；参与洁净校园、教室、寝室劳动实践；课堂分享表达准确。

个人分：较好完成分工内容。

及格（60～70 分）：

基础分：按要求完成各项规定任务，参与了实践报告的撰写。

个人分：基本完成分工内容。